TRS 행정법 쟁점답안지
시험 직전 1시간, 당신이 펼칠 마지막 한 권!

초판 발행 2020년 6월 8일
제6판 발행 2025년 6월 1일

지은이 박도원
펴낸곳 랩스탠다드
펴낸이 김승환
출판등록 제2021-000036호

디자인 윤혜성
교정 주경민
마케팅 김기쁨

주소 서울시 관악구 호암로26길 25, 덕영빌딩 2층
이메일 labstandard@naver.com

ISBN 979-11-92656-55-7(13350)
값 29,000원

ⓒ (주)랩스탠다드 2025 Printed in Korea

- 본 교재에 대한 문의, 정오표 확인, 추록은 홈페이지(http://labstandard.kr)의 『학습지원센터』를 확인해 주시기 바랍니다.
- 이 책은 저작권법에 따라 보호받는 저작물이므로 무단전제와 무단복제 및 배포를 금지하며 이 책의 전부 또는 일부를 재사용하려면 사전에 저작권자와 펴낸곳의 서면 동의를 받아야 합니다.
- 잘못된 책은 구입하신 곳에서 바꾸어드립니다.
- 랩스탠다드 연구소는 효율적인 수험콘텐츠를 전문적으로 연구하는 (주)랩스탠다드의 기업부설연구소입니다.

머리말

「TRS 행정법 쟁점답안지」(제6판) 교재는 행정법 주관식 시험이 있는 각종 국가고시와 자격증 시험을 대비하는 수험생이 답안지에 꼭 써야하는 핵심 키워드를 체크할 수 있도록 기획·의도된 교재입니다. 또한 수험 막판에 가독성을 획기적으로 늘리고 교과서 회독수를 비약적으로 상승시키기 위한 목적을 지닌 교재입니다.

따라서 「행정법 실전논점암기장」 또는 「행정법의 맥」 등 기본이론에 충실한 교재와 함께 보는 것이 효과적입니다. 하지만 기본이론의 내용이 숙지되었다면 「TRS 행정법 쟁점답안지」를 최종적으로 수험장에 가져갈 수 있는 마무리 교재로 활용하는 것도 수험전략으로 추천합니다.

「TRS 행정법 쟁점답안지」(제6판)은 2025년 행정기본법 개정사항을 반영하였고, 최근 판례의 논거를 보강하여 중요 쟁점의 키워드를 조정하였습니다.
「TRS 행정법 쟁점답안지」(제6판) 교재는 함께 출간될 예정인 「TRS 행정법 사례답안지」 교재와 호환되므로 두 교재를 함께 공부하는 것을 적극 추천합니다.
「TRS 행정법 쟁점답안지」(제6판) 교재는 3단계 연상학습으로 3시간 이내에 총복습이 가능할 수 있도록 만든 교재이고, 2025년 5급 공채 3순환에서는 종강일에 2시간 이내 총복습을 하면서 이러한 사실을 직접 증명하기도 하였습니다.

아무쪼록 여러분이 준비하는 시험에서 본 교재가 회독수를 높이는 데 크게 기여하는 수험교재가 되기를 진심으로 기원합니다.

2025년 6월
편저자 **박도원**

목차

제1편 | 행정법 서설

제1장 | 행정과 행정법
1. 통치행위 인정 여부 ... 17

제2장 | 법치주의와 법치행정의 원칙
2. 법률유보원칙의 적용범위 ... 19

제3장 | 행정법의 법원
3. 비례원칙 위반 여부 ... 21
4. 평등원칙 위반 여부 ... 21
5. 자기구속원칙 위반 여부 ... 22
6. 신뢰보호원칙 위반 여부 ... 23
7. 실권의 법리 위반 여부 ... 25
8. 법령개정과 신뢰보호 – 부진정소급입법의 한계원리 ... 26
9. 신의성실의 원칙 ... 27
10. 부당결부금지의 원칙 ... 28
11. 권한남용금지의 원칙 ... 28

제4장 | 행정상 법률관계
12. 공법관계와 사법관계의 구별 ... 30
13. 공무수탁사인의 행정주체성 ... 31
14. 공의무의 승계 여부 ... 31
15. 무하자재량행사청구권 독자성 인정 여부 ... 32
16. 행정개입청구권 인정 여부 ... 33
17. 특별권력관계 인정 여부 ... 34
18. 사인의 공법행위 ... 34
19. 민법 제107조 제1항 단서의 적용 가능성 ... 35
20. 사인의 공법행위의 하자와 후속 행정행위의 효력 ... 36

21	사인의 공법행위로서 신고의 법적 성질	37
22	일반적 건축신고의 수리거부의 처분성	38
23	개발행위허가의제 건축신고의 수리거부의 처분성	40
24	지위승계신고 수리(거부)의 처분성	41
25	제재처분의 제척기간	43
26	공법상 부당이득반환소송의 재판관할	44
27	행정에 관한 기간의 계산	45

제 2 편 | 일반 행정작용법

제 1 장 | 행정입법

28	법규명령(위임명령)의 한계	49
29	법규명령의 통제	50
30	처분적 명령에 대한 항고소송	52
31	행정입법부작위에 대한 항고소송	53
32	행정입법부작위에 대한 헌법소원과 국가배상	54
33	행정규칙의 효력과 법원의 통제	54
34	법규명령형식의 행정규칙	55
35	법령보충적 행정규칙의 헌법상 허용 여부	56
36	법령보충적 행정규칙의 법적 성질	57
37	고시의 법적 성질	58
38	학칙의 법적 성질	58

제 2 장 | 행정계획

39	행정계획의 법적 성질	60
40	도시관리계획의 하자	62
41	계획보장청구권 인정 여부	64
42	계획변경청구권 인정 여부	64
43	계획변경거부처분 취소소송의 대상적격	66

제3장 | 행정행위

- 44 행정행위와 처분의 관계 … 68
- 45 일반처분의 소송요건과 제3자효 … 69
- 46 재량행위와 기속행위의 사법심사방식 … 71
- 47 판단여지 … 72
- 48 갱신허가 – 허가조건의 기한과 갱신허가신청 … 73
- 49 예외적 승인 … 74
- 50 특 허 … 75
- 51 인 가 … 75
- 52 제재처분 효과의 승계 … 76
- 53 제재사유의 승계 … 77
- 54 준법률행위적 행정행위 … 78
- 55 부관의 의의 및 종류 … 79
- 56 법률효과의 일부배제와 부관의 구별 … 79
- 57 부관의 한계 … 80
- 58 위법한 부관에 따른 사법행위 … 81
- 59 부관의 독립쟁송가능성과 쟁송형태 … 82
- 60 부관의 독립취소가능성 … 83
- 61 행정행위의 성립요건·효력요건·적법요건 … 84
- 62 공정력과 구성요건적 효력 … 85
- 63 민사소송에서 구성요건적 효력과 선결문제 … 86
- 64 형사소송에서 구성요건적 효력과 선결문제 … 88
- 65 행정행위의 불가쟁력과 불가변력 … 90
- 66 무효사유와 취소사유 … 91
- 67 위헌결정의 소급효 … 92
- 68 위헌법률에 근거한 처분의 효력 … 93
- 69 위헌결정 후 위헌법률에 근거한 처분의 집행력 … 94
- 70 하자의 승계 … 95
- 71 행정행위의 하자치유 … 96
- 72 행정행위의 전환 … 97
- 73 행정행위의 직권취소 … 97
- 74 행정행위의 직권철회 … 99
- 75 직권취소·철회 신청권 – 처분의 재심사 … 100
- 76 확약의 처분성 … 102

77	확약의 구속력과 실효	103
78	가행정행위	104
79	사전결정의 기속력	105
80	부분허가	106
81	자동적 처분	106

제 4 장 | 공법상 계약

82	공법상 계약의 적법성	108
83	건설도급계약 등 조달계약의 법적 성질	110
84	공법상 계약해지의 처분성	111

제 5 장 | 행정상 사실행위

| 85 | 권력적 사실행위와 처분성 | 113 |

제 6 장 | 행정지도

| 86 | 행정지도의 처분성 | 115 |

제 7 장 | 행정조사

| 87 | 행정조사 | 118 |
| 88 | 위법한 행정조사에 근거한 후행처분의 효력 | 120 |

제 8 장 | 행정절차

89	행정절차법의 적용 배제 여부	122
90	처분기준의 설정·공표	123
91	거부처분의 사전통지 대상성	125
92	청 문	126
93	사전통지 및 의견제출 절차의 예외사유 해당 여부	127
94	행정절차법상 처분방식 위반 여부	128
95	이유제시	129
96	의제제도와 관계기관의 협의	130
97	의제제도와 집중효	131

- 98 건축법상 건축허가와 국토계획법상 개발행위허가 … 132
- 99 인·허가의제와 소의 대상 … 133
- 100 선승인후협의제 및 부분인허가 의제제도 … 135
- 101 절차상 하자의 독자적 위법성 여부 … 136

제 9 장 | 행정정보공개와 개인정보보호제도

- 102 청구인의 정보공개청구와 정보공개청구의 남용 … 138
- 103 정보비공개결정이 거부처분인지 여부 … 139
- 104 정보비공개결정 취소소송의 기타 소송요건 … 140
- 105 비공개대상정보 … 140
- 106 정보공개법 제9조 제1항 제1호 … 141
- 107 정보공개법 제9조 제1항 제2호·제3호 … 141
- 108 정보공개법 제9조 제1항 제4호 … 142
- 109 정보공개법 제9조 제1항 제5호 … 143
- 110 정보공개법 제9조 제1항 제6호 … 144
- 111 정보공개법 제9조 제1항 제7호 … 145
- 112 비공개결정에 대한 불복방법 … 146
- 113 정보공개법 제14조 부분공개 … 148
- 114 비공개사유의 추가·변경과 취소판결의 실효성 … 148
- 115 정보공개에 대한 제3자의 권리보호 … 149

제 10 장 | 행정의 실효성 확보수단

- 116 대집행의 의의 및 요건 … 151
- 117 토지·건물 등의 인도·명도의무와 대집행 … 152
- 118 결합계고의 적법성과 반복계고의 처분성 … 152
- 119 대집행의 실행 … 154
- 120 대집행에 대한 권리구제 … 155
- 121 이행강제금의 의의 및 요건 … 156
- 122 직접강제 … 157
- 123 행정상 강제징수 … 158
- 124 행정상 즉시강제 … 159
- 125 행정질서벌(과태료) … 161
- 126 과징금 … 162
- 127 명단공표의 법적 성질 … 163

제 3 편 | 행정구제법

제 1 장 | 행정상 손해배상

- 128 국가배상법 제2조 책임의 성립요건 ... 169
- 129 항고소송의 기판력이 국가배상청구소송에 미치는지 ... 170
- 130 공무원의 과실 인정 여부 ... 171
- 131 국회의 입법작용에 대한 국가배상책임 ... 172
- 132 사법작용에 대한 국가배상책임 ... 173
- 133 부작위에 의한 손해배상책임 ... 174
- 134 가해공무원의 대외적 책임 ... 176
- 135 국가와 공무원의 구상권 ... 177
- 136 국가배상법과 자동차손해배상보장법의 관계 ... 178
- 137 자동차 사고와 인적손해·물적손해 ... 179
- 138 관용차량과 자가용치량의 경우 손해배상책임 ... 179
- 139 국가배상법 제5조의 배상책임 ... 180
- 140 비용부담자와 종국적 배상책임자 ... 181
- 141 이중배상금지원칙 ... 182

제 2 장 | 행정상 손실보상

- 142 손실보상청구권 ... 185
- 143 보상규정이 없는 경우 권리구제방법 ... 186
- 144 잔여지보상청구권 ... 188
- 145 잔여지수용거부재결에 대한 불복방법 ... 189
- 146 간접손실보상 ... 190
- 147 생활보상 ... 191
- 148 토지보상법상 이주대책 ... 192
- 149 희생보상청구제도와 예방접종에 따른 국가보상 ... 193

제 3 장 | 행정심판

- 150 처분에 대한 이의신청과 행정심판 ... 195
- 151 행정심판법 제13조 청구인적격 ... 197
- 152 행정심판법상 가구제 ... 198
- 153 재결의 종류와 재결의 효력 ... 199

154 행정심판위원회의 일부취소재결 가능성	200
155 직접처분과 간접강제	201
156 인용재결과 실효성 확보수단	202
157 인용재결에 대한 행정청의 불복 가능성	204
158 행정심판법상 고지의무 불이행의 효과	205

제 4 장 | 행정소송

159 의무이행소송	207
160 예방적 부작위(금지)소송	208
161 취소소송의 대상적격	209
162 거부처분 성립요건	210
163 행정청의 변경처분과 소의 대상	211
164 적극적 변경명령재결과 소의 대상	212
165 인용재결에 대한 항고소송	213
166 항고소송의 원고적격	215
167 제3자의 원고적격	216
168 국가 등의 원고적격 인정 여부	218
169 단체소송의 원고적격	219
170 협의의 소의 이익	220
171 협의의 소의 이익 구체적 검토	221
172 가중적 제재처분규정과 소이익 – 제재처분의 효력이 소멸한 경우	224
173 침해의 반복가능성과 단계적 행정결정의 소이익	225
174 경원자관계와 소이익	226
175 피고적격	226
176 제소기간	227
177 필요적 행정심판전치주의	229
178 관할법원	230
179 집행정지의 요건	231
180 거부처분의 집행정지 가능성	232
181 가처분의 인정 여부	233
182 증명책임	234
183 관련청구소송의 이송과 병합	235
184 소의 변경	236
185 제3자의 소송참가와 재심청구	238
186 행정청의 소송참가	239

187	처분사유의 추가·변경	240
188	사정판결	241
189	일부취소판결	243
190	취소소송의 위법판단 기준시	244
191	취소판결의 형성력	245
192	기속력	245
193	간접강제	247
194	기판력	248
195	취소소송과 무효확인소송 간의 기판력	249
196	취소소송과 국가배상청구소송 간의 기판력	249
197	무효등확인소송과 확인소송의 보충성	250
198	무효확인소송 심리결과 취소사유인 경우 법원의 조치	251
199	부작위위법확인소송의 소송요건	252
200	부작위위법확인소송의 심리와 기속력	253
201	당사자소송의 대상	254
202	당사자소송의 소송요건	255
203	공법상 당사자소송과 가구제	256
204	기관소송의 인정 범위	257

제 4 편 | 개별 행정작용법

제 1 장 | 행정조직법

205	일반적 위임근거규정의 인정 여부	261
206	조례에 의한 재위임 인정 여부	262
207	내부위임받은 자가 자기명의로 처분한 경우	263
208	훈령에 대한 하급기관의 심사권	264
209	행정기관 상호 간의 협의와 동의	265

제 2 장 | 지방자치법

210	재산 및 공공시설을 이용할 권리	267
211	주민감사	268
212	주민소송	269
213	사무의 성질	271

214 위임사무와 국가배상법상 배상책임자	272
215 조례의 한계 – 조례제정사무	273
216 조례의 한계 – 법률유보원칙	274
217 조례의 한계 – 법률우위원칙	275
218 지방자치단체장에 의한 조례의 통제	276
219 감독기관에 의한 조례의 통제	277
220 감독기관의 시정명령 및 취소·정지권	279
221 직무이행명령	282

제 3 장 | 공무원법

222 임명행위의 법적 성질	285
223 임용결격자에 대한 법적 쟁점	286
224 공무원의 퇴직급여 지급청구소송	288
225 전입·전출명령	290
226 직위해제	291
227 불이익처분에 대한 구제	292

제 4 장 | 경찰행정법

228 일반수권조항 인정 여부	295
229 경찰공공의 원칙	296
230 경찰책임의 원칙	297
231 행정기관의 경찰책임의 주체 여부	299

제 5 장 | 공적시설법

232 공물의 소멸	301
233 공물의 시효취득	302
234 공물의 강제집행과 공용수용의 제한	303
235 공물에 의한 변상금부과	304
236 공물의 일반사용과 고양된 일반사용	305
237 특별사용과 일반사용과의 병존 가능성	306
238 도로점용허가의 성질과 한계	307
239 행정재산의 목적 외 사용	308

제 6 장 | 공용부담법

- 240 공용수용 311
- 241 수용재결에 대한 불복방법 312
- 242 환매권 – 토지보상법 제91조 314
- 243 공익사업의 변환제도 316
- 244 조합의 법적 지위 317
- 245 조합설립 추진위원회의 구성승인 318
- 246 조합의 설립인가 319
- 247 사업시행계획인가 320
- 248 관리처분계획인가 322

제 7 장 | 개발행정법

- 249 개발행위허가 324
- 250 건축허가의 법적 성질 325
- 251 토지거래허가 326
- 252 표준지공시지가의 법적 성질 327
- 253 개별공시지가의 법적 성질 328

제 8 장 | 환경행정법

- 254 환경영향평가와 사업계획승인처분 330
- 255 환경영향평가의 하자와 사업계획승인처분의 효력 ... 331

제 9 장 | 재무행정법(조세)

- 256 조세부과처분과 행정심판전치주의 333
- 257 경정처분과 소의 대상 334
- 258 조세과오납금환급소송 335

제 10 장 | 경제행정법

- 259 자금지원 337

제 1 편

행정법 서설

제 1 장 행정과 행정법
제 2 장 법치주의와 법치행정의 원칙
제 3 장 행정법의 법원
제 4 장 행정상 법률관계

제1장
행정과 행정법

1 통치행위 인정 여부

1. 통치행위 인정 여부

고도의 정치적 성격 / 사법심사제한
비상계엄O / 서훈취소X / 기본권침해 직접관련

1. 통치행위 인정 여부

(1) 문제점

통치행위란 고도의 정치적 성격을 지닌 행위로서 사법심사가 제한되는 행위를 말하며, 법으로부터 자유로운 영역으로서 통치행위 인정 여부가 문제된다.

(2) 학설 및 판례

학설은 ① 사법권의 내재적 한계로 보는 권력분립설, ② 사법의 정치화 방지를 위한 자제로 보는 사법자제설, ③ 정치문제로 보는 재량행위설이 대립한다.

판례는 대통령의 비상계엄선포행위에서 통치행위 개념을 인정하고, 서훈취소는 통치행위성을 부인하였다. 헌법재판소는 국민의 기본권침해와 직접 관련되면 헌법재판소이 심판대상이 된다고 판시하였다.

(3) 검 토

논의의 실익은 법률유보원칙 적용 여부와 사법심사 가능성에 있다 생각건대 실질적 법치주의와 행정소송 개괄주의에 비추어 부정설이 타당하다고 본다. 다만 통치행위 개념을 인정할 필요성이 있는 경우에도 그 범위를 신중하게 정해야 할 것이다.

2. 통치행위와 권리구제

1) 행정쟁송과 관련하여, 원칙적으로 사법심사 대상이 아니므로 부적법 각하된다. 다만, 국민의 기본권 침해와 직접 관련되면 헌법소원의 대상이 된다.

2) 국가배상과 관련하여, 헌법·법률에 명백히 반하거나 국민의 기본권침해와 직접 관련되는 경우 예외가 인정될 수 있다. 판례는 위헌임이 명백한 긴급조치 제9호에 따른 복역 등 국민의 손해에 대해서 국가배상책임을 인정하였다.

3) 손실보상과 관련하여, 통치행위의 위법·적법을 판단할 수 없어 부정하는 견해도 있으나, 통치행위를 적법성 통용 취지로 이해한다면 손실보상이 인정될 것이다.

제 2 장
법치주의와 법치행정의 원칙

2 법률유보원칙의 적용범위

2. 법률유보원칙의 적용범위

TV수신료 / 기본권실현 / 중요사항유보

행정기본법 제8조(법치행정의 원칙)
행정작용은 법률에 위반되어서는 아니 되며, 국민의 권리를 제한하거나 의무를 부과하는 경우와 그 밖에 국민생활에 중요한 영향을 미치는 경우에는 법률에 근거하여야 한다.

1. 법률유보원칙의 의의

법률유보원칙이란 행정작용이 국민의 권리제한 또는 의무부과의 경우와 국민생활에 중요한 영향을 미치는 경우 법률에 근거해야 한다는 원칙을 말한다(행정기본법 제8조).

2. 법률유보원칙의 적용범위 (종래 논의)

(1) 문제점

어떠한 행정작용에 대하여 법적 근거를 요구할 것인가와 관련하여 법률유보원칙의 적용범위가 문제된다.

(2) 학설 및 판례

학설은 ① 침해유보설, ② 전부유보설, ③ 급부행정유보설, ④ 공동체와 구성원에게 본질적인 사항에 법적 근거가 필요하다고 보는 중요사항유보설이 대립한다.

판례는 방송수신료 사건에서 공동체와 구성원에게 기본적이고도 중요한 영역, 특히 국민의 기본권실현에 관련된 영역에서는 입법자 스스로 그 본질적 사항을 결정해야 한다고 판시하였다.

(3) 검 토

논의의 실익은 국민의 기본권 보장 및 민주주의의 요청과 행정의 탄력적 수행의 필요성과의 충돌에 있다.

생각건대 법률유보원칙의 적용범위를 일률적으로 정하기보다는 기본권 관련성과 공동체에 대한 영향력을 기준으로 결정하는 중요사항유보설이 타당하다고 본다. 행정기본법 제8조 후단은 중요사항유보설을 취하여 입법적으로 해결되었다.

제 3 장
행정법의 법원

- ③ 비례원칙 위반 여부
- ④ 평등원칙 위반 여부
- ⑤ 자기구속원칙 위반 여부
- ⑥ 신뢰보호원칙 위반 여부
- ⑦ 실권의 법리 위반 여부
- ⑧ 법령개정과 신뢰보호 – 부진정소급입법의 한계원리
- ⑨ 신의성실의 원칙
- ⑩ 부당결부금지의 원칙
- ⑪ 권한남용금지의 원칙

3. 비례원칙 위반 여부

목적 · 수단 / 적 · 필 · 상

행정기본법 제10조(비례의 원칙) 행정작용은 다음 각 호의 원칙에 따라야 한다.
1. 행정목적을 달성하는 데 유효하고 적절할 것
2. 행정목적을 달성하는 데 필요한 최소한도에 그칠 것
3. 행정작용으로 인한 국민의 이익 침해가 그 행정작용이 의도하는 공익보다 크지 아니할 것

1. 비례원칙의 의의 및 내용

비례원칙이란 행정목적을 실현함에 있어서 그 목적과 수단 사이에 합리적 비례관계가 유지되어야 한다는 원칙으로서, ① 적합성의 원칙, ② 필요성의 원칙, ③ 상당성의 원칙을 내용으로 한다(행정기본법 제10조 각 호).

2. 사안의 경우

'이 사건 처분'은 그 목적 달성에 적합한 수단이고, 덜 침익적 수단은 없으나, 달성하려는 공익에 비하여 침해되는 사익이 훨씬 크므로 합리적 비례관계를 유지하지 못한다. 따라서 '이 사건 처분'은 비례원칙에 위반되어 위법하다.

4. 평등원칙 위반 여부

동일 / 차별 / 합리

행정기본법 제9조(평등의 원칙) 행정청은 합리적 이유 없이 국민을 차별해서는 아니 된다.

1. 평등원칙의 의의 및 요건

평등원칙이란 불합리한 차별을 해서는 안 된다는 원칙으로(행정기본법 제9조), ① 동일 사안일 것, ② 차별에 해당할 것, ③ 차별에 합리적 이유가 없을 것을 요건으로 한다. 한계로서 불법 앞에 평등 요구는 인정되지 않는다.

2. 사안의 경우

'이 사건 처분'은 동일 사안에서 합리적 이유 없는 자의적 차별에 해당한다. 따라서 '이 사건 처분'은 평등원칙에 위반되어 위법하다.

5. 자기구속원칙 위반 여부

동일사안 · 동일결정 / 파생원칙 / 관 · 동 · 위
재량준칙 / 되풀이 / 행정관행설

1. 의의 및 요건

자기구속원칙이란 행정관행과 동일 사안에서 동일 결정을 해야 한다는 원칙으로 평등원칙의 파생원칙이고, ① 행정관행, ② 관행과 동일사안, ③ 위법한 관행이 아닐 것을 요건으로 한다.

2. 재량준칙이 존재하는 경우 행정관행의 필요성 여부

(1) 문제점

자기구속원칙의 행정관행과 관련하여 재량준칙에 따른 예기관행을 근거로 실제 행정관행이 없어도 자기구속원칙이 적용될 수 있는지 문제된다.

(2) 학설 및 판례

학설은 ① 재량준칙 자체만으로 예기관행을 인정하는 선례불요설, ② 1회선례 충분설, ③ 행정관행이 성립된 경우에 한정하는 행정관행설이 대립한다.

판례는 재량준칙이 공표만으로는 자기구속원칙이 적용될 수 없고, 재량준칙이 되풀이 시행되어 행정관행이 성립한 경우 자기구속원칙이 적용될 수 있다고 본다.

(3) 검 토

생각건대 재량준칙에 예기관행의 관념을 인정할 수 없고 행정의 탄력적 수행의 필요성을 고려할 때 행정관행설이 타당하다고 본다.

3. 사안의 경우

사안의 경우, 처분기준인 재량준칙이 되풀이 시행되어 행정관행이 성립되었고, 이러한 행정관행과 동일 사안이며, 위 관행은 위법하지 않다. 따라서 '이 사건 처분'은 자기구속원칙에 위반되어 위법하다.

6. 신뢰보호원칙 위반 여부

▶ 22년 5급 / 18년 입시

공적 견해 / 보호가치 / 귀책사유
고의·중과실 / 관계자 모두

행정기본법 제12조(신뢰보호의 원칙)
① 행정청은 공익 또는 제3자의 이익을 현저히 해칠 우려가 있는 경우를 제외하고는 행정에 대한 국민의 정당하고 합리적인 신뢰를 보호하여야 한다.

> Q. 관할관청이 폐기물처리업 사업계획에 대하여 적정통보를 하였다면, 이것은 당해 사업을 위해 필요한 그 사업부지 토지에 대한 국토이용계획변경신청을 승인하여 주겠다는 취지의 공적인 견해표명을 한 것으로 볼 수 있는가?

1. 신뢰보호원칙의 의의 및 요건

(1) 의 의

신뢰보호원칙이란 행정기관의 일정한 선행조치에 대한 국민의 보호가치 있는 신뢰를 보호해 주어야 한다는 원칙을 말한다(행정기본법 제12조 제1항).

(2) 요 건

① 선행조치로서 공적 견해표명, ② 보호가치 있는 신뢰, ③ 관계인의 조치, ④ 선행행위에 반하는 후행행위, ⑤ 손해발생, ⑥ 인과관계를 요건으로 하고, 공익 또는 제3자의 이익을 현저히 해칠 우려가 있는 경우를 제외한다(행정기본법 제12조 제1항).

(3) 귀책사유 없는 보호가치 있는 신뢰

귀책사유란 공적 견해표명의 하자에 대하여 관계인의 적극적 부정이나 고의 또는 중과실이 있는 경우를 의미하고, 주관적 범위는 상대방과 수임인 등 관계자 모두를 기준으로 한다.

(4) 사안의 경우

乙시장의 건축이 가능하다는 공적 견해표명이 있고, 甲에게 귀책사유가 없으므로 보호가치 있는 신뢰가 있으며, 甲이 건축준비를 하였고, 선행행위에 반하는 乙의 건축허가 거부처분이 있고, 甲에게 손해가 발생했으며, 각각에 인과관계가 인정된다.

2. 신뢰보호원칙의 한계 - 합법성원칙 또는 공익과의 충돌

(1) 문제점

위법한 공적 견해표명을 신뢰한 개인의 신뢰보호가 행정의 법률적합성과 충돌하는 경우 어떠한 원칙을 우선할 것인지 문제된다.

(2) 학설 및 판례

학설은 ① 법률적합성우위설, ② 양자는 동위적 관계이므로 양 원칙에 따른 이익형량이 필요하다고 보는 이익형량설(동위설)이 대립한다.

판례는 행정청이 위법한 공적 견해표명에 반하여 법률에 따른 처분으로 달성하려는 공익과 상대방의 신뢰이익을 비교형량하여 판단하는 이익형량설을 취한다.

(3) 검 토

신뢰보호원칙과 법률적합성원칙은 법치주의의 기본원리로서 양자는 동위적 관계이므로, 양 원칙에 따른 이익을 비교형량하는 동위설이 타당하다고 본다.

「행정기본법」 제12조 제1항 역시 공익 또는 제3자의 이익을 고려하여 국민의 합리적인 신뢰를 보호하여야 한다고 규정하고 있다.

(4) 사안의 경우

甲의 신뢰이익에 비하여 건축법령으로 달성하려는 건축 고도제한에 따른 건축질서 유지의 공익이 훨씬 크므로 합법성원칙이 우선한다.

3. 사안의 경우

甲의 건축허가에 대한 신뢰는 건축질서의 공익을 현저히 해할 우려가 있는 경우에 해당하므로 「행정기본법」 제12조 제1항 전단에 해당한다. 따라서 건축법령에 근거한 乙시장의 이 사건 건축허가 거부처분은 신뢰보호원칙에 반하지 않는다.

> A. 폐기물처리업 적정통보는 폐기물처리업허가에 대한 공적 견해표명에 불과할 분, 「국토계획법」상 계획변경에 대한 공적 견해표명으로 볼 수 없다.

7. 실권의 법리 위반 여부

▶ 16년 5급

앎·가능 / 장기·불행사 / 신뢰·정당

행정기본법 제12조(신뢰보호의 원칙)
② 행정청은 권한 행사의 기회가 있음에도 불구하고 장기간 권한을 행사하지 아니하여 국민이 그 권한이 행사되지 아니할 것으로 믿을 만한 정당한 사유가 있는 경우에는 그 권한을 행사해서는 아니 된다. 다만, 공익 또는 제3자의 이익을 현저히 해칠 우려가 있는 경우 예외로 한다.

1. 실권의 법리의 의의 및 요건

(1) 의 의

실권의 법리는 행정권에게 권리행사 가능성이 있음에도 불구하고 장기간 그 권리를 불행사한 경우 그 권리를 실효시키는 법리로서(행정기본법 제12조 제2항), 신뢰보호원칙의 파생원칙이다.

(2) 요 건

① 행정청의 취소·철회사유의 앎과 권리행사 가능, ② 장기간 불행사, ③ 행정청이 더 이상 권리를 행사하지 않을 것에 대한 국민의 신뢰에 정당한 사유가 있을 것, ④ 실권으로 인하여 공익 또는 제3자의 이익을 현저히 해칠 우려가 없을 것을 요건으로 한다.

2. 사안의 경우

사안의 경우, A시장은 지방경찰청장으로부터 통지받기 전까지 개인택시면허의 취소사유를 알 수 없었으므로 실권의 법리를 충족하지 못한다. 따라서 일반원칙인 신뢰보호원칙 위반 여부가 문제된다.

8. 법령개정과 신뢰보호 - 부진정소급입법의 한계원리

▶ 23년 법행 / 22-1 / 19년 변시

처분시법주의 / 소급효금지 / 신뢰보호
신뢰정도 / 국가유인 신뢰 / 법률의 기회활용

행정기본법 제14조(법 적용의 기준)
① 새로운 법령등은 법령등에 특별한 규정이 있는 경우를 제외하고는 그 법령등의 효력 발생 전에 완성되거나 종결된 사실관계 또는 법률관계에 대해서는 적용되지 아니한다.
② 당사자의 신청에 따른 처분은 법령등에 특별한 규정이 있거나 처분 당시의 법령등을 적용하기 곤란한 특별한 사정이 있는 경우를 제외하고는 처분 당시의 법령등에 따른다.
③ 법령등을 위반한 행위의 성립과 이에 대한 제재처분은 법령등에 특별한 규정이 있는 경우를 제외하고는 법령등을 위반한 행위 당시의 법령등에 따른다. 다만, 법령등을 위반한 행위 후 법령등의 변경에 의하여 그 행위가 법령등을 위반한 행위에 해당하지 아니하거나 제재처분 기준이 가벼워진 경우로서 해당 법령등에 특별한 규정이 없는 경우 변경된 법령등을 적용한다.

1. 신청에 따른 처분의 경우

(1) 처분시법주의

처분은 개정법령에 경과규정이 없는 한 처분시의 법령을 적용하는 처분시법주의가 원칙이고(행정기본법 제14조), 구법에 의한 신뢰가 개정법 적용의 공익보다 더 보호 가치 있으면 그 적용이 제한될 수 있다.

(2) 소급입법금지의 원칙

소급입법금지원칙이란 법령은 원칙적으로 효력발생 후의 사실·법률관계에만 적용된다는 원칙을 말한다(행정기본법 제14조 제1항).

종결된 사실·법률관계에 적용되는 진정소급입법은 원칙적으로 금지되고, 계속중인 사실·법률관계에 적용되는 부진정소급입법은 원칙적으로 허용된다.

(3) 신뢰보호원칙 위반 여부 - 부진정소급입법의 한계원리

1) 판 례

대법원은 구법에 대한 신뢰가 개정법 적용으로 달성하려는 공익보다 훨씬 더 큰 경우에 경과규정 없는 법률 부분은 무효로 본다.

헌법재판소는 신뢰의 보호정도를 법령개정의 예측성과 국가에 의해 유인된 신뢰인지, 단지 법률의 기회활용에 불과한지 여부로 판단한다.

2) 사안의 경우

사안의 경우, 법령개정의 예측성이 있고, 甲의 신뢰는 국가에 의해 유인된 신뢰가 아닌, 해당 법률의 기회활용에 불과하다. 따라서 구법의 존속에 대한 甲의 신뢰에 비하여 개정법령 적용으로 달성하려는 공익이 훨씬 크므로 개정법령은 신뢰보호원칙에 위배되지 않는다.

2. 제재처분의 경우

(1) 원 칙

법령 등 위반행위에 대한 제재처분은 특별규정이 있는 경우를 제외하고는 법령 등을 위반한 행위당시의 법령 등에 따른다(행정기본법 제14조 제3항 본문).

(2) 예 외

법령 등 위반행위 후 법령변경에 의하여 위반행위에 해당하지 아니하거나, 제재처분 기준이 가벼워진 경우로서 해당 법령 등에 특별규정이 없는 경우에는 변경된 법령 등을 적용한다(행정기본법 제14조 제3항 단서).

9. 신의성실의 원칙

▶ 16년 5급

객 · 신 · 정 / 정의관념 / 합법성 희생

행정기본법 제11조(성실의무 및 권한남용금지의 원칙)
① 행정청은 법령등에 따른 의무를 성실히 수행하여야 한다.

행정절차법 제4조(신의성실 및 신뢰보호)
① 행정청은 직무를 수행할 때 신의에 따라 성실히 하여야 한다.

1. 의의 및 요건

(1) 의 의

신의성실원칙은 모든 사람은 상대방의 신뢰를 헛되이 하지 않도록 성의 있게 행동하여야 한다는 원칙으로, 행정기본법 제11조 제1항, 행정절차법 제4조 제1항을 근거로 한다.

(2) 요 건

① 객관적으로 신의를 가짐이 정당한 상태, ② 신의에 반하는 권리행사가 정의관념에 반하고, ③ 합법성원칙을 희생해서라도 상대방의 신뢰를 보호함이 정의관념에 부합하는 특별한 사정이 있어야 한다.

2. 사안의 경우

사안의 경우 乙은 적법한 개인택시면허에 대한 객관적 신의를 가짐에 정당한 상태에 있고, 법적확인의무를 해태하여 인가처분한 A시장의 이 사건 처분은 정의관념에 비추어 용인될 수 없으며, 합법성원칙을 희생하더라도 乙의 신뢰를 보호함이 정의의 관념에 부합하는 특별한 사정이 있다. 따라서 A시장의 개인택시면허취소처분은 신의성실원칙에 반하여 위법하다.

10. 부당결부금지의 원칙

실질적 관련성 / 원인적 / 목적적

행정기본법 제13조(부당결부금지의 원칙)
행정청은 행정작용을 할 때 상대방에게 해당 행정작용과 실질적인 관련이 없는 의무를 부과해서는 아니 된다.

1. 의의 및 요건

부당결부금지원칙이란 행정청이 행정작용을 할 때, 상대방에게 해당 행정작용과 실질적인 관련이 없는 의무를 부과해서는 아니 된다는 원칙을 말한다(행정기본법 제13조). 이때 실질적 관련성은 원인적 관련성과 목적적 관련성을 요건으로 한다.

2. 사안의 경우

'이 사건 조건'은 위 처분과 원인적 관련성이 없고, 관련법률의 수권목적에도 반하므로 목적적 관련성도 부정된다. 따라서 주택사업과 아무런 관련 없는 토지를 기부채납하도록 하는 '이 사건 조건'은 실질적 관련성을 결여하므로 부당결부금지원칙에 위반되어 위법하다.

11. 권한남용금지의 원칙

법상 공익목적 反 / 법치국가원리 / 행기법 11조
세무조사·부정목적 / 조사권 남용·위법(중대) / 후속 과세처분·위법

행정기본법 제11조(성실의무 및 권한남용금지의 원칙)
② 행정청은 행정권한을 남용하거나 그 권한의 범위를 넘어서는 아니 된다.

1. 의의 및 근거

권한남용금지원칙이란 행정청은 행정권한을 남용하거나 그 권한의 범위를 넘어서는 아니 된다는 원칙을 말한다(행정기본법 제11조 제2항).

2. 내 용

행정법상 권한을 사적 목적 또는 전혀 다른 공익목적을 위해 행사한 경우와 정치적 목적으로 사용한 경우 등이 권한남용에 해당한다.

3. 판 례

판례는 세무조사가 본연의 목적이 아닌 부정한 목적을 위하여 행하여진 경우 조사권의 남용에 해당되어 그 위법정도가 매우 중대하고, 이러한 위법한 세무조사에 근거한 과세처분 역시 위법하다고 판시하였다.

제 4 장
행정상 법률관계

- 12 공법관계와 사법관계의 구별
- 13 공무수탁사인의 행정주체성
- 14 공의무의 승계 여부
- 15 무하자재량행사청구권 독자성 인정 여부
- 16 행정개입청구권 인정 여부
- 17 특별권력관계 인정 여부
- 18 사인의 공법행위
- 19 민법 제107조 제1항 단서의 적용 가능성
- 20 사인의 공법행위의 하자와 후속 행정행위의 효력
- 21 사인의 공법행위로서 신고의 법적 성질
- 22 일반적 건축신고의 수리거부의 처분성
- 23 개발행위허가의제 건축신고의 수리거부의 처분성
- 24 지위승계신고 수리(거부)의 처분성
- 25 제재처분의 제척기간
- 26 공법상 부당이득반환소송의 재판관할
- 27 행정에 관한 기간의 계산

12. 공법관계와 사법관계의 구별

관련법규 / 종·이·귀 / 복수기준설

1. 공법관계와 사법관계의 구별기준

(1) 문제점

공법관계와 사법관계는 1차적으로 관련법규로 판단하지만, 그 구별이 불명확한 경우 법률관계의 성질에 따른 구별기준이 문제된다.

(2) 학설 및 판례

학설은 ① 종속 여부로 판단하는 종속설, ② 공익목적 여부로 판단하는 이익설, ③ 공권력의 담당자에게 법적 효과가 귀속하는지로 판단하는 귀속설이 대립한다.

판례는 행정청이 공권력을 가진 우월적 지위에서 행한 것은 공법관계, 사경제주체로서 행하는 행위는 사법관계로 판단한다.

(3) 검 토

논의의 실익은 실체법상 적용법규와 적용되는 법원리, 분쟁에 대한 소송형태에 있다. 생각건대 다양한 법률관계를 고려할 때, 복수기준설이 타당하다고 본다.

2. 사안의 경우

사안의 경우, 공법관계에 해당하므로 행정소송의 대상이 되고, 소의 대상이 처분이므로 항고소송의 대상이 된다. 따라서 소송요건 중 재판관할은 행정법원이 된다.

13. 공무수탁사인의 행정주체성

이중적 지위 / 행정주체 / 행정청

행정기본법 제2조(정의)
2. "행정청"이란 다음 각 목의 자를 말한다.
　가. 행정에 관한 의사를 결정하여 표시하는 국가 또는 지방자치단체의 기관
　나. 그 밖에 법령등에 따라 행정에 관한 의사를 결정하여 표시하는 권한을 가지고 있거나 그 권한을 위임 또는 위탁받은 공공단체 또는 그 기관이나 사인(私人)

1. 공무수탁사인의 의의

공무수탁사인이란 공행정사무를 위탁받아 자신의 이름으로 처리하는 권한을 갖고 있는 행정주체인 사인을 말한다. 공무위탁은 행정권한법정주의의 변경을 가져오므로 법적 근거가 필요하다.

2. 공무수탁사인의 법적 지위

공무수탁사인은 수탁받은 공행정업무의 수행 범위 내에서는 행정수체가 되고, 대외적 처분을 함에는 행정청이 되는 이중적 지위를 가지며(행정기본법 제2조 제2호 나목), 국가배상법상 공무원에 해당한다(국가배상법 제2조 제1항).

3. 사안의 경우

乙은 수탁받은 공행정업무의 사무귀속주체로서 행정주체이자, '이 사건 처분'을 함에 있어 행정청이 되는 이중적 지위를 갖는다. (따라서 행정주체의 지위로서 공법상 당사자소송의 피고가 되고, 행정청의 지위로서 항고소송의 피고가 된다.)

14. 공의무의 승계 여부

1. 개인적 공의무의 승계가능성

공의무가 일신전속적 성격인 경우 승계가 부정되고, 대체가능한 경우 원칙적으로 승계가 긍정된다. 경찰상 행위책임은 원칙적으로 승계 부정, 경찰상 상태책임은 승계가 긍정된다.

2. 판 례

판례는 대체가능한 원상회복의무의 승계를 긍정하고, 일신전속적인 이행강제금의 승계는 부정하며, 유가보조금환수 사건에서 양수인의 선의·악의를 불문하고 물적 자산과 그 대물적 책임의 승계를 긍정하고 대인적 책임의 승계를 부정하였다.

3. 검 토

공의무의 승계는 상속 또는 지위승계에서 논의의 실익이 있다.

생각건대 공법의 강행법규성에 비추어 공의무의 승계를 부정하는 견해도 있으나, 그 의무의 성격이 일신전속적인지 대체가능한지 또는 물적자산에 대한 대물적 처분인지 대인적 처분인지 여부로 승계 여부를 판단해야 할 것이다.

15. 무하자재량행사청구권 독자성 인정 여부

형식적 공권 / 독자성 / 검사임용거부

1. 무하자재량행사청구권의 의의

무하자재량행사청구권이란 개인이 행정청에게 재량권을 하자 없이 행사할 것을 청구할 수 있는 적극적 공권으로서 특정한 내용이 없는 형식적 권리이다.

2. 무하자재량행사청구권 독자성 인정 여부

(1) 문제점

무하자재량행사청구권은 내용이 없는 형식적 권리에 불과하고, 실체적 권리침해를 다투는 것으로 권리구제가 가능하다는 점에서 그 독자성 인정 여부가 문제된다.

(2) 학설 및 판례

학설은 ① 실체적 권리침해를 다투면 되므로 인정 실익이 없다고 보는 부정설, ② 재량행위에서 공권을 인정한 실익이 있다고 보는 긍정설이 대립한다.

판례는 검사임용거부처분 사건에서 신청자에게 재량권 일탈·남용 없는 적법한 응답을 요구할 권리가 있다고 판시하여 무하자재량행사청구권의 개념을 수용하였다.

(3) 검 토

무하자재량행사청구권은 재량행위에서 일반적 공권을 인정했다는 점, 재량권 영수축이론을 통하여 특정 공권이 발생한다는 점에서 그 인정 실익이 있다고 본다.

16. 행정개입청구권 인정 여부

▶ 20년 입시 / 18년 5급

강행법규성 / 재량영수축 / 사익보호성
중대 · 급박 / 행정청 / 개인

1. 의 의

행정개입청구권이란 개인이 자신의 권익을 위하여 행정권 발동을 청구할 수 있는 적극적 공권으로서 특정한 내용이 있는 실질적 공권이다. (이때 제3자에게 행정권 발동을 요구하는 공권을 협의의 행정개입청구권이라 한다.)

2. 행정개입청구권 성립요건

① 강행법규성은 기속행위는 당연인정, 재량행위는 재량이 영으로 수축되는 경우에만 행정청의 개입의무가 인정되고, ② 사익보호성은 관련법규가 공익뿐만 아니라 사익보호 취지가 있어야 한다.

3. 사안의 경우

1) 강행법규성과 관련하여, 중대한 법익에 대한 급박하고 현저한 위험이 존재하고, 행정청의 공권력 발동으로 위해 제거가 가능하며, 개인적 노력으로는 위해 제거가 불충분하므로 재량권이 영으로 수축한다. 따라서 행정청의 특정한 내용의 개입의무가 발생한다.

2) 사익보호성과 관련하여, 법 제1조 목적과 제00조의 규정 취지상 공익뿐만 아니라 개인의 환경상 이익도 보호하는 취지가 있는 것으로 해석된다. 따라서 사익보호성이 인정된다.

4. 사안의 경우

甲에게 법규상·조리상 행정개입청구권이 인정되므로, 乙의 거부행위는 거부처분에 해당한다. 따라서 甲이 제기한 거부처분취소소송의 대상적격은 충족된다.

17. 특별권력관계 인정 여부

포괄적 지배 / 복종의무 / 근·영·감·사
부정설 / 특별행정법관계 / 사법심사 可

1. 특별권력관계의 의의 및 종류

특별권력관계란 특별한 법률 원인에 의해 성립되어 행정목적에 필요한 범위 내에서 일방의 포괄적 지배권과 상대방의 복종의무를 내용으로 하는 법으로부터 자유로운 영역이다.

그 종류는 ① 공법상 근무관계, ② 공법상 영조물이용관계, ③ 공법상 특별감독관계, ④ 공법상 사단관계가 있다.

2. 특별권력관계 인정 여부

(1) 문제점

법치주의가 배제되는 고전적 특별권력관계는 부정하는 것이 대체적인 견해이나, 오늘날 특별권력관계를 어떻게 볼 것인지 그 인정 여부가 문제된다.

(2) 학 설

학설은 ① 특별한 행정목적 달성에 필요한 한도 내에서 법치주의가 완화된다고 보는 제한적 긍정설, ② 기존의 특별권력관계를 부정하고 특별행정법관계로 보는 견해와 일반행정법관계로 보는 견해가 대립한다.

(2) 검 토

오늘날 실질적 법치주의 하에서 특별권력관계는 부정되므로 특별한 행정목적에 따른 특별행정법관계로 보는 견해가 타당하다고 본다. 따라서 법치주의가 전면적으로 적용되고, 특별한 행정목적에 따른 포괄적 수권 또는 재량의 여지가 인정될 뿐이다.

18. 사인의 공법행위

공법적 효과 / 자기완결적 / 행위요건적

1. 사인의 공법행위의 의의 및 종류

사인의 공법행위란 공법적 효과발생을 목적으로 하는 사인의 법적 행위로서, 효과를 기준으로 자기완결적 공법행위와 행위요건적 공법행위로 구분된다.

2. 사안의 경우

甲의 사직원 제출은 사인의 공법행위로서 성질상 단독행위이고, 효과 면에서 행위요건적 공법행위에 해당하며, 乙행정청의 면직처분은 쌍방적 행정행위에 해당한다.

19. 민법 제107조 제1항 단서의 적용 가능성

▶ 22년 5급

일반법X / 비진의 의사표시·무효 / 부정설

> 민법 제107조(진의 아닌 의사표시)
> ① 의사표시는 표의자가 진의아님을 알고 한 것이라도 그 효력이 있다. 그러나 상대방이 표의자의 진의아님을 알았거나 이를 알 수 있었을 경우에는 무효로 한다.
>
> Q. 사인의 공법행위로서 신고가 비진의 의사표시에 해당하고 상대방도 이를 알 수 있었던 경우 「민법」 제107조 제1항 단서 규정이 준용되어 무효로 볼 수 있는가?

1. 사인의 공법행위의 하자와 적용법규

사인의 공법행위의 하자에 적용되는 일반법은 없으므로 개별법률에 특별한 규정이 없는 경우 민법의 의사표시 규정이 유추적용된다.

2. 민법 제107조 제1항 단서의 적용 가능성

(1) 문제점

사인의 공법행위의 의사표시가 비진의 의사표시에 해당하는 경우 민법 제107조 제1항 단서 규정이 행정법관계에도 준용 가능한지 문제된다.

(2) 학설 및 판례

학설은 ① 행정법관계의 안정성과 제3자 신뢰를 크게 침해하지 않는 경우 긍정하는 긍정설, ② 의사주의 규정은 준용을 부정하는 부정설이 대립한다.

판례는 민법 제107조 제1항 단서의 규정은 그 성질상 사인의 공법행위에는 적용되지 않는다고 판시하여 부정설을 취한다.

(3) 검 토

행위의 단체성 또는 정형성이 강하게 요구되는 행정법관계의 특수성에 비추어 의사주의 규정의 적용을 부정하는 부정설이 타당하다고 본다.

3. 사안의 경우

甲의 사직원 제출이 비진의 의사표시인 경우에도 「민법」 제107조 제1항 단서의 작용이 부정되고 본문에 따라 유효하므로 乙의 직권면직처분도 유효하다.

> A. 사인의 공법행위로서 신고가 비진의 의사표시에 해당하고 상대방도 이를 알 수 있었던 경우에도 행정법관계의 특수성에 비추어 「민법」 제107조 제1항 단서 규정은 준용되지 않으므로 무효로 볼 수 없다.

20. 사인의 공법행위의 하자와 후속 행정행위의 효력

강박 / 취소·철회 / 처분발급 전

민법 제108조(통정한 허위의 의사표시)
① 상대방과 통정한 허위의 의사표시는 무효로 한다.

제109조(착오로 인한 의사표시)
① 의사표시는 법률행위의 내용의 중요부분에 착오가 있는 때에는 취소할 수 있다. 그러나 그 착오가 표의자의 중대한 과실로 인한 때에는 취소하지 못한다.

제110조(사기, 강박에 의한 의사표시)
① 사기나 강박에 의한 의사표시는 취소할 수 있다.

> Q. 甲은 자신이 제출한 전역신청서는 복무연장신청과 동시에 제출하게 한 서류로서 복무연장의 의사를 명백히 한 의사와 모순되어 전역신청으로서의 효력이 없으므로 이에 근거한 전역처분도 무효라며 다투고 있다. 甲의 주장의 당부를 검토하시오.

1. 사인의 공법행위가 단순 동기인 경우

사인의 공법행위가 단순 동기인 경우에는 후속 행정행위에 아무런 영향이 없다.

2. 사인의 행위요건적 공법행위의 하자와 행정행위의 효력

(1) 문제점

사인의 공법행위가 단순동기가 아닌 행정행위의 전제요건인 경우에 사인의 공법행위의 하자가 후행 행정행위에 미치는 효력이 문제된다.

(2) 학설 및 판례

학설은 ① 사인의 공법행위가 무효면 행정행위도 무효, 단순위법이면 원칙적으로 유효하다는 견해, ② 행정행위는 원칙적으로 취소사유로 보는 견해가 대립한다.

판례는 강박이 의사결정의 자유를 박탈할 정도면 후행처분도 위법하고, 의사표시의 철회·취소는 후행처분 전까지 가능하다고 판시하였다.

(3) 검 토

사인의 공법행위가 무효이거나 의사표시가 철회·취소되면 행정행위도 무효이고, 그 외에는 원칙적으로 유효하나, 의사표시의 철회·취소는 행정행위 발급 전까지 가능하다고 본다.

> A. 甲의 전역신청서 제출은 조건부 의사표시로서 유효하고, 가사 비진의 의사표시에 해당하는 경우에도, 「민법」 제107조 제1항 단서는 준용되지 않으므로 甲의 전역신청은 유효하고, 이에 근거한 전역처분도 적법하다.

21. 사인의 공법행위로서 신고의 법적 성질

관련법규 / 수리의무 / 통지·간주
형식적요건 / 실질적요건 / 구체적 법적효과

행정기본법 제34조(수리 여부에 따른 신고의 효력) [2023. 3. 24. 시행]
법령등으로 정하는 바에 따라 행정청에 일정한 사항을 통지하여야 하는 신고로서 법률에 신고의 수리가 필요하다고 명시되어 있는 경우(행정기관의 내부 업무 처리 절차로서 수리를 규정한 경우는 제외)에는 행정청이 수리하여야 효력이 발생한다.

행정절차법 제40조(신고)
② 제1항에 따른 신고가 다음 각 호의 요건을 갖춘 경우에는 신고서가 접수기관에 도달된 때에 신고 의무가 이행된 것으로 본다. 〈각 호 생략〉

1. 신고의 법적 성질

(1) 신고의 의의 및 종류

신고란 사인이 공법적 효과발생을 목적으로 행정기관에게 일정한 사항을 알리는 행위로서, 신고의 도달만으로 효력이 발생하는 자기완결적 신고와 수리를 필요로 하는 신고가 있다(행정절차법 제40조, 행정기본법 제34조).

(2) 구별실익

자기완결적 신고는 적법한 신고의 도달만으로 신고의 효력이 발생하므로 행정청의 수리는 이론상 사실행위이고, 수리를 필요로 하는 신고는 행정청의 수리가 있어야 신고의 효력이 발생하므로 수리는 준법률행위적 행정행위인 수리행위가 된다.

(3) 구별기준

종래 신고규정에 형식적 요건만 있으면 자기완결적 신고, 실질적 요건도 포함하거나 수리로 구체적 법적효과가 발생하면 수리를 요하는 신고로 봤다.

법률에 신고의 수리가 필요하다고 명시된 경우인 수리의무 규정 또는 수리통지 및 수리간주 규정이 있으면 수리를 필요로 하는 신고로 본다(행정기본법 제34조).

(3) 사안의 경우 (관련법규 해석 우선)

① 일반적 건축신고는 「건축법」 제14조 제1항에 형식적 요건만 있으므로 자기완결적 신고이다.

② 개발행위허가의제 건축신고는 「건축법」 제14조 제2항과 제11조 제5항 제3호에 의해 의제되는 개발행위허가의 요건에 「국토계획법」 제58조 제1항 제4호 '주변환경과 조화' 등 실질적 요건심사를 요구하므로 수리를 필요로 하는 신고이다.

③ 지위승계신고는 신고수리로 양도인의 법적지위가 소멸하고 양수인의 법적지위가 창설되는 구체적 법적 효과가 있으므로 수리를 필요로 하는 신고이다.

22. 일반적 건축신고의 수리거부의 처분성

법적지위 불안 / 시·이·법 / 분쟁·조기·근본

건축법 제14조(건축신고)
① 제11조에 해당하는 허가 대상 건축물이라 하더라도 다음 각 호의 어느 하나에 해당하는 경우 미리 특별자치시장·특별자치도지사 또는 시장·군수·구청장에게 국토교통부령으로 정하는 바에 따라 신고를 하면 건축허가를 받은 것으로 본다.
  1. 바닥면적의 합계가 85제곱미터 이내의 증축·개축 또는 재축. 다만, 3층 이상 건축물인 경우 증축·개축 또는 재축하려는 부분의 바닥면적의 합계가 건축물 연면적의 10분의 1 이내인 경우로 한정한다.
  2. 「국토계획법」에 따른 관리지역, 농림지역 또는 자연환경보전지역에서 연면적이 200제곱미터 미만이고 3층 미만인 건축물의 건축. 〈단서 생략〉

Q. 甲이 「건축법」상 적법한 요건을 갖추어 건축신고를 한 경우 관계 행정청이 甲의 건축신고를 반려하였다면 甲은 이러한 건축신고의 반려를 항고소송으로 다툴 수 있는가?

1. 일반적 건축신고의 법적 성질 - 자기완결적 신고인지

(1) 신고의 구별기준

종래 신고규정에 형식적 요건만 있으면 자기완결적 신고, 실질적 요건도 포함하거나 수리로 구체적 법적효과가 발생하면 수리를 요하는 신고로 봤다.

법률에 신고의 수리가 필요하다고 명시된 경우인 수리의무 규성 또는 수리통지 및 수리간주 규정이 있으면 수리를 필요로 하는 신고로 본다(행정기본법 제34조).

(2) 사안의 경우

일반적 건축신고는 「건축법」 제14조 제1항, 제2항에 형식적 요건만 있고, 같은 법 제11조의 건축금지의무를 해제하는 금지해제적 자기완결적 신고에 해당한다.

2. 일반적 건축신고의 수리거부가 처분인지 여부

(1) 문제점

일반적 건축신고는 금지해제적 자기완결적 신고에 해당하는 바, 금지해제적 자기완결적 신고의 수리거부가 항고소송의 대상인 처분인지 문제된다.

(2) 학설 및 판례

학설은 대체로 금지해제적 자기완결적 신고와 인허가의제 신고 등 수리를 요하는 신고의 경우 행정청의 수리거부의 처분성을 긍정한다.

판례는 건축신고의 수리거부의 경우 법적지위의 불안을 해소하고 분쟁을 조기에 근본적으로 해결하기 위해 수리거부의 처분성을 긍정한다.

(3) 검 토

정보제공적 자기완결적 신고의 수리는 단순사실에 해당하므로 처분성이 부정되나, 금지해제적 자기완결적 신고의 수리는 법상 금지의무 해제 효과가 있으므로 처분성이 긍정된다고 본다. 따라서 일반적 건축신고는 금지해제적 자기완결적 신고이므로 수리거부의 처분성이 긍정된다.

3. 사안의 경우

건축신고반려는 행정청의 구체적 사실에 대한 법집행으로서, 건축법상 공권력 행사의 거부에 준하는 행정작용이고, 건축법상 금지의무가 해제되지 않았으므로 건축을 개시하면 시정명령·이행강제금·벌금의 대상이 되는 등 국민의 권리의무에 직접적 영향을 미친다. 따라서 건축신고반려는 항고소송의 대상인 처분이다.

> A. 일반적인 건축신고는 이른바 '자기완결적 신고' 중 금지해제적 신고에 해당하고, 그 수리 거부는 최근 판례가 처분성을 인정하므로 항고소송으로 다툴 수 있다.

23. 개발행위허가의제 건축신고의 수리거부의 처분성

▶ 23-3 / 21년 5급 / 20년 입시

인허가의제신고 / 수리필요 / 준법률행위적VA

건축법 제11조(건축허가)
⑤ 제1항에 따른 건축허가를 받으면 다음 각 호의 허가 등을 받거나 신고를 한 것으로 보며, … 관련 법률의 인·허가등이나 허가등을 받은 것으로 본다.
  3. 「국토계획법」 제56조에 따른 개발행위허가

제14조(건축신고)
② 제1항에 따른 건축신고에 관하여 제11조제5항 및 제6항을 준용한다.

국토계획법 제56조(개발행위의 허가)
① 다음 각 호의 어느 하나에 해당하는 행위로서 대통령령으로 정하는 행위(이하 "개발행위")를 하려는 자는 특별시장 등의 허가를 받아야 한다.
  1. 건축물의 건축 또는 공작물의 설치

제58조(개발행위허가의 기준 등)
① 특별시장 등은 개발행위허가의 신청 내용이 다음 각 호의 기준에 맞는 경우에만 개발행위허가 또는 변경허가를 하여야 한다.
  4. 주변지역의 토지이용실태 또는 토지이용계획, 건축물의 높이, 토지의 경사도, 수목의 상태, 물의 배수, 하천·호소·습지의 배수 등 주변환경이나 경관과 조화를 이룰 것

1. 인·허가의제 건축신고의 법적 성질 – 수리를 요하는 신고인지

(1) 신고의 구별기준

종래 신고규정에 형식적 요건만 있으면 자기완결적 신고, 실질적 요건도 포함하거나 수리로 구체적 법적효과가 발생하면 수리를 요하는 신고로 봤다.

법률에 신고의 수리가 필요하다고 명시된 경우인 수리의무 규정 또는 수리통지 및 수리간주 규정이 있으면 수리를 필요로 하는 신고로 본다(행정기본법 제34조).

(2) 사안의 경우

개발행위허가의제 건축신고는 「건축법」 제14조 제2항과 제11조 제5항 제3호에 의해 의제되는 개발행위허가의 요건에 「국토계획법」 제58조 제1항 제4호 '주변환경과 조화' 등 실질적 요건심사를 요구하므로 수리를 필요로 하는 신고이다.

2. 인허가의제 건축신고의 수리거부가 처분인지 여부

(1) 문제점

인허가의제 건축신고는 수리를 요하는 신고에 해당하는 바, 이러한 인허가의제 건축신고의 수리거부가 항고소송의 대상인 처분인지 문제된다.

(2) 학설 및 판례

학설은 대체로 금지해제적 자기완결적 신고와 인허가의제 신고 등 수리를 요하는 신고의 경우 행정청의 수리거부의 처분성을 긍정한다.

판례는 일반적 건축신고와 달리, 인허가의제 건축신고를 수리를 필요로 하는 신고로 보고, 그 수리거부의 처분성을 긍정하였다.

(3) 검 토

개발행위허가의제 건축신고는 수리를 요하는 신고로서, 이때 수리는 준법률행위적 행정행위 중 수리행위에 해당하므로 이러한 수리거부의 처분성은 긍정된다.

3. 사안의 경우

당해 건축신고반려는 행정청의 구체적 사실에 대한 법집행으로서 건축법상 공권력 행사의 거부이고, 수리거부로 건축금지 해제와 개발행위허가의 효력이 발생하지 않는다. 따라서 '이 사건 건축신고 반려'는 항고소송의 대상인 처분이다.

24. 지위승계신고 수리(거부)의 처분성

▶ 19년 입시

수리필요 / 수리거부·처분 / 사전통지

식품위생법 제39조(영업 승계)
③ 제1항 또는 제2항에 따라 그 영업자의 지위를 승계한 자는 총리령으로 정하는 바에 따라 1개월 이내에 그 사실을 식품의약품안전처장 또는 특별자치시장·특별자치도지사·시장·군수·구청장에게 신고하여야 한다.
④ 식품의약품안전처장 또는 특별자치시장 등은 제3항에 따른 신고를 받은 날부터 3일 이내에 신고수리 여부를 신고인에게 통지하여야 한다.
⑤ 식품의약품안전처장 또는 특별자치시장 등이 제4항에서 정한 기간 내에 신고수리 여부 또는 민원 처리 관련 법령에 따른 처리기간의 연장을 신고인에게 통지하지 아니하면 그 기간이 끝난 날의 다음 날에 신고를 수리한 것으로 본다.

1. 지위승계신고의 법적 성질 - 수리를 요하는 신고인지

(1) 신고의 구별기준

종래 신고규정에 형식적 요건만 있으면 자기완결적 신고, 실질적 요건도 포함하거나 수리로 구체적 법적효과가 발생하면 수리를 요하는 신고로 봤다.

법률에 신고의 수리가 필요하다고 명시된 경우인 수리의무 규정 또는 수리통지 및 수리간주 규정이 있으면 수리를 필요로 하는 신고로 본다(행정기본법 제34조).

(2) 사안의 경우

지위승계신고는 신고수리로 양도인의 법적지위가 소멸하고 양수인의 법적지위가 창설되는 구체적 법적 효과가 있으므로 수리를 필요로 하는 신고이다.

2. 지위승계신고 수리(거부)의 처분성

(1) 문제점

지위승계신고는 수리를 요하는 신고에 해당하는 바, 이러한 지위승계신고의 수리거부가 항고소송의 대상인 처분인지 문제된다.

(2) 학설 및 판례

학설은 대체로 금지해제적 자기완결적 신고와 수리를 요하는 신고의 수리거부의 처분성을 긍정한다.

판례는 지위승계신고를 수리를 요하는 신고로 보며, 지위승계신고의 수리 또는 수리거부의 처분성을 긍정한다.

(3) 검 토

지위승계신고는 수리를 필요로 하는 신고로서, 이때 수리는 준법률행위적 행정행위 중 수리행위에 해당하므로 이러한 수리거부의 처분성은 긍정된다.

3. 사안의 경우

지위승계신고의 수리는 행정청의 구체적 사실에 대한 법집행으로서 공권력 행사이고, 수리행위로 양도인의 법적지위 소멸과 양수인의 법적지위 설정의 구체적 효과가 발생하므로 국민의 권리의무에 직접적 영향을 미친다. 따라서 이 사건 지위승계신고의 수리는 항고소송의 대상인 처분이다.

25. 제재처분의 제척기간

위반행위종료 / 제재처분 / 5년 제척기간

행정기본법 제23조(제재처분의 제척기간)
① 행정청은 법령등의 위반행위가 종료된 날부터 5년이 지나면 해당 위반행위에 대하여 제재처분(인허가의 정지·취소·철회, 등록 말소, 영업소 폐쇄와 정지를 갈음하는 과징금 부과)을 할 수 없다.
② 다음 각 호의 어느 하나에 해당하는 경우에는 제1항을 적용하지 아니한다.
  1. 거짓이나 그 밖의 부정한 방법으로 인허가를 받거나 신고를 한 경우
  2. 당사자가 인허가나 신고의 위법성을 알고 있었거나 중대한 과실로 알지 못한 경우
  3. 정당한 사유없이 행정청의 조사·출입·검사를 기피·방해·거부하여 제척기간이 지난 경우
  4. 제재처분을 하지 아니하면 국민의 안전·생명 또는 환경을 심각하게 해치거나 해칠 우려가 있는 경우
③ 행정청은 제1항에도 불구하고 행정심판의 재결이나 법원의 판결에 따라 제재처분이 취소·철회된 경우에는 재결이나 판결이 확정된 날부터 1년(합의제행정기관은 2년)이 지나기 전까지는 그 취지에 따른 새로운 제재처분을 할 수 있다.

1. 제척기간의 의의 및 구별

제척기간이란 법률관계를 확정하기 위하여 일정한 권리에 대하여 법률이 정한 존속기간을 말하고, 중단제도가 없다는 점에서 소멸시효와 구별된다. 대표적으로 행정심판 및 행정소송의 제기기간, 제재처분의 제척기간이 있다.

2. 제재처분의 제척기간

(1) 의의 및 취지

행정청은 법령 등의 위반행위가 종료된 날부터 5년이 지나면 해당 위반행위에 대하여 제재처분을 할 수 없다(행정기본법 제23조 제1항). 그 취지는 행정청의 권한 행사기간을 제한하여 장기간 권한의 불행사로 인한 국민의 신뢰를 보호하는 데 있다.

(2) 예 외

(행정기본법 제23조 제2항 각 호)

(3) 검 토

종래 판례는 행정청의 취소·철회권의 장기간 불행사와 관련하여 실권의 법리를 적용하여 국민의 신뢰를 보호하였다. 행정기본법 제23조는 행정청의 제제처분의 행사기간을 제척기간으로 명문화하여 국민의 신뢰와 법적 안정성을 도모하였다.

26. 공법상 부당이득반환소송의 재판관할

▶ 24년 5급 / 18년 변시

일관되게 / 민사소송 / 사권설

민법 제741조(부당이득의 내용)
법률상 원인없이 타인의 재산 또는 노무로 인하여 이익을 얻고 이로 인하여 타인에게 손해를 가한 자는 그 이익을 반환하여야 한다.

1. 공법상 부당이득반환청구권의 성질

(1) 문제점

　　권리구제수단과 관련하여 공법상 원인에 의한 부당이득반환청구권의 법적 성질이 공권인지 사권인지 문제된다.

(2) 학설 및 판례

　　학설은 ① 부당이득을 경제적 이해관계의 조절로 보는 사권설, ② 공법상 원인에 의한 부당이득은 행정소송의 대상이라고 보는 공권설이 대립한다.

　　판례는 일관되게 공법상 원인에 의한 부당이득반환청구를 실무상 민사소송으로 해결하여 사권설을 취한다.

(3) 검 토

　　논의의 실익은 소송형태가 공법상 당사자소송인지 민사소송인지 여부에 있다. 생각건대 공법상 원인에 의한 부당이득이므로 공권설이 타당하다고 본다.

2. 사안의 경우

　　공법상 원인에 의한 부당이득반환청구권은 공권이므로 공법상 당사자소송의 대상이고, 재판관할은 행정법원에 있다. (판례에 따르면 사권이므로 민사소송의 대상이고, 재판관할은 민사법원에 있다.)

27. 행정에 관한 기간의 계산

원칙 : 민법준용 / 예외 : 침익적 처분 / 초일 산입·휴일 만료

> **행정기본법 제6조(행정에 관한 기간의 계산)**
> ① 행정에 관한 기간의 계산에 관하여는 이 법 또는 다른 법령등에 특별한 규정이 있는 경우를 제외하고는 「민법」을 준용한다.
> ② 법령등 또는 처분에서 국민의 권익을 제한하거나 의무를 부과하는 경우 권익이 제한되거나 의무가 지속되는 기간의 계산은 다음 각 호의 기준에 따른다. 다만, 다음 각 호의 기준에 따르는 것이 국민에게 불리한 경우에는 그러하지 아니하다.
> 1. 기간을 일, 주, 월 또는 연으로 정한 경우에는 기간의 첫날을 산입한다.
> 2. 기간의 말일이 토요일 또는 공휴일인 경우에도 기간은 그 날로 만료한다.
>
> **제7조의2(행정에 관한 나이의 계산 및 표시) [2023. 6. 28. 시행]**
> 행정에 관한 나이는 다른 법령등에 특별한 규정이 있는 경우를 제외하고는 출생일을 산입하여 만(滿) 나이로 계산하고, 연수(年數)로 표시한다. 다만, 1세에 이르지 아니한 경우에는 월수(月數)로 표시할 수 있다.
>
> **민법 제157조(기간의 기산점)**
> 기간을 일, 주, 월 또는 연으로 정한 때에는 기간의 초일은 산입하지 아니한다. 그러나 그 기간이 오전 영시로부터 시작하는 때에는 그러하지 아니하다.
>
> **제161조(공휴일 등과 기간의 만료점)**
> 기간의 말일이 토요일 또는 공휴일에 해당한 때에는 기간은 그 익일로 만료한다.

1. **민법 준용**

    기간의 계산에 관하여 원칙적으로 「민법」을 준용한다(행정기본법 제6조 제1항).

2. **침해적 처분의 경우**

    법령 등 또는 처분에서 국민의 권익제한 또는 의무부과 시 권익이 제한되고 의무가 지속되는 기간의 계산은 민법과 달리 초일을 산입하며, 말일이 토요일 또는 공휴일인 경우 그 날로 만료한다(행정기본법 제6조 제2항). 그 취지는 국민의 권익보호에 있다.

3. **행정에 관한 나이의 계산**

    행정에 관한 나이는 다른 법령 등에 특별한 규정이 있는 경우를 제외하고는 출생일을 산입하여 만(滿) 나이로 계산하고, 연수(年數)로 표시한다. 다만, 1세에 이르지 아니한 경우에는 월수(月數)로 표시할 수 있다(행정기본법 제7조의2).

제 2 편
일반 행정작용법

제 1 장 　행정입법
제 2 장 　행정계획
제 3 장 　행정행위
제 4 장 　공법상 계약
제 5 장 　행정상 사실행위
제 6 장 　행정지도
제 7 장 　행정조사
제 8 장 　행정절차
제 9 장 　행정정보공개와 개인정보보호제도
제 10 장 　행정의 실효성 확보수단

제1장
행정입법

- 28 법규명령(위임명령)의 한계
- 29 법규명령의 통제
- 30 처분적 명령에 대한 항고소송
- 31 행정입법부작위에 대한 항고소송
- 32 행정입법부작위에 대한 헌법소원과 국가배상
- 33 행정규칙의 효력과 법원의 통제
- 34 법규명령형식의 행정규칙
- 35 법령보충적 행정규칙의 헌법상 허용 여부
- 36 법령보충적 행정규칙의 법적 성질
- 37 고시의 법적 성질
- 38 학칙의 법적 성질

28. 법규명령(위임명령)의 한계

위임상(포괄·전속·재위임) / 제정상(범위·상위)

1. 포괄위임금지원칙

   (1) 의 의

   포괄위임금지원칙이란 법률의 명령에 대한 수권은 개별적·구체적이어야 한다는 원칙이다.

   (2) 판 례

   판례는 수권규범에 기본사항이 구체적으로 규정되어 누구라도 수권규범으로부터 위임명령에 규정될 내용의 대강이 예측가능해야 하고, 이는 관련법규의 유기적 해석을 통해 판단한다.

   (3) 검 토

   위임의 정도는 규제대상의 성질에 따라 개별적으로 결정해야 한다. 국민의 기본권 실현과 직접 관련되면 위임의 구체성·명확성 정도는 강화되고, 자치법규는 포괄위임도 가능하다.

2. 법률전속사항의 위임금지

   국회전속적 입법사항은 구체적 위임도 금지되고 세부적·기술적 사항에 한하여 위임이 허용되므로, 죄와 형벌 및 과세요건과 과세대상자 등은 법률로만 정한다.

3. 재위임의 허용 여부

   전면적 재위임은 위임취지에 반하여 허용되지 않고, 위임받은 내용의 대강을 정하고 특정사항만을 개별적·구체적으로 다시 위임하는 재위임은 허용된다.

4. 제정상 한계

   수권범위의 한계를 준수하고, 상위 법령에 위반하면 안 된다. 행정기본법 제38조 제1항에 따르면 행정의 입법활동은 헌법과 상위 법령을 위반해서는 아니 된다.
   판례는 모법의 해석가능한 것을 명시하거나 모법을 구체화했다면 직접적 위임규정이 없더라도 무효는 아니라고 판시하였다.

29. 법규명령의 통제

간접적 통제 / 항고소송 / 헌법소원

1. 의회의 통제

 (1) 직접적 통제

   ① 행정입법의 의회 제출(국회법 제98조의2), 대통령령 입법예고의 국회 소관 상임위원회 제출(행정절차법 제42조 제2항), ② 국회의 동의·승인, ③ 법률제정권을 통해 법규명령을 개폐

 (2) 간접적 통제

   국정감사 또는 조사권, 질문권, 해임건의권 및 탄핵소추권 등을 통한 위법한 법규명령 통제

2. 행정적 통제

 (1) 정부의 행정법제 개선

   정부는 권한 있는 기관에 의하여 위헌으로 결정되어 법령이 헌법 또는 법률에 위반되는 것이 명백한 경우 해당 법령을 개선하여야 한다(행정기본법 제39조).

 (2) 상급행정청의 감독권

   상급행정청의 감독권 행사로 행정입법의 기준과 방향지시 및 위법한 법규명령의 폐지명령과, 스스로 개정·폐지할 수는 없고, 상위법령 제정에 의해 하위명령을 배제할 수 있다.

 (3) 법제처의 심사

   국무회의에 상정될 법령안·조약안과 총리령안 및 부령안은 법제처의 심사를 받는다(정부조직법 제23조 제1항).

3. 행정심판위원회에 의한 통제

   중앙행정심판위원회는 심판청구를 심리·재결할 때에 처분 또는 부작위의 근거가 되는 법규명령 등이 위법하면 개정·폐지 등 적절한 시정조치를 요청할 수 있다(행정심판법 제59조 제1항).

4. 사법적 통제

(1) 간접적 통제(구체적 규범통제)

1) 의의 및 근거

간접적 통제란 구체적 사건의 재판에서 행정입법의 위법 여부가 선결문제인 경우 당해 행정입법의 위법 여부를 통제하는 것을 말한다(헌법 제107조 제2항).

2) 통제의 대상

명령이란 법규명령을 의미하고, 규칙이란 법규명령인 규칙을 의미하며, 자치법규인 조례와 규칙, 법령보충적 행정규칙을 포함하고, 법규성이 없는 행정규칙은 제외된다.

(2) 처분적 명령에 대한 항고소송(후설, 52쪽)

(3) 헌법재판소에 의한 통제

법규명령이 별도의 집행행위 없이 직접 기본권을 침해하면 헌법소원의 대상이 된다. 명령이 항고소송의 대상이 되는 경우 보충성의 예외에 해당하지 않는 한 헌법소원은 부정된다.

30. 처분적 명령에 대한 항고소송

▶ 24-3 / 22-2

광의 / 중간 / 협의
두밀분교조례 / 보건복지부고시

> Q. 조례가 집행행위의 개입 없이도 그 자체로서 직접 국민의 구체적인 권리의무나 법적 이익에 영향을 미치는 등의 법률상 효과를 발생시키는 경우 그 조례는 항고소송의 대상이 되는가?

1. 처분적 명령의 의의

처분적 명령이란 형식은 행정입법이나, 내용은 다른 집행행위의 매개 없이 직접 국민의 구체적인 권리의무를 규율하는 처분성을 갖는 명령 등을 말한다.

2. 처분적 명령에 대한 항고소송의 인정 범위

(1) 문제점

행정입법은 일반적·추상적 규범이므로 원칙상 처분이 아니지만, 처분성을 갖는 처분적 명령은 항고소송의 대상이 되고, 그 인정 범위에 관하여 견해가 대립한다.

(2) 학설 및 판례

학설은 ① 국민의 권리의무를 직접 변동시키는 경우로 한정하는 협의설, ② 구체적으로 규율하는 경우를 포함하는 중간설, ③ 사실상 영향을 미치는 경우까지 포함하는 광의설이 대립한다.

판례는 명령 등이 집행행위 매개 없이 그 자체로서 직접 국민의 구체적인 법률관계를 규율할 때에는 처분에 해당한다고 본다. (두밀분교조례와 보건복지부고시의 처분성 긍정)

(3) 검 토

생각건대 명령 등이 다른 집행행위의 매개 없이 그 자체로 직접 국민의 구체적인 권리의무를 변동시키거나 직접 규율하는 성격을 가질 때 처분에 해당한다고 본다.

3. 사안의 경우

'이 사건 고시'는 요양급여 인정기준과 관련하여 집행행위를 매개하지 않고 고시 자체가 직접 제약회사의 권리의무를 규율하므로 항고소송의 대상인 처분에 해당한다.

> A. 조례가 집행행위의 개입 없이도 그 자체로서 직접 국민의 구체적인 권리의무나 법적 이익에 영향을 미치는 등의 법률상 효과를 발생시키는 경우 예외적으로 항고소송의 대상이 될 수 있다.

31. 행정입법부작위에 대한 항고소송

법적의무 / 상당기간 / 의무불이행
삼권분립 / 법치행정 / 법률집행-전제

> Q. 시행명령의 제정이 법률집행의 전제요건에 해당하는 경우 관계 행정청의 시행명령 제정의무 위반을 이유로 부작위위법확인소송을 제기할 수 있는가?

1. 행정입법부작위의 의의 및 요건

(1) 행정입법부작위의 의의

행정입법부작위란 행정권에게 명령을 제정·개폐할 법적 의무가 있음에도 합리적인 이유 없이 상당한 기간이 경과하도록 이러한 의무를 불이행하는 것을 말한다.

(2) 행정입법부작위의 요건

① 명령의 제정·개폐의무는 삼권분립원칙·법치행정원칙상 당연한 법적의무이나, 시행명령 제정이 법률집행의 전제여야 하고, ② 상당한 기간 경과, ③ 법적의무의 불이행이 요건이다.

2. 행정입법부작위의 항고소송 가능 여부

(1) 문제점

행정입법부작위가 부작위위법확인소송의 대상이 되는 행정소송법상 부작위에 해당하는지 문제된다.

(2) 학설 및 판례

학설은 ① 입법부작위로 직접 권익이 침해된 경우 인정하는 긍정설, ② 추상적인 법령제정 여부는 항고소송의 대상이 아니라고 보는 부정설이 대립한다.

판례는 추상적인 법령제정 여부는 국민의 권리의무에 직접적 변동을 초래하지 않으므로 행정소송의 대상이 될 수 없다고 본다.

(3) 검 토

추상적인 명령제정의 부작위는 국민의 권리의무에 직접적인 영향을 미치지 않으므로 원칙적으로 부정설이 타당하다. 다만, 처분적 명령과 같은 예외를 인정할 수 있다.

> A. 항고소송의 대상인 부작위는 국민의 권리 의무에 구체적이고 직접적인 영향을 미쳐야 하므로 추상적인 행정입법부작위는 부작위위법확인소송의 대상이 되지 않는다.

32. 행정입법부작위에 대한 헌법소원과 국가배상

군법무관 보수 / 시행령 / 보수청구권 침해

1. 헌법소원의 가능 여부

시행명령제정의 법적의무가 있는 경우 헌법소원요건을 충족하면 헌법소원의 대상이 된다. 다만, 부작위법확인소송이 가능하면 보충성의 예외에 해당하지 않는 한 헌법소원은 부정된다.

2. 국가배상청구소송의 가능 여부

판례는 군법무관의 보수를 시행령에 위임했음에도 행정청이 정당한 이유 없이 시행령을 제정하지 않은 것은 재산권인 보수청구권을 침해한 불법행위로 본다.

33. 행정규칙의 효력과 법원의 통제

▶ 23년 5급 / 24년 입시 / 24년 변시

대외적 구속력X / 원칙·부정 / 예외·헌소

1. 행정규칙의 효력

(1) 행정규칙의 대내적 구속력

행정규칙은 원칙상 대내적 구속력이 있다. 따라서 하급행정기관은 공무원법상 복종의무에 따른 법적 준수의무를 지고, 이에 따르지 않으면 징계사유가 된다.

(2) 행정규칙의 대외적 구속력

행정규칙은 원칙적으로 대외적 구속력이 인정되지 않는다. 다만, 법령의 내용을 보충하는 경우와 재량준칙이 자기구속원칙을 매개하는 경우 예외적으로 대외적 구속력이 인정된다.

2. 행정규칙에 대한 사법적 통제

(1) 법원에 의한 통제

행정규칙이 대외적 구속력을 갖지 않는 경우 원칙적으로 법원의 규범통제 대상이 아니다. 다만, 법령보충적 행정규칙인 경우 규범통제 대상이고, 처분적 고시는 항고소송의 대상이다.

(2) 헌법재판소에 의한 통제

행정규칙은 헌법소원의 대상인 공권력 행사가 아니나, 행정규칙이 법령보충적 행정규칙인 경우와 자기구속원칙을 매개하여 대외적 구속력이 인정되는 경우 헌법소원의 대상이 된다.

34. 법규명령형식의 행정규칙

▶ 20년 법행 /14년 변시

부령 / 행정규칙 / 일탈남용 고려요소
대통령령 / 법규명령 / 최고한도

1. 법규명령형식의 행정규칙인지 여부

(1) 의 의

법규명령형식의 행정규칙이란 형식은 법규명령이지만 그 내용이 행정규칙의 실질을 가지는 형식의 과잉을 의미한다.

(2) 사안의 경우

2. 법규명령형식의 행정규칙의 법적 성질

(1) 문제점

법규명령형식의 행정규칙을 형식에 따라 법규명령으로 볼 것인지, 내용에 따라 행정규칙으로 볼 것인지 대외적 구속력과 관련하여 그 법적 성질이 문제된다.

(2) 학설 및 판례

학설은 ① 법규명령의 형식에 따라 법규성을 인정하는 법규명령설, ② 내용의 실질에 따라 법규성을 부정하는 행정규칙설, ③ 모법의 수권이 있는 경우에만 법규성을 인정하는 수권여부기준설이 대립한다.

판례는 부령형식은 행정규칙으로서 대외적 구속력을 부정하되 재량권 일탈·남용의 고려요소로서 존중하고, 대통령령은 법규명령으로서 대외적 구속력을 인정하되 당해 기준을 최고한도로 본다.

(3) 검 토

논의의 실익은 대외적 구속력 인정 여부에 따른 재판규범성에 있다.

생각건대 상위법령의 위임에 따라 법규형식으로 제정되었다면 그 내용에도 불구하고 입법형식의 존중과 법적 안정성을 위해 법규성을 인정하는 수권여부기준설이 타당하다고 본다. 대외적 구속력 정도는 가중·감경 규정으로 해결되었다.

35. 법령보충적 행정규칙의 헌법상 허용 여부

▶ 15년 변시

국회입법원칙 / 입법형식·예시 / 상세·전문·경미

헌법 제40조 입법권은 국회에 속한다.
제75조 대통령은 법률에서 구체적으로 범위를 정하여 위임받은 사항과 법률을 집행하기 위하여 필요한 사항에 관하여 대통령령을 발할 수 있다.
제95조 국무총리 또는 행정각부의 장은 소관사무에 관하여 법률이나 대통령령의 위임 또는 직권으로 총리령 또는 부령을 발할 수 있다.

행정기본법 제2조(정의)
1. "법령등"이란 다음 각 목의 것을 말한다.
   가. 법령: 다음의 어느 하나에 해당하는 것
      3) 법령의 위임을 받아 중앙행정기관의 장, 국회의장, 대법원장, 헌법재판소장, 중앙선관위장, 감사원장 등이 정한 훈령·예규 및 고시 등 행정규칙(2025년 3. 18 개정)

1. 헌법상 법규명령의 형식 (헌법 제40조와 제75조·제95조 해석)

입법수요 급증과 기능적 권력분립론에 의해 의회의 입법독점주의는 입법중심주의로 전환되었고, 입법자는 규율형식도 선택할 수 있으므로 헌법상 위임입법의 형식은 예시적이다.

2. 국회입법원칙 위반 여부

행정기관은 위임받은 사항만을 규율할 수 있고, 법령보충규칙은 상위법령과 결합하여 상위법령의 일부로서 대외적 구속력이 발생하므로 국회입법원칙에 반하지 않는다. 행정기본법 제2조 제1호 가목은 법령보충규칙의 일반적 근거 규정에 해당한다.

3. 규율밀도와 규율영역의 특수성

① 입법자의 상세한 규율이 불가능한 사항, ② 전문적·기술적 사항, ③ 경미한 사항으로서 업무성질상 위임이 불가피한 사항에 한정되며, 포괄위임금지원칙이 적용된다.

36. 법령보충적 행정규칙의 법적 성질

▶ 24-3 / 22년 변시 / 19년 변시 / 15년 변시

위임한계 / 결합 / 상위법령·일부

행정기본법 제2조(정의)
1. "법령등"이란 다음 각 목의 것을 말한다.
   가. 법령: 다음의 어느 하나에 해당하는 것
      3) 법령의 위임을 받아 중앙행정기관의 장, 국회의장, 대법원장, 헌법재판소장, 중앙선관위장, 감사원장 등이 정한 훈령·예규 및 고시 등 행정규칙

행정규제기본법 제4조(규제 법정주의)
② 규제는 법률에 직접 규정하되, 규제의 세부적인 내용은 법률 또는 상위법령(上位法令)에서 구체적으로 범위를 정하여 위임한 바에 따라 대통령령·총리령·부령 또는 조례·규칙으로 정할 수 있다. 다만, 법령에서 전문적·기술적 사항이나 경미한 사항으로서 업무의 성질상 위임이 불가피한 사항에 관하여 구체적으로 범위를 정하여 위임한 경우에는 고시 등으로 정할 수 있다.

1. 의의 및 근거

법령보충규칙이란 행정기관이 상위법령의 위임에 따라 행정규칙의 형식으로 법령 내용을 보충하는 경우를 말하며, 일반적 근거는 행정기본법 제2조 제1호 가목, 행정규제기본법 제4조 제2항 단서에 있다.

2. 법령보충적 행정규칙의 법적 성질

(1) 문제점

종래 법령보충규칙을 형식에 따라 행정규칙으로 볼 것인지, 내용에 따라 법규명령으로 볼 것인지 대외적 구속력과 관련하여 그 법적 성질이 문제되었다.

(2) 학설 및 판례

학설은 ① 실질에 따른 법규명령설, ② 형식에 따른 행정규칙설, ③ 규범구체화 행정규칙설, ④ 위헌·무효설, ⑤ 법규명령의 효력을 갖는 행정규칙설이 대립한다.

판례는 위임한계를 벗어나지 않는 한 상위법령과 결합하여 일체가 되는 한도 내에서 상위법령의 일부가 되어 대외적인 구속력이 발생한다고 본다.

(3) 검토

생각건대 법적 성질은 행정규칙으로 보되, 상위 법령과 결합하여 법규명령의 효력을 갖는다고 보는 법규명령의 효력을 갖는 행정규칙설이 타당하다고 본다. 행정기본법 제2조 제1호 가목에 따라 '법령'에 해당하므로 입법적으로 해결되었다. (최근 개정법은 국회의장, 대법원장 등 법령보충적 행정규칙의 제정권자 범위를 확대하였다.)

37. 고시의 법적 성질

▶ 19년 변시

고시 / 일반적·추상적 / 집행행위 없이

1. 고시의 의의

　　고시란 행정사무의 처리기준이 되는 일반적·추상적 규범의 성질을 갖는 행정규칙을 말한다. 행정규칙인 고시는 불특정 다수인에게 통지하는 효력발생요건인 고시와 구별된다.

2. 고시의 법적 성질

　　판례는 고시가 일반적·추상적 성격일 때에는 법규명령 또는 행정규칙에 해당하지만, 집행행위 매개없이 그 자체가 직접 국민의 법률관계를 규율하면 처분에 해당한다고 본다.

38. 학칙의 법적 성질

▶ 19년 5급

국립대총장 후보선정 / 자치법규 / 대외적 구속력

1. 학칙의 법적 성질

(1) 문제점

　　국·공립대 학칙의 법적 성질이 영조물이용규칙인 행정규칙인지, 교육법령의 위임을 받은 법령보충적 행정규칙인지 아니면 자치법규인지 문제된다.

(2) 학설 및 판례

　　학설은 ① 영조물이용규직으로 보는 행정규칙설, ② 특별명령설, ③ 교육법령의 위임을 받은 법령보충적 행정규칙설, ④ 자치법규로 보는 자치법규설이 대립한다.
　　판례는 국립대학 총장후보자 선정방식과 관련하여 법령의 범위 내에서 제정된 학칙은 대학의 자치규범으로서 당연히 구속력을 갖는다고 본다.

(3) 검 토

　　논의의 실익은 포괄적 위임 가능성과 대외적 구속력 인정 여부에 있다.
　　생각건대 헌법 제31조 제4항은 교육의 자주성과 대학의 자율성을 보장하므로 학교를 자치조직으로 보고, 학칙을 자치권에 근거한 자치법규로 보는 견해가 타당하다고 본다.

제 2 장

행정계획

- **39** 행정계획의 법적 성질
- **40** 도시관리계획의 하자
- **41** 계획보장청구권 인정 여부
- **42** 계획변경청구권 인정 여부
- **43** 계획변경거부처분 취소소송의 대상적격

39. 행정계획의 법적 성질

▶ 22년 입시

목표 / 수단 / 질서
기본계획 / 환지계획 / 관리계획

Q. 한국전력공사는 A군 내 발전소를 건설하고자 「전원개발촉진법」에 근거하여 전원개발사업실시계획승인을 관계 당국에 신청하였다. 이러한 전원개발사업실시계획의 법적 성질을 논하시오.

1. 행정계획의 의의

행정계획이란 행정주체가 행정에 대한 전문적, 기술적 판단을 기초로 일정한 목표설정과 필요한 수단을 조정·종합하여 장래 일정한 질서형성을 목적으로 하는 행정작용을 말한다.

2. 행정계획의 법적 성질

(1) 문제점

행정계획을 일반적·추상적 규율인 행정입법으로 볼 것인지, 개별적·구체적 규율인 행정행위로 볼 것인지 문제된다.

(2) 학설 및 판례

학설은 ① 일반적·추상적 규범으로 보는 입법행위설, ② 법률관계의 직접 변동을 초래한다고 보는 행정행위설, ③ 독자성설, ④ 복수성질설이 대립한다.

판례는 도시기본계획과 환지계획의 처분성은 부정하고, 도시관리계획과 환지예정지계획의 처분성은 긍정한다.

(3) 검 토

논의의 실익은 행정계획에 대한 분쟁을 항고소송으로 다툴 수 있는지 그 처분성 인정 여부에 있다. 생각건대 행정계획은 그 종류와 내용이 다양하여 행정입법의 성격인 경우와 일반처분의 성격인 경우도 있으므로 개별적·구체적으로 검토하는 복수성질설이 타당하다고 본다.

3. 도시관리계획의 처분성 여부

(1) 문제점

도시관리계획을 일반적·추상적 규율인 행정입법으로 볼 것인지, 개별적·구체적 규율인 행정행위로 볼 것인지 문제된다.

(2) 학설 및 판례

학설은 ① 일반적·추상적 규율로 보는 행정입법설, ② 개별적·구체적 규율로 보는 행정행위설, ③ 독자적 성격으로 보는 독자성설이 대립한다.

판례는 도시관리계획결정이 고시되면 도시계획 구역 안에 토지나 건물소유자의 권리행사가 일정한 제한을 받게 되므로 항고소송의 대상이 된다고 본다.

(3) 검 토

도시관리구역 안에 토지 등 소유자는 토지형질변경·신축·개축·증축 등 구체적인 권리행사가 제한된다. 따라서 도시관리계획은 구속적 행정계획으로서 항고소송이 대상인 처분이다.

> A. 전원개발사업실시계획은 A군 내 발전소 건설을 위한 토지수용 등의 근거가 되는 구속적 행정계획으로서 강학상 행정행위이며 쟁송법상 처분에 해당한다.

40. 도시관리계획의 하자

▶ 24년 5급

사전적 절차통제 / 기·의·심·결·공 / 취소사유
계획재량 / 형량명령 / 의의·내용·효과

행정절차법 제40조의4(행정계획) [신설 2022. 1. 11.]
행정청은 행정청이 수립하는 계획 중 국민의 권리·의무에 직접 영향을 미치는 계획을 수립하거나 변경·폐지할 때에는 관련된 여러 이익을 정당하게 형량하여야 한다.

Ⅰ. 도시관리계획의 절차상 하자 여부

도시관리계획결정의 절차는 ① 기초조사, ② 주민·지방의회 의견청취, ③ 도시계획위원회에 의한 심의, ④ 도시관리계획의 결정·고시, ⑤ 공람이 있다.

이러한 절차에 하자가 있는 경우 행정계획의 사전적 절차통제의 중요성과 행정절차법의 입법 취지를 고려할 때 독자적 위법사유가 되고 취소사유에 해당한다.

Ⅱ. 도시관리계획의 내용상 하자 여부

1. 계획재량의 의의 및 구별

(1) 문제점

계획재량이란 행정계획을 수립·변경·폐지함에 있어서 계획청에게 인정되는 광범위한 형성의 자유를 말하며, 행정재량과 질적으로 구별되는지 문제된다.

(2) 학설 및 판례

① 계획재량은 목적프로그램 규정으로 행정재량과 질적으로 다르다는 구별긍정설, ② 양자는 양적인 차이에 불과하다고 보는 구별부정설이 대립한다.

판례에 따르면, 행정주체는 구체적인 행정계획을 입안·결정함에 있어서 비교적 광범위한 형성의 자유를 가진다.

(3) 검 토

논의의 실익은 계획재량의 통제법리인 형량명령원칙을 비례원칙의 적용례로 볼 것인지, 독자적인 계획재량의 위법성 심사방식으로 볼 것인지에 있다. 계획재량에 따른 형량명령은 행정계획의 독자적인 위법성 심사방식이므로 긍정설이 타당하다.

2. 형량명령원칙

(1) 의의 및 내용

형량명령원칙이란 행정청이 수립하는 계획 중 국민의 권리의무에 직접 영향을 미치는 계획을 수립하거나 변경·폐지할 때에는 관련된 여러 이익을 정당하게 형량하여야 한다는 원칙이다(행정절차법 제40조의4). 그 내용은 공익 상호간, 사익 상호간, 공익과 사익 상호간의 이익형량을 포함한다.

(2) 효 과

① 조사의 누락·결함, ② 형량의 불행사·해태, ③ 형량의 흠결, ④ 형량이 객관성·정당성을 결여한 오형량의 경우 형량에 하자가 있어 위법하게 된다.

(3) 계획변경결정에도 적용되는지 여부

종래 판례는 도시관리계획 결정뿐만 아니라, 도시계획시설 변경결정에도 형량명령이 적용된다고 판시하였고, 개정「행정절차법」제40조의4는 구속적 행정계획의 수립뿐만 아니라 변경·폐지할 때에도 형량명령원칙이 적용된다고 명문화하였다.

3. 취소판결 확정 후 입안 제안에 따른 도시관리계획 수립 의무

판례는 주민 등의 도시관리계획 입안 제안의 거부처분이 형량에 하자가 있어 취소판결이 확정되었더라도, 행정청에 그 입안 제안을 그대로 수용하는 내용의 도시관리계획을 수립할 의무가 없다고 본다.

따라서 행정청이 다시 새로운 이익형량을 하여 적극적으로 도시관리계획을 수립하였다면 취소판결의 기속력에 따른 재처분의무를 이행한 것으로 본다.

41. 계획보장청구권 인정 여부

변경필요성 / 신뢰이익 / 이익형량

1. 의 의

계획보장청구권이란 행정계획의 유도적·지침적 기능에 따른 국민의 신뢰보호를 위해 인정되는 공권으로서 계획존속청구권, 계획이행청구권, 경과조치청구권 등이 있다.

2. 계획보장청구권 인정 여부

행정계획의 장기성에 비추어 사정변경에 따른 변경가능성이 내재되어 있으므로 일반적으로 인정되지 않고, 행정계획 변경필요성의 공익과 국민의 신뢰이익을 이익형량하여 결정해야 한다.

42. 계획변경청구권 인정 여부

▶ 25년 변시 / 22-2 / 20년 변시

원칙부정 / 예외긍정 / 폐기물·문화재·산업단지
법률상 지위 / 실질적 / 처분자체거부

폐기물관리법 제25조(폐기물처리업)
① 폐기물의 수집·운반 등 폐기물처리업을 하려는 자는 환경부령으로 정하는 바에 따라 … 폐기물 처리 사업계획서를 … 제출하여야 한다.
② 환경부장관이나 시·도지사는 제1항에 따라 제출된 폐기물 처리사업계획서를 검토한 후 그 적합 여부를 통보하여야 한다.
③ 제2항에 따라 적합통보를 받은 자는 그 통보를 받은 날부터 2년이내에 … 허가를 받아야 한다. 이 경우 환경부장관 또는 시·도지사는 … 요건을 갖추어 허가신청을 한 때에는 지체 없이 허가하여야 한다.

1. 계획변경청구권의 의의

계획변경청구권이란 국민이 자신의 이익을 위하여 계획주체에게 계획변경을 요구할 수 있는 적극적 공권으로서, 강행법규성과 사익보호성을 요건으로 한다.

2. 계획변경청구권 인정 여부

(1) 문제점

계획법규는 원칙상 공익보호를 목적으로 하므로 사인에게 공권인 계획변경청구권이 인정될 수 있는지 문제된다.

(2) 판 례

판례는 원칙적으로 계획변경청구권을 인정하지 않고, 예외적으로 일정한 법률상 지위가 형성되어 계획변경신청을 거부하는 것이 실질적으로 처분자체를 거부하는 결과가 되는 경우 법규상·조리상 계획변경청구권을 인정하였다.

(최근 판례는 산업단지 안의 토지소유자에게 일정한 경우 산업단지개발계획의 변경을 요청할 법규상·조리상 신청권을 인정하였다)

(3) 사안의 경우

계획법규가 공익보호만을 목적으로 하는 경우 공권인 계획변경청구권은 인정될 수 없고, 예외적으로 근거법규 또는 관련법규에 사익보호 취지가 인정되는 경우 법규상 또는 조리상 계획변경청구권이 인정될 수 있다.

3. 사안의 경우

甲은 「폐기물관리법」 제25조 제2항 적합통보를 받은 자로서, 같은 법 제3항에 따라 폐기물처리업허가를 신청할 법률상 지위가 있고, 甲의 도시관리계획변경의 거부는 실질적으로 폐기물처리업 허가자체를 거부하는 결과가 된다. 따라서 甲에게는 법규상 또는 조리상 계획변경신청권이 인정된다.

43. 계획변경거부처분 취소소송의 대상적격

▶ 22년 입시 / 13년 변시

거부처분성립요건 / 신청권 / 대상적격
구·신·법·일·추·응

1. 거부처분 성립요건

① 처분의 신청에 대한 거부행위, ② 거부된 내용은 처분인 공권력 행사의 거부, ③ 거부행위가 신청인의 법률관계에 직접적 영향을 미쳐야 한다. 그 외에 신청권이 필요한지 문제된다.

2. 법규상·조리상 신청권 필요성 여부

(1) 문제점

행정소송법 제2조 제1항 제1호의 처분개념에는 신청권을 요건으로 하지 않는 바, 거부처분에 신청권이 필요한지 견해 다툼이 있다.

(2) 학설 및 판례

학설은 ① 신청권을 본안문제로 보는 본안문제설, ② 원고적격의 법률상 이익으로 보는 원고적격설, ③ 거부처분의 요건으로 보는 대상적격설이 대립한다.

판례는 거부처분의 성립요건으로 보는 대상적격설을 취하고, 이때 신청권이란 구체적 사건에서 신청인이 누구인지를 고려하지 않고 관계법규의 해석을 통해 일반국민에게 추상적으로 인정되는 응답받을 권리로 본다.

(3) 검 토

원고적격설은 처분개념에 따라 거부처분의 성립 여부를 판단하고 신청권은 공권인 법률상 이익으로 본다. 이와 달리 대상적격설은 신청권을 원고적격의 주관적 공권이 아닌 객관적 공권으로 본다. 이하 판례에 따라 대상적격설로 검토한다.

3. 법규상·조리상 계획변경신청권 인정 여부 (전술)

4. 사안의 경우

甲의 도시관리계획변경 신청에 따른 乙의 거부행위가 있고, 거부된 내용은 구속적 행정계획의 변경인 공권력행사의 거부이며, 이러한 거부로 甲은 폐기물처리업허가를 받을 수 없으므로 법률관계에 직접적 영향을 미치며, 甲에게 계획변경신청권이 인정되므로 乙의 도시관리계획변경 거부행위는 항고소송의 대상인 처분이다. 따라서 甲이 제기한 취소소송의 대상적격은 충족된다.

제 3 장
행정행위

- 44 행정행위와 처분의 관계
- 45 일반처분의 소송요건과 제3자효
- 46 재량행위와 기속행위의 사법심사방식
- 47 판단여지
- 48 갱신허가 – 허가조건의 기한과 갱신허가신청
- 49 예외적 승인
- 50 특 허
- 51 인 가
- 52 제재처분 효과의 승계
- 53 제재사유의 승계
- 54 준법률행위적 행정행위
- 55 부관의 의의 및 종류
- 56 법률효과의 일부배제와 부관의 구별
- 57 부관의 한계
- 58 위법한 부관에 따른 사법행위
- 59 부관의 독립쟁송가능성과 쟁송형태
- 60 부관의 독립취소가능성
- 61 행정행위의 성립요건·효력요건·적법요건
- 62 공정력과 구성요건적 효력
- 63 민사소송에서 구성요건적 효력과 선결문제
- 64 형사소송에서 구성요건적 효력과 선결문제
- 65 행정행위의 불가쟁력과 불가변력
- 66 무효사유와 취소사유
- 67 위헌결정의 소급효
- 68 위헌법률에 근거한 처분의 효력
- 69 위헌결정 후 위헌법률에 근거한 처분의 집행력
- 70 하자의 승계
- 71 행정행위의 하자치유
- 72 행정행위의 전환
- 73 행정행위의 직권취소
- 74 행정행위의 직권철회
- 75 직권취소·철회 신청권 – 처분의 재심사
- 76 확약의 처분성
- 77 확약의 구속력과 실효
- 78 가행정행위
- 79 사전결정의 기속력
- 80 부분허가
- 81 자동적 처분

44. 행정행위와 처분의 관계

VA · 처분 / 일원설 / 이원설

1. **강학상 행정행위의 의의**

    강학상 행정행위는 행정청이 구체적인 사실에 대한 법집행으로서 행하는 외부에 대하여 직접적·구체적인 법적 효과를 발생시키는 권력적 단독행위인 공법행위이다.

2. **행정쟁송법상 처분의 의의**

    처분이란 행정청이 행하는 구체적 사실에 대한 법집행으로서 공권력의 행사 또는 그 거부와 그 밖에 이에 준하는 행정작용을 말한다(행정소송법 제2조 제1항 제1호).

    판례는 행위와 불이익과의 실질적 견련성을 고려하여 개별적으로 결정하고, 불분명하면 상대방의 인식가능성과 예측가능성을 고려하여 규범적으로 판단한다.

3. **처분개념과 행정행위의 관계**

    (1) 문제점

    행정쟁송법상 처분개념이 실체법상 개념인 강학상 행정행위의 개념과 동일한지 문제된다.

    (2) 학설 및 판례

    학설은 ① 양자를 동일하게 보는 실체법적 개념설, ② 항고소송의 대상인 처분을 행정쟁송법상 별도의 개념으로 보는 쟁송법적 개념설이 대립한다.

    최근 판례는 사업종류 변경결정과 산재보험료부과처분 사건에서 처분절차를 준수하여 방어권행사 및 불복기회가 보장된 '실체적법 처분'과 단순히 조기의 권리구제를 위한 '쟁송법적 처분'을 구분하였다.

    (3) 검 토

    취소소송에 의한 권리구제기회를 확대하는 쟁송법적 개념설이 타당하다고 본다. 따라서 처분절차를 준수하여 방어권행사 및 불복기회가 보장된 실체법적 처분뿐만 아니라 조기의 권리구제를 위한 쟁송법적 처분도 항고소송의 대상이 된다.

45. 일반처분의 소송요건과 제3자효

불특정·다수인 / 대인적 / 대물적

행정업무의 운영 및 혁신에 관한 규정 제6조(문서 성립 및 효력 발생)
② 문서는 수신자에게 도달(전자문서의 경우 수신자가 관리하거나 지정한 전자적 시스템 등에 입력)됨으로써 효력을 발생한다.
③ 제2항에도 불구하고 공고문서는 그 문서에서 효력발생 시기를 구체적으로 밝히고 있지 않으면 그 고시 또는 공고 등이 있은 날부터 5일이 경과한 때에 효력이 발생한다.

Q. 甲 등이 지하도 지상에 횡단보도를 설치하여 달라는 민원을 지방경찰청장 A에게 제출하자, A는 도로교통법 제10조에 따라 횡단보도와 신호기 등을 설치하였다. 이에 지하도 내 상가 점포에 도로점용허가를 받고 영업을 하던 乙은 A의 횡단보도 설치행위를 대상으로 취소소송을 제기하고자 한다. 이때 1) 지방경찰청장의 횡단보도 설치행위가 취소소송의 대상이 되는 처분에 해당하는지 여부, 2) 乙에게 원고적격이 인정되는지 여부를 검토하시오.

1. 일반처분의 의의 및 종류

일반처분이란 구체적 사실과 관련하여 불특정·다수인을 상대방으로 하여 불특정 다수인에게 효과를 미치는 행정행위로서, 대인적 일반처분과 대물적 일반처분이 있다.

2. 일반처분의 취소소송 대상적격

일반처분은 불특정·다수인에 대한 구체적 규율로서 국민의 권리의무에 직접 영향을 미치는 처분이다. 판례는 횡단보도설치와 관련하여 물적 일반처분의 처분성을 긍정하였다.

3. 일반처분의 취소소송 원고적격

(1) 문제점

불특정 다수인에 대한 구체적 규율인 일반처분과 관련하여, 이러한 일반처분을 다툴 원고적격이 인정될 수 있는지 문제된다.

(2) 판 례

판례는 횡단보도설치와 관련하여 인근 지하상가 상인들의 통행인 감소에 따른 영업이익 감소는 간접적·사실적·경제적 이익에 불과하여 원고적격을 부인하였다.

(3) 검 토

일반처분으로 개별적·직접적·구체적 법률상 이익이 침해된 자는 원고적격이 인정되고, 간접적·사실적·경제적 이익인 반사적 이익이 침해된 자는 원고적격이 부정된다.

4. 일반처분의 취소소송 제소기간

일반처분은 고시·공고의 효력발생일에 처분이 있음을 안 것으로 보고, 공고문서는 효력발생일이 명시되지 않으면 고시·공고가 있은 날부터 5일이 경과한 때에 효력이 발생한다.

5. 일반처분의 절차상 하자

(1) 사전통지 및 의견청취절차

일반처분은 처분의 상대방을 특정할 수 없으므로 처분의 성질상 의견청취가 현저히 곤란한 경우에 해당하여 사전통지와 의견청취 절차가 생략된다.

(2) 고지제도의 대상 여부

일반처분은 처분의 상대방을 특정할 수 없으므로 직권고지의 대상이 아니고, 다만, 이해관계인이 요구하면 고지하여야 한다.

6. 일반처분 취소판결의 대세효(제3자효)

(1) 학 설

일반처분에 대한 취소판결이 소송의 당사자 이외의 일반처분의 규율을 받는 제3자에게도 효력이 미치는 대세효가 인정되는지 문제된다.

(2) 학 설

학설은 ① 대세효를 부정하는 상대적 효력설, ② 대세효를 긍정하는 절대적 효력설, ③ 장래효는 긍정, 소급효는 불가쟁력이 발생하지 않은 경우에만 긍정하는 구별설이 대립한다.

(3) 검 토

생각건대 일반처분은 불특정 다수인을 대상으로 하는 처분이라는 점과 공법관계의 획일적 규율과 명확화를 위해 절대적 효력설이 타당하다고 본다.

> 1) 지방경찰청장이 횡단보도를 설치하여 불특정 다수의 운행자 및 보행자의 통행방법을 규제하는 것은 행정청이 특정 사항에 대하여 의무의 부담을 명하는 행위이고, 이는 국민의 권리의무에 직접 관계가 있는 행위로서 강학상 물적 일반처분에 해당한다. 따라서 지방경찰청장의 횡단보도 설치행위는 취소소송의 대상인 처분에 해당한다.
> 2) 횡단보도가 설치된 도로 인근에서 영업활동을 하는 자에게 횡단보도의 설치에 관하여 특정한 권리나 법령에 의하여 보호되는 이익이 부여되어 있다고 할 수 없으므로 횡단보도의 설치행위를 다툴 법률상의 이익이 있다고 할 수 없다. 따라서 지방경찰청장의 횡단보도 설치행위로 인한 乙의 영업이익 손실은 간접적·사실적·경제적 이익으로서 반사적 이익침해에 불과하므로 乙의 원고적격은 부정된다.

46. 재량행위와 기속행위의 사법심사방식

▶ 24 변시 / 19년 5급 / 18년 5급

법규 / 분야 / 행위
독자적 결론X / 제한심사 / 법·사·일·목·불

행정기본법 제21조(재량행사의 기준)
행정청은 재량이 있는 처분을 할 때에는 관련 이익을 정당하게 형량하여야 하며, 그 재량권의 범위를 넘어서는 아니 된다.

행정소송법 제27조(재량처분의 취소)
행정청의 재량에 속하는 처분이라도 재량권의 한계를 넘거나 그 남용이 있는 때에는 법원은 이를 취소할 수 있다.

1. 재량행위인지 여부

(1) 구별기준

일반적인 법해석방법론에 따라 ① 법규의 체계·형식·문언, ② 당해 행위가 속하는 행정분야의 주된 목적과 특성, ③ 당해 행위 자체의 개별적 성질과 유형을 고려하여 판단한다.

(2) 사안의 경우

2. 재량행위에 대한 사법심사방식

(1) 제한적 심사방식

법원이 독자적 결론을 도출함이 없이 재량일탈·남용만을 제한적으로 심사한다. 그 기준은 ① 법령위반, ② 사실오인, ③ 일반원칙 위반, ④ 수권목적 위반, ⑤ 재량권 불행사 또는 해태 여부다.

(2) 재량권 불행사

판례는 행정청이 재량권이 없다고 오인하여 전혀 비교형량하지 않거나, 감경사유를 전혀 고려하지 않은 경우 재량권 일탈·남용에 해당한다고 보고, 이와 달리 참작사유를 고려하고도 감경하지 않은 처분은 위법하다고 단정할 수 없다고 본다.

47. 판단여지

▶ 24 변시 / 18년 입시

불확정개념 / 고도의 전·기·정 / 비·구·예·정
사실인정 / 중대오류 / 객관적 불합리

1. 불확정개념과 판단여지

판단여지란 법률요건에 불확정개념이 사용된 경우, 법원이 행정청의 고도의 전문적·기술적·정책적 판단을 존중하여 사법심사가 제한된다는 이론을 말한다.

2. 재량행위와 판단여지의 구별 여부

(1) 문제점

판단여지는 행정청의 판단에 대해 법원의 사법심사가 제한된다는 점에서 재량행위와 구별되는 독자적인 개념으로 인정할 필요가 있는지 문제된다.

(2) 학설 및 판례

학설은 ① 법률요건 판단은 법적 문제로서 효과결정의 재량과 다르다는 구별긍정설, ② 사법심사 제한이라는 측면에서 실질적으로 동일하다는 구별부정설이 대립한다.

판례는 행정청의 전문적인 평가결과는 그 판단의 기초가 된 사실인정에 중대오류가 있거나, 그 판단이 사회통념상 현저하게 타당성을 잃어 객관적으로 불합리한 특별한 사정이 없는 한 법원은 그 판단을 가급적 존중해야 한다고 본다.

(3) 검 토

판례는 판단여지 개념을 수용했으나 그 위법성은 재량권 일탈·남용으로 판단한다. 재량수권과 판단수권은 결정권한의 배분문제로서 구별긍정설이 타당하다고 본다.

3. 인정 영역

① 비대체적 결정 영역, ② 구속적 가치평가 영역, ③ 예측결정 영역, ④ 정책적 결정의 영역 등에서 인정된다.

4. 판단여지의 법적 효과 및 한계

법원은 행정청의 판단을 존중하여 사법심사가 제한되고 ① 법령위반, ② 중대한 사실오인, ③ 일반원칙위반, ④ 판단수권 목적위반, ⑤ 판단기관구성 위법 등의 경우 위법사유가 된다.

판례는 '환경오염 발생 우려' 등 장래 불확실한 상황과 파급효과 예측이 필요한 요건에 관한 행정청의 재량적 판단은 현저히 합리성을 결여하지 않는 한 폭넓게 존중될 필요가 있다고 본다.

48. 갱신허가 – 허가조건의 기한과 갱신허가신청

조건의 기한 / 만료 전 신청 / 갱신신청
사업의 성질상 / 부당 짧은 / 기간 전체

1. 갱신허가의 의의

허가갱신이란 허가의 유효기간이 만료 시 종전 허가의 효력을 장래에 향하여 지속시켜주는 행위이다. 이때, 사인의 갱신신청은 허가조건의 기한에 대한 만료 전 신청을 요건으로 한다.

2. 허가조건의 기한인지 여부

(1) 구별기준

판례는 허가에 부가된 기한이 사업의 성질상 부당하게 짧은 경우 허가조건의 존속기간으로 보고, 연장된 기간을 포함한 존속기간 전체를 기준으로 판단한다.

(2) 사안의 경우

3. 거부처분의 적법성

(1) 갱신신청의 경우

갱신신청인 경우 행정청은 조건의 개정을 고려하여 허가를 갱신·연장해줘야 하며, 특별한 사정이 있는 경우 거부처분으로 달성하려는 공익과 침해되는 사익을 이익형량해야 한다.

(2) 신규신청의 경우

허가자체의 기한 또는 만료후 신청은 신규허가신청이므로 기존 허가의 기득권을 주장할 수 없고, 행정청은 처분시법주의에 따라 처분당시의 법률에 따라 신규허가 여부를 결정한다.

49. 예외적 승인

▶ 25년 변시 / 21년 입시

사회적 유해 / 원칙·금지 / 예외·허가
수익적 행정행위 / 재량행위

개발제한구역법 제12조(개발제한구역에서의 행위제한)
① 개발제한구역에서는 건축물의 건축 및 용도변경, 공작물의 설치, 토지의 형질변경 등의 … 행위를 할 수 없다. 다만, 다음 각 호의 어느 하나에 해당하는 행위를 하려는 자는 시장·군수·구청장 등의 허가를 받아 그 행위를 할 수 있다.
  1. 다음 각 목의 어느 하나에 해당하는 건축물이나 공작물로서 대통령령으로 정하는 건축물의 건축 또는 공작물의 설치와 이에 따르는 토지의 형질변경 〈각 목 생략〉

1. 예외적 승인의 법적 성질

(1) 문제점

예외적 승인이란 사회적으로 바람직하지 않은 행위를 법령상 원칙적으로 금지하고 예외적인 경우 금지를 해제하여 주는 행위로서, 그 법적 성질이 문제된다.

(2) 학 설

학설은 ① 금지를 해제하는 강학상 허가로 보는 견해, ② 형성적 행위로서 특허로 보는 견해, ③ 면제로 보는 견해, ④ 금지해제의 성격과 형성적 성격을 겸유하는 독립된 법개념설의 견해가 대립한다.

(3) 검 토

예외적 승인은 허가보다 형성적 성격이 강하나 특별한 권리설정은 아니라는 점에서 허가, 특허, 면제와는 차이가 있으므로 독자적 유형의 행위로 봄이 타당하다고 본다.

2. 예외적 승인이 재량행위인지 여부

판례는 강학상 예외적 승인에 해당하는 개발제한구역 내에서의 건축허가와 관련하여 재량행위의 성질을 갖는다고 판시하였다.

예외적 승인은 수익적 행정행위이며, 공익상 사회적 유해성과 금지해제의 필요성을 이익형량해야 하는 재량행위이다.

50. 특 허

설권성 / 공익관련성 / 구별 상대화
거리제한 / 구역규정 / 법률상 이익

1. **특허의 의의 및 성질**

    특허란 상대방에게 권리나 이익을 새롭게 창설하는 형성적 행위이고, 공익성을 고려하여야 하므로 원칙상 재량행위로 본다.

2. **특허와 허가 구별의 상대화**

    허가요건 중 거리제한 또는 영업허가구역 규정이 있는 경우 그 한도 내에서 재량행위로 볼 수 있으므로 오늘날 특허와 허가의 구별은 상대화되고 있다.

51. 인 가

▶ 22년 5급

기본행위 / 효력 보충·완성 / 보충행위
소이익 / 기본행위O·인가X / 보다 효율

1. **인가의 의의 및 성실**

    인가란 타인의 법률행위를 보충하여 그 효력을 완성시켜 주는 보충행위로서, 인가대상인 기본행위의 효력을 완성시켜 주는 형성적 행위이며, 기속행위도 있지만 대부분 재량행위이다.

2. **인가의 효과**

    인가는 기본행위의 효력을 발생시키는 효력요건이므로 무인가행위는 무효이고, 허가와 달리 강제집행이나 처벌의 대상이 되지 않는다.

3. **기본행위와 인가**

    (1) 인가의 보충성

    인가는 상대방의 신청에 의해 행해지는 보충행위로서, 인가대상 행위의 내용은 신청인이 결정하고 행정청은 인가 여부만을 결정하며, 수정인가는 인정되지 않는다.

    (2) 기본행위의 하자 및 실효와 인가

    ① 기본행위가 무효면 인가도 무효, ② 인가 후 기본행위가 취소 또는 실효되면 인가도 실효, ③ 기본행위가 취소사유면 취소 전에는 인가의 효력에는 영향이 없고, 기본행위가 취소되면 인가도 실효된다.

    (3) 협의의 소의 이익

    기본행위 하자를 이유로 인가처분의 취소·무효확인을 구할 법률상 이익이 없고, 기본행위가 적법·유효하고 인가 자체에 고유한 하자가 있다면 그 인가처분의 무효·취소를 구할 소이익이 있다.

52. 제재처분 효과의 승계

▶ 20년 5급

영업양도 / 제재효과 / 승계긍정

식품위생법 제78조(행정 제재처분 효과의 승계)
영업자가 영업을 양도하거나 법인이 합병되는 경우에는 … 종전의 영업자에게 행한 행정 제재처분의 효과는 그 처분기간이 끝난 날부터 1년간 양수인이나 합병 후 존속하는 법인에 승계되며, 행정 제재처분 절차가 진행 중인 경우에는 양수인이나 합병 후 존속하는 법인에 대하여 행정 제재처분 절차를 계속할 수 있다. 다만, 양수인이나 합병 후 존속하는 법인이 양수하거나 합병할 때에 그 처분 또는 위반사실을 알지 못하였음을 증명하는 때에는 그러하지 아니하다.

Q. 도지사 A는 甲에게 개선명령 불이행을 이유로 과징금 부과처분을 행하였다. 甲은 과징금을 납부하지 않은 상태에서 乙에게 사업을 양도하였고 지위승계신고가 수리되었다. 이때 乙은 甲에게 부과된 과징금을 납부하여야 할 의무가 있는지 검토하시오.

1. 제재처분 효과의 승계 가능성 (명문규정이 없는 경우)

(1) 문제점

제재처분 효과의 승계에 관한 명문규정이 없는 경우에도 지위승계 규정에 근거하여 양도인에 대한 제재처분의 효과가 양수인에게 승계될 수 있는지 문제된다.

(2) 학설 및 판례

학설은 ① 위반행위에 대한 제재처분은 경찰상 행위책임이므로 승계되지 않는다고 보는 부정설, ② 제재처분의 효과는 영업자의 지위에 포함된 것으로 보는 긍정설, ③ 일신전속적 처분이 아닌 경우 인정하는 절충설이 대립한다.

판례는 물적자산에 따른 대물적 책임의 승계는 긍정하고, 대인적 처분의 승계는 부정하므로, 지위승계에 대물적 처분인 제재처분의 승계가 포함된다고 본다.

(3) 검 토

제재처분의 면탈과 지위승계의 악용방지 취지를 고려할 때, 일신전속적 성격인 대인적 처분이 아닌 대물적 처분의 경우 제재처분의 효과가 승계된다고 본다.

2. 사안의 경우

A. 이 사건 사업이 대물적 처분이고 과징금 납부의무는 일신전속적 의무가 아니므로, 양수인 乙은 양도인 甲에 대한 제재처분이나 위반 사실을 알지 못하였음을 증명하지 못하는 한 과징금 부과처분의 효과를 승계한다. 따라서 乙에게 과징금 납부의무가 인정된다.

53. 제재사유의 승계

▶ 20년 법행 / 19년 입시 / 16년 5급

지위승계 / 제재사유 / 승계긍정

1. 영업허가의 양도 및 성질

대물적 허가는 양도가능, 대인적 허가는 양도불가능, 혼합적 허가는 법령 근거가 있는 경우 양도가능하다.

판례는 영업양도의 인가 또는 신고수리는 허가자 명의변경 내지 양도인에 대한 허가철회와 양수인에 대한 새로운 허가의 성질을 갖는다고 본다.

2. 제재사유의 승계 여부 (명문규정 없는 경우)

(1) 문제점

제재사유의 승계에 관한 명문규정이 없는 경우에도 지위승계규정에 근거하여 양도인의 위법행위로 인한 제재사유가 양수인에게 승계되는지 문제된다.

(2) 학설 및 판례

학설은 ① 지위승계에 제재사유도 포함된다고 보는 긍정설, ② 제재사유를 일신전속적 성격으로 보는 부정설, ③ 대물적 제재처분만 긍정하는 절충설이 대립한다.

판례에 따르면, 지위승계로 인해 양도인의 공법상 권리의무와 양도인의 의무위반행위에 따른 위법상태가 승계되므로, 지위승계 시 현실화되지 않은 제재사유도 포함된다.

(3) 검 토

생각건대 승계규정의 취지는 제재처분의 면탈과 지위승계의 악용방지에 있으므로 대물적 처분의 경우 원칙적으로 제재사유의 승계가 긍정되고, 대인적 처분은 승계가 부정된다.

3. 승계조항과 선의의 증명책임 (명문규정 있는 경우)

판례는 제재사유·처분절차 승계조항의 취지는 제재적 처분면탈과 승계규정 악용방지에 있으므로, 승계가 원칙이고 단서의 예외는 승계인이 선의를 증명한 경우에만 적용된다고 본다.

54. 준법률행위적 행정행위

▶ 21년 입시 / 16년 5급

공증의 처분성 / 권리행사 전제요건 / 실체적 권리관계 관련

1. 준법률행위적 행정행위

(1) 확인행위 (ex. 행정심판의 재결)

확인행위란 특정한 사실 또는 법률관계의 존부 등에 대한 다툼이 있는 경우 행정청이 이를 공적으로 확인하는 행위로서, 준사법적 작용이며 기속행위이다.

(2) 공 증 (ex. 토지대장·건축물대장 등 각종 대장의 등재)

공증행위란 특정의 사실 또는 법률관계의 존재를 공적으로 증명하는 행정행위로서, 분쟁을 전제하지 않는 점에서 확인행위와 구별되며 기속행위이다.

(3) 통지행위 (ex. 대집행 계고, 체납처분의 독촉)

통지행위란 특정인 또는 불특정 다수인에게 특정한 사실을 알리는 행정행위로서, 행정행위의 효력발생요건인 통지 및 단순사실의 통지와 구별된다.

(4) 수리행위 (ex. 수리를 요하는 신고의 수리)

수리행위란 법상 행정청에게 수리의무가 있는 경우 신고, 신청 등 타인의 행위를 행정청이 적법한 행위로서 받아들이는 행위를 말한다.

2. 공증의 처분성

(1) 문제점

공증행위란 특정 사실 또는 법률관계의 존재를 공적으로 증명하는 행정행위로서, 그 공적 증거력은 반증에 의해 번복될 수 있다는 점에서 공증의 처분성이 문제된다.

(2) 학설 및 판례

학설은 ① 반증으로 별도의 취소 없이 번복될 수 있으므로 공정력이 없다는 부정설, ② 실체적 권리관계에 영향을 미치는 경우 처분성을 긍정하는 긍정설이 대립한다.

판례는 공증행위가 실체상 권리관계변동에 영향이 없다면 처분성 부정, 공법상 법률관계에 영향을 미치거나 권리행사의 전제요건으로서 실체적 권리관계와 밀접하게 관련 있는 경우 처분성을 긍정한다.

(3) 검 토

생각건대 공증이 공법상 규제, 과세대상, 손실보상액 산정 등 공법상 법률관계에 영향을 미칠 뿐만 아니라 소유권 행사의 전제요건으로서 소유자의 실체적 권리관계에 밀접하게 관련되는 경우에는 공증의 처분성이 인정된다고 본다.

55. 부관의 의의 및 종류

▶ 20년 5급 / 17년 5급

행정청 / 주된 수익적VA / 종된 규율
조건·부담 / 요건밀접 / 효력·의존 / 부담·추정

1. 이 사건 조건의 법적 성질

(1) 부관의 의의 및 종류

부관이란 행정청에 의한 주된 행정행위에 부가된 종된 규율. ① 조건, ② 기한, ③ 부담, ④ 철회권 유보(행정기본법 제17조 제1항), ⑤ 법률효과의 일부배제 등.

(2) 강학상 조건인지 부담인지 여부

① 행정행위의 요건과 밀접관련성, ② 행정행위 효력의 조건이행에 의존 여부로 구별하고, ③ 구별이 모호하면 상대방에게 유리한 부담으로 추정한다.

(3) 사안의 경우

철거비용 조건은 행정청의 도로점용허가에 부가한 종된 규율로서 강학상 부관이고, 철거비용은 도로점용허가 요건과 밀접관련성이 없고, 허가효력이 조건이행에 의존하지 않으므로 부담에 해당한다.

56. 법률효과의 일부배제와 부관의 구별

근거·필요 / 부관·긍정 / 공유수면매립

1. 법률효과의 일부배제와 부관의 구별

(1) 문제점

법률효과의 일부배제는 법률이 정한 효과의 일부를 배제하므로 법률의 근거가 있는 경우에만 허용된다는 점에서 강학상 부관인지 문제된다.

(2) 학설 및 판례

학설은 ① 법률효과의 일부배제를 부관으로 보는 구별부정설, ② 법률효과의 일부배제를 일부 거부처분으로 보는 구별긍정설이 대립한다.

판례는 공유수면매립지에 대한 일부 국가귀속 조건을 공유수면매립법의 효과 일부를 배제하는 부관으로 판시하였다.

(3) 검 토

법률효과의 일부배제는 부가적 규율이 아닌 처분의 내용 제한이고, 법적 근거를 요한다는 점에서 부관과 구별된다고 본다. 따라서 신청에 대한 일부 거부처분으로서 별도의 쟁송대상이 된다. 판례에 의하면 부관이고 독립쟁송가능성이 부정된다.

57. 부관의 한계

▶ 23-3 / 20년 5급 / 17년 5급 / 16년 5급 / 16년 변시

성립상 / 내용상 / 부·비

행정기본법 제17조(부관)
① 행정청은 처분에 재량이 있는 경우에는 부관(조건, 기한, 부담, 철회권의 유보 등)을 붙일 수 있다.
② 행정청은 처분에 재량이 없는 경우에는 법률에 근거가 있는 경우에 부관을 붙일 수 있다.
③ 행정청은 부관을 붙일 수 있는 처분이 다음 각 호의 어느 하나에 해당하는 경우 그 처분을 한 후에도 부관을 새로 붙이거나 종전의 부관을 변경할 수 있다.
  1. 법률에 근거가 있는 경우
  2. 당사자의 동의가 있는 경우
  3. 사정이 변경되어 부관을 새로 붙이거나 종전의 부관을 변경하지 아니하면 해당 처분의 목적을 달성할 수 없다고 인정되는 경우
④ 부관은 다음 각 호의 요건에 적합하여야 한다.
  1. 해당 처분의 목적에 위배되지 아니할 것
  2. 해당 처분과 실질적인 관련이 있을 것
  3. 해당 처분의 목적을 달성하기 위하여 필요한 최소한의 범위일 것

1. 부관의 성립상 한계 - 부관의 가능성

재량행위에는 법적 근거 없이 부관이 가능하나, 기속행위는 법적 근거가 있거나 법령요건충족적 부관만 가능하다(행정기본법 제17조 제1항, 제2항).

2. 부관의 내용상 한계

(1) 내용상 한계

① 법령에 반하지 않고, ② 처분의 주된 목적에 반하지 않으며, ③ 명확하고 이행 가능하고, ④ 행정법의 일반원칙에 반하지 않아야 한다(행정기본법 제17조 제4항).
(사안의 경우, 이 사건 부담은 명확하고 이행 가능하며, 법령위반은 없으나, 일반원칙 중 부당결부금지원칙과 비례원칙이 문제된다.)

(2) 부당결부금지원칙 위반 여부 (전술, 28쪽)

(행정기본법 제17조 제4항 제2호, 제13조)

(3) 비례원칙 위반 여부 (전술, 21쪽)

(행정기본법 제17조 제4항 제3호, 제10조)

3. 부관의 시간적 한계 - 사후부관 여부

(행정기본법 제17조 제3항)

58. 위법한 부관에 따른 사법행위

독립설 / 종속설 / 부당이득

1. 위법한 부관과 이행행위인 사법행위의 관계

 (1) 문제점

  위법한 부관과 그 이행행위인 사법행위가 단순 동기에 불과하여 양자가 상호 독립적인지 종속적 관계인지 문제된다.

 (2) 학설 및 판례

  학설은 ① 양자를 별개로 보는 독립설, ② 부담의 이행행위에 불과하다고 보는 종속설이 대립하고, 판례는 부담의 이행으로서 한 사법상 법률행위는 부담부 행정처분과 별개로 본다.

 (3) 검 토

  논의의 실익은 위법한 부관이 무효 또는 취소된 경우 사법행위의 부당이득 성립 여부와, 부관과 별도로 사법행위를 다툴 수 있는지 여부에 있다.

  생각건대 공·사법이원주의를 취하는 현행법의 태도와 부담은 사법상 법률행위의 동기에 불과하다는 점을 고려할 때 독립설이 타당하다고 본다.

2. 사안의 경우

 부담이 무효·취소된 경우에도 부담의 이행행위인 사법상 법률행위가 당연히 부당이득이 되는 것은 아니므로, 부담에 불가쟁력이 발생한 경우에도 사법상 법률행위를 별도로 다툴 수 있다.

59. 부관의 독립쟁송가능성과 쟁송형태

▶ 24-3 / 12년 변시

부담긍정 / 기타부관 / 전체·변경신청

1. 부관의 독립쟁송가능성

(1) 문제점

행정행위에 부가된 부관만을 독립하여 행정쟁송으로 다툴 수 있는지와 관련하여, 소송요건 중 대상적격에서 부관만의 처분성 인정 여부가 문제된다.

(2) 학설 및 판례

학설은 ① 부담만 긍정하는 부담긍정설, ② 분리가능성을 기준으로 하는 분리가능성기준설, ③ 소의 이익이 있으면 모두 긍정하는 전면적 긍정설이 대립한다.

판례는 부담의 경우 행정행위의 불가분적인 요소가 아니고 그 존속이 행정행위의 존재를 전제로 하는 것일 뿐이므로 그 자체로 독립된 행정행위에 해당하여 분리하여 행정쟁송의 대상이 된다고 보고, 기타부관은 독립쟁송가능성을 부정한다.

(3) 검 토

소송요건의 문제인 독립쟁송가능성은 본안문제인 독립취소가능성과 구분되고, 국민의 권리구제를 위해 소송요건은 가급적 넓게 봐야 하므로 전면긍정설이 타당하다고 본다.

2. 부관의 쟁송형태 - 부진정일부취소소송 인정 여부

(1) 문제점

부관의 진정일부취소소송 이외에 부관부행정행위 전체를 소의 대상으로 삼되 부관의 위법만을 다투는 부진정일부취소소송이 인정되는지 문제된다.

(2) 학설 및 판례

학설은 ① 명문규정이 없는 부진정일부취소소송을 부정하는 부정설, ② 행정소송법 제4조 제1호의 변경을 일부취소의 의미로 보는 긍정설이 대립한다.

판례는 부담은 진정일부취소소송, 기타부관은 전체취소소송 또는 부관의 변경신청 후 거부처분취소소송에서 부관의 위법성을 다퉈야 한다고 하여 부진정일부취소소송을 부정한다.

(3) 검 토

부관의 처분성이 부정되는 경우에도 위법한 부관만을 다툴 필요가 있다는 점에서 부진정일부취소소송을 긍정함이 타당하다고 본다.

60. 부관의 독립취소가능성

부관·독취 / 본질성 / 객관적 의사

1. 부관의 독립취소가능성

(1) 문제점

부관만의 취소소송이 제기된 경우 법원이 심리를 통해 부관이 위법하다고 판단되는 경우 부관만의 취소가 가능한지 문제된다.

(2) 학설 및 판례

학설은 ① 행정청의 재량권을 존중하는 부정설, ② 소송물인 부관만의 취소가 가능하다는 긍정설, ③ 행정청의 객관적 의사를 기준으로 하는 본질성설이 대립한다.

판례는 부담만 독립취소가능성을 인정하고, 기타부관은 독립쟁송가능성을 부정하므로 일부취소는 문제되지 않는다.

(3) 검 토

부관의 독립취소가능성은 부관부 행정행위의 일부취소의 문제이므로, 일부취소의 소극적 요건인 주된 행정행위의 본질적 구성부분이 아닐 것을 요구한다. 따라서 행정청의 객관적 의사를 기준으로 부관의 본질성을 판단하는 본질성설이 타당하다고 본다.

2. 사안의 경우

61. 행정행위의 성립요건 · 효력요건 · 적법요건

성립요건 / 효력요건 / 적법요건

1. 행정행위의 성립요건

권한 있는 행정기관에 의해 행정의사가 내부적으로 결정되고(내부적 성립), 외부적으로 표시되어야 한다(외부적 성립).

판례는 행정의사가 공식적 방법으로 외부에 표시되어 행정청이 자유롭게 취소·철회할 수 없는 구속을 받는 시점에 처분이 성립한다고 본다.

2. 행정행위의 효력요건

(1) 효력발생요건

① 우편송달은 도달되어 처분상대방이 처분을 알 수 있는 상태, ② 행정절차법상 고시·공고는 14일 경과시, ③ 개별법상 고시·공고는 명문규정이 없으면 5일 경과시, ④ 특정인에 대한 고시·공고는 상대방이 현실적으로 안 날 효력이 발생한다.

(2) 유효요건

행정행위는 중대명백설에 따를 때, 중대명백한 하자가 없어야 효력이 발생한다.

3. 행정행위의 적법요건

① 주체요건은 권한 있는 행정청, ② 절차요건은 개별법 또는 「행정절차법」 적용, ③ 형식요건은 특별규정이 없으면 문서, ④ 내용요건은 적법하고, 법률상·사실상 실현가능하며, 명확해야 한다.

62. 공정력과 구성요건적 효력

무효확인O / 위법성확인O / 효력부인X

행정기본법 제15조(처분의 효력)
처분은 권한이 있는 기관이 취소 또는 철회하거나 기간의 경과 등으로 소멸되기 전까지는 유효한 것으로 통용된다. 다만, 무효인 처분은 처음부터 그 효력이 발생하지 아니한다.

행정소송법 제11조(선결문제)
① 처분등의 효력 유무 또는 존재 여부가 민사소송의 선결문제로 되어 당해 민사소송의 수소법원이 이를 심리·판단하는 경우에는 제17조, 제25조, 제26조 및 제33조의 규정을 준용한다.

1. 공정력의 의의

공정력이란 행정행위가 당연무효가 아닌 한, 권한 있는 기관에 의해 취소되기 전까지 상대방 등(이해관계인)에 대하여 유효한 것으로 통용되는 힘을 말한다(행정기본법 제15조).

2. 구성요건적 효력의 의의

구성요건적 효력이란 제3의 국가기관은 행정행위의 존재·내용을 스스로의 판단의 기초 또는 구성요건으로 삼아야 하는 구속력을 말한다. 최근에는 공정력과 구성요건적 효력을 구분한다.

구성요건적 효력의 직접적 규정은 없으나, 이론상 국가기관 상호간의 권한분배, 실정법상 행정기본법 제15조를 간접적 근거로 보기도 한다.

3. 구성요건적 효력의 한계

구성요건적 효력은 행정행위에만 인정되고, 무효사유에는 인정되지 않으며, 권한 있는 기관인 처분청·행정심판위원회·항고소송의 수소법원에 의해 취소되기 전까지 잠정적으로 인정된다.

4. 민사법원 또는 형사법원과 선결문제

(1) 선결문제의 의의

선결문제란 민사소송·형사소송 등에서 본안판결의 전제로서 제기되는 처분의 위법성 또는 효력 유무에 관한 법률적 문제를 말한다(행정소송법 제11조).

(2) 구성요건적 효력과 선결문제

민사법원·형사법원은 처분을 취소할 수 있는 권한 있는 기관이 아니므로 구성요건적 효력에 기속된다. 따라서 선결문제로서 처분의 효력을 부정할 수 없다.

63. 민사소송에서 구성요건적 효력과 선결문제

▶ 25년 변시 / 20년 5급

조세과오납금환급 / 무효확인O / 효력부인X
국가배상청구 / 위법성확인O

행정기본법 제15조(처분의 효력)
처분은 권한이 있는 기관이 취소 또는 철회하거나 기간의 경과 등으로 소멸되기 전까지는 유효한 것으로 통용된다. 다만, 무효인 처분은 처음부터 그 효력이 발생하지 아니한다.

행정소송법 제11조(선결문제)
① 처분등의 효력 유무 또는 존재 여부가 민사소송의 선결문제로 되어 당해 민사소송의 수소법원이 이를 심리·판단하는 경우에는 제17조, 제25조, 제26조 및 제33조의 규정을 준용한다.

1. 민사법원이 선결문제로서 처분의 무효확인이 가능한지 여부

(1) 문제점

부당이득반환청구권의 성립요건인 법률상 원인 없음과 관련하여, 민사법원이 선결문제로서 법률상 원인인 처분의 무효확인이 가능한지 문제된다.

(2) 판 례

판례는 조세과오납금 환급소송과 관련하여 과세처분이 당연무효인 경우 민사법원은 당연무효 여부를 선결문제로 심사하여 무효확인을 할 수 있다고 판시하였다.

(3) 검 토

무효인 처분은 행정기본법 제15조 단서에 따라 공정력 또는 구성요건적 효력이 발생하지 않으므로, 민사법원은 행정소송법 제11조에 따라 선결문제로서 처분의 무효확인이 가능하다.

2. 민사법원이 선결문제로서 처분의 위법성 확인이 가능한지 여부

(1) 문제점

국가배상책임의 성립요건인 직무집행의 위법성과 관련하여, 민사법원이 선결문제로서 직무집행인 처분의 위법성을 확인할 수 있는지 문제된다.

(2) 학설 및 판례

학설은 ① 구성요건적 효력을 적법성 추정력으로 보는 부정설, ② 구성요건적 효력을 유효성 통용력으로 보는 긍정설이 대립한다.
판례는 미리 처분의 취소판결이 있어야만 처분의 위법을 이유로 한 손해배상청구를 할 수 있는 것은 아니라고 판시하여 긍정설을 취한다.

(3) 검 토

행정기본법 제15조에 따라 처분의 공정력 또는 구성요건적 효력은 잠정적인 유효성 통용력에 불과하고 적법성 추정력은 아니므로, 민사법원은 선결문제로서 처분의 위법성을 확인할 수 있다고 보는 긍정설이 타당하다고 본다.

3. 민사법원이 선결문제로서 처분의 효력부인이 가능한지 여부

(1) 문제점

부당이득반환청구권의 성립요건인 법률상 원인 없음과 관련하여, 민사법원이 선결문제로서 법률상 원인인 처분의 효력부인이 가능한지 문제된다.

(2) 판 례

판례는 조세과오납금 환급소송과 관련하여 과세처분의 하자가 취소사유에 불과한 경우 민사법원은 그 효력부인할 수 없다고 판시하였다.

(3) 검 토

처분의 취소는 행정법원의 전속관할로서 민사법원은 처분을 취소할 수 있는 권한 있는 기관이 아니고 구성요건적 효력에 기속되므로, 민사법원은 선결문제로서 처분의 효력을 부인할 수 없다고 보는 부정설이 타당하다고 본다.

64. 형사소송에서 구성요건적 효력과 선결문제

▶ 21년 5급 / 16년 변시

무면허위반죄 / 시정명령위반죄 / 형사소송 특수성

Q. 甲은 관할행정청의 조치명령을 이행하지 아니하여 산지관리법 위반으로 형사법원에 기소되었으나 조치명령이 위법하므로 자신이 무죄라고 주장한다. 甲의 주장은 타당한가?.

1. 형사법원이 선결문제로서 처분의 무효확인이 가능한지 여부

(1) 문제점

무허가(무면허)위반죄의 구성요건인 허가(면허)의 무효 여부와 관련하여, 형사법원이 선결문제로서 처분의 무효확인이 가능한지 문제된다.

(2) 판 례

판례는 조세체납범은 정당한 과세에 대해서만 성립하고, 과세가 당연무효인 경우 체납대상이 없어 체납범 성립 여지가 없다고 판시하였다.

(3) 검 토

무효인 처분은 행정기본법 제15조 단서에 따라 공정력 또는 구성요건적 효력이 발생하지 않으므로, 형사법원은 행정소송법 제11조에 따라 선결문제로서 처분의 무효확인이 가능하다.

2. 형사법원이 선결문제로서 처분의 위법성 확인이 가능한지 여부

(1) 문제점

시정명령위반죄의 구성요건인 시정명령의 적법성과 관련하여, 형사법원이 선결문제로서 시정명령에 대하여 처분의 위법성을 확인할 수 있는지 문제된다.

(2) 학설 및 판례

학설은 ① 구성요건적 효력을 적법성 추정력으로 보는 부정설, ② 적법성 추정력이 아닌 유효성 통용력에 불과한 것으로 보는 긍정설이 대립한다.

판례는 조치명령이 당연무효가 아니더라도 위법하면 조치명령위반죄는 성립하지 않는다고 보고, 조치명령의 효력부인 없이 위법성을 확인하여 무죄판결을 한다.

(3) 검 토

행정기본법 제15조에 따라 처분의 공정력 또는 구성요건적 효력은 잠정적인 유효성 통용력에 불과하고 적법성 추정력은 아니므로, 형사법원은 선결문제로서 처분의 위법성을 확인할 수 있다고 보는 긍정설이 타당하다고 본다.

3. 형사법원이 선결문제로서 처분의 효력부인이 가능한지 여부

(1) 문제점

무허가(무면허)위반죄의 구성요건인 허가(면허)의 무효 여부와 관련하여, 형사법원이 선결문제로서 처분의 효력부인이 가능한지 문제된다.

(2) 학설 및 판례

학설은 ① 처분의 효력부인은 행정법원의 전속관할로 보는 부정설, ② 피고인의 인권보장을 위해 구성요건적 효력이 미치지 않는다고 보는 긍정설이 대립한다.

판례는 연령미달의 운전면허는 취소사유에 불과하여 취소되지 않는 한 유효하므로 무면허운전에 해당하지 않는다고 하여 원칙적으로 부정설을 취한다.

최근 운전면허 취소처분의 원인이 무죄확정된 경우, 면허취소처분이 취소되지 않았더라도 무면허운전죄로 처벌할 수 없다고 하여 사실상 처분 효력을 부인하였다.

(3) 검 토

처분의 취소는 행정법원의 전속관할로서 형사법원은 처분을 취소할 수 있는 권한 있는 기관이 아니고 구성요건적 효력에 기속되므로 부정설이 타당하다고 본다.

다만, 피고인의 인권보장을 위하여 처분의 효력부인이 범죄 불성립이 되는 경우 예외를 인정해야 할 것이다.

> A. 형사법원은 선결문제로서 조치명령의 위법성을 심리·판단할 수 있고, 이 사건 조치명령은 절차상 하자로 위법하여 조치명령위반죄의 구성요건을 결여하므로, 자신은 무죄라는 甲의 주장은 타당하다.

65. 행정행위의 불가쟁력과 불가변력

VA효력 / 존속력 / 불가쟁력 / 불가변력

1. 행정행위의 불가쟁력

   (1) 의 의

   불가쟁력이란 하자 있는 행정행위가 불복기간이 경과하거나 쟁송절차가 종료된 경우 더 이상 그 효력을 다툴 수 없게 하는 효력으로서, 그 취지는 행정법관계의 안정성에 있다.

   (2) 인정범위

   국가배상청구소송은 행정행위의 불가쟁력이 적용되지 않고, 무효인 행정행위에는 불가쟁력이 인정되지 않으므로 제소기간이 적용되지 않고 언제든지 쟁송으로 다툴 수 있다.

   (3) 효 력

   불가쟁력의 수범자는 행정행위의 상대방·이해관계인이므로 당사자 등은 행정쟁송으로 다툴 수 없고, 처분청은 불가쟁력이 발생한 당해 행정행위를 직권취소·철회할 수 있다.

2. 행정행위의 불가변력

   (1) 의 의

   불가변력이란 행정청이 당해 행정행위를 취소·변경할 수 없게 하는 효력으로서, 행정행위의 성질에 비추어 인정되는 효력이다.

   (2) 인정범위

   재결 등 준사법적 행정행위나, 공신력 있는 확인행위 등에 인정된다. 판례는 과세처분에 대한 이의신청 등 행정심판이 아닌 이의신청에 따른 결정에도 불가변력을 인정한다.

   (3) 효 력

   불가변력의 수범자는 행정청이므로 행정청은 행정행위를 직권취소·직권철회할 수 없고, 상대방 등은 불복기간 내에 행정쟁송으로 당해 행정행위의 효력을 다툴 수 있다.

3. 불가쟁력과 불가변력의 관계 (무관계)

66. 무효사유와 취소사유

중대명백설 / 하자 · 중대 / 일반인 · 명백

1. 구별기준

 (1) 문제점

　하자 있는 처분의 위법성 정도와 관련하여 무효사유와 취소사유를 구별하는 기준이 문제된다.

 (2) 학설 및 판례

　학설은 ① 중대명백설, ② 객관적 명백설, ③ 명백성보충요건설, ④ 중대설, ⑤ 구체적 가치형량설이 대립한다.

　전원합의체 판결의 다수의견은 처분이 당연무효가 되기 위하여는 그 하자가 중대하고 객관적으로 명백한 것이어야 한다고 판시하여 중대명백설을 취하였고, 소수의견은 명백성 보충요건설을 취하였다.

 (3) 검 토

　행정법관계의 안정성과 국민의 권리구제를 조화하는 중대명백설이 타당하다고 본다.

2. 사안의 경우

67. 위헌결정의 소급효

▶ 18년 변시

원칙·장래효 / 예외·소급효 / 일반사건

헌법재판소법 제47조(위헌결정의 효력)
① 법률의 위헌결정은 법원과 그 밖의 국가기관 및 지방자치단체를 기속한다.
② 위헌으로 결정된 법률·법률조항은 위헌결정이 있는 날부터 효력을 상실한다.
③ 제2항에도 불구하고 형벌에 관한 법률·법률조항은 소급하여 그 효력을 상실한다. 다만, 해당 법률·법률조항에 대하여 종전에 합헌으로 결정한 사건이 있는 경우 그 결정이 있는 날의 다음 날로 소급하여 효력을 상실한다.

1. 위헌결정의 효력

위헌결정의 효력은 형벌에 관한 법률 등을 제외하고는 장래효로 규정되어 있다(헌법재판소법 제47조 제2항). 다만, 실질적 정의를 고려하여 예외적 소급효를 인정한다.

2. 위헌결정의 소급효 인정 범위

① 위헌제청을 한 당해사건, ② 위헌결정 전 동일사유로 위헌심판제청 또는 제청신청한 동종사건, ③ 위헌법률이 재판의 전제가 되어 법원에 계속 중인 병행사건, ④ 대법원은 제소기간이 도과되지 않은 일반사건에 소급효가 미친다고 본다.

3. 일반사건에 위헌결정의 소급효 인정 여부

(1) 판 례

대법원은 위헌결정 이후 제소된 일반사건에도 소급효를 인정하고 법적 안정성이나 당사자의 신뢰보호를 위하여 불가피한 경우 위헌결정의 소급효를 제한할 수 있다고 판시하였다.

(2) 헌법재판소

헌법재판소는 원칙적 소급효 부정, 예외적으로 권리구제요청이 현저하고 법적 안정성을 크게 해치지 않는 반면 소급효 부인이 오히려 정의와 형평에 심히 반하면 소급효를 인정할 수 있다고 본다.

(3) 검 토

법적 안정성과 개인의 권리구제를 조화시킴이 바람직하므로 양자를 비교형량하여 위헌결정의 소급효를 결정하는 견해가 타당하다고 본다.

4. 사안의 경우

'이 사건 처분'은 불가쟁력이 발생하였으므로 법적 안정성의 요청이 더 큰 경우에 해당한다. 따라서 정의와 형평에 심히 반한다는 특별한 사정이 없는 한 위헌결정의 소급효는 부정된다.

68. 위헌법률에 근거한 처분의 효력

▶ 24년 변시 / 22-1 / 18년 변시 / 16년 입시

하자중대O / 명백X / 취소사유

1. 위헌결정의 소급효 (전술, 92쪽)

2. 위헌법률에 근거한 처분의 효력

 (1) 무효사유와 취소사유 구별기준

  학설은 ① 중대명백설, ② 객관적 명백설, ③ 명백성보충요건설, ④ 중대설, ⑤ 구체적 가치형량설이 대립하고, 판례는 중대명백설을 취한다.

 (2) 판 례

  대법원은 위헌법률에 근거한 처분은 하자가 중대하나 법률의 위헌 여부는 객관적으로 명백하지 않으므로 취소사유에 해당한다고 보고, 헌재는 예외적으로 법적 안정성을 크게 해치지 않는 반면 구제필요성이 큰 경우에는 무효가 될 수 있다고 본다.

 (3) 검 토

  위헌법률에 근거한 처분의 하자는 중대하나, 법률의 위헌 여부는 객관적으로 명백하지 않으므로 취소사유에 불과하다고 본다.

3. 사안의 경우

  '이 사건 처분'은 그 하자가 중대하나 그 근거법률의 위헌 여부가 객관적으로 명백하지 않으므로 취소사유에 해당한다. 따라서 행정기본법 제15조 소정의 공정력에 의해 유효하다.

69. 위헌결정 후 위헌법률에 근거한 처분의 집행력

▶ 16년 입시

압류처분 / 위헌적 법률관계생성 / 당연무효

1. 위헌결정의 소급효 (전술, 92쪽)

2. 위헌법률에 근거한 처분의 효력 (전술, 93쪽)

　위헌법률에 근거한 '이 사건 처분'은 취소사유에 불과하여 공정력이 있으므로 유효하다. 제소기간이 경과한 이후 확정된 조세채권에 근거한 압류처분이 가능한지 문제된다.

3. 위헌법률에 근거한 처분의 집행력 인정 여부

 (1) 문제점

　위헌결정의 기속력과 관련하여 법률의 위헌결정 이후 위헌법률에 근거한 행정처분의 집행력이 인정되는지 문제된다.

 (2) 학설 및 판례

　학설은 ① 유효한 국가채권의 집행은 적법하다고 보는 긍정설, ② 위헌결정 이후의 집행은 위헌결정의 기속력에 반한다고 보는 부정설이 대립한다.

　판례는 위헌법률에 근거한 과세처분이 제소기간 경과로 확정된 경우에도 위헌결정 후 체납처분은 그 하자가 중대명백하여 당연무효라고 판시하였다.

 (3) 검 토

　입법은 별론으로 하고, 불가쟁력이 발생했더라도 위헌결정 이후에 위헌법률에 근거한 처분의 집행력을 인정하는 것은 위헌적 법률관계를 생성·확대하는 것이므로 집행력 부정설이 타당하다고 본다.

4. 사안의 경우

　위헌결정 이후에 '이 사건 과세처분'에 대한 압류처분은 위헌결정의 기속력에 반하므로 당연무효이다.

70. 하자의 승계

▶ 24년 법행 / 23년 5급 / 22년 입시 /22년 법행 / 21년 입시 / 20년 5급 / 20년 변시 / 17년 변시
전제요건 / 인정범위 / 동일목적 / 별개목적 / 예·수

1. 하자승계의 전제요건 충족 여부

하자승계란 둘 이상의 행위가 연속적으로 행해지는 경우 불가쟁력이 발생한 선행행위의 하자를 이유로 적법한 후행행위를 다툴 수 있는지의 문제이다.

그 전제요건은 ① 선행·후행행위가 모두 처분, ② 선행행위에 취소사유 존재, ③ 후행행위에는 고유한 하자가 없고, ④ 선행행위에 불가쟁력이 발생할 것이다.

2. 하자승계의 인정 범위

(1) 문제점

하자승계는 행정법관계의 조속한 확정과 법적 안정성을 위한 제소기간제도의 중대한 예외를 인정한다는 점에서 행정의 실효성과 개인의 권리구제를 조화할 수 있는 인정 범위가 문제된다.

(2) 학 설

학설은 ① 선행·후행행위가 결합하여 동일한 법적효과를 목적으로 하면 긍정, 서로 독립·별개의 효과를 목적으로 하면 부정하는 하자승계론, ② 불가쟁력이 발생한 선행행위의 후행행위에 대한 구속력 문제로 보는 구속력이론이 대립한다.

(3) 판 례

판례는 동일한 법률효과를 목적으로 하는 경우 하자승계 긍정, 별개의 법률효과를 목적으로 하는 경우에도 선행행위의 불가쟁력이나 구속력이 수인한도를 넘는 가혹함과 예측가능성이 없는 경우 하자승계를 긍정한다.

최근 사업종류 변경결정과 산재보험료부과 사건에서 선행처분이 처분절차를 준수하여 방어권행사 및 불복기회가 보장된 실체법적 처분의 하자승계를 부정하였다.

(4) 검 토

생각건대 하자승계론을 기본으로 하여 예측가능성과 수인가능성으로 행정의 실효성과 개인의 권리구제를 조화하는 견해가 타당하다고 본다.

① 실체법적 처분은 방어권 행사 및 불복기회가 보장되어 불가쟁력의 구속력이 수인한도를 넘는 가혹함이 없고 예측가능성이 있으므로 하자승계가 부정된다.

② 쟁송법적 처분은 방어권 행사 및 불복기회가 보장되지 않았으므로 불가쟁력의 구속력이 수인한도를 넘는 가혹함이 있고 예측가능성이 없으므로 하자승계 긍정.

71. 행정행위의 하자치유

▶ 14년 변시

원칙·부정 / 무용반복 / 국민권익
시적한계 / 불복편의 / 쟁송제기전

1. 절차상 하자치유 인정 여부

(1) 문제점

하자치유란 성립당시 적법요건에 흠 있는 행정행위를 사후에 적법요건의 보완 또는 경미해진 경우 그 효력을 유지시키는 것으로서, 그 인정 여부가 문제된다.

(2) 학설 및 판례

학설은 ① 행정경제를 위한 긍정설, ② 행정의 신중성과 자의억제를 위한 부정설, ③ 일정한 한계 내에서 긍정하는 제한적 긍정설이 대립한다.

판례는 하자치유를 원칙적으로 부정하나, 예외적으로 행정의 무용한 반복을 피하고 법적 안정성을 위해 국민의 권익을 침해하지 않는 범위에서 긍정한다.

(3) 검 토

생각건대 행정의 효율적 수행과 국민의 권익구제를 조화하기 위해 국민의 권익을 침해하지 않는 범위 내에서 행정경제를 도모하는 제한적 긍정설이 타당하다고 본다.

2. 하자치유의 인정범위

하자치유는 공정력이 인정되는 취소사유에 한정되고, 무효행위의 하자치유는 부정된다. 판례에 따르면, 하자치유 대상은 절차와 형식상 하자로 제한되고, 내용상 하자치유는 인정되지 않는다.

3. 하자치유의 시간적 한계

(1) 학설 및 판례

학설은 ① 불복여부를 결정할 수 있는 시기로 보는 행정쟁송제기전설, ② 소제기전으로 보는 행정소송제기전설, ③ 소송경제를 고려하는 쟁송종결시설이 대립한다.

판례는 절차상 하자치유를 불복여부의 결정 및 불복편의를 줄 수 있는 상당한 기간 내에만 치유를 긍정하여 쟁송제기전설을 취한다.

(2) 검 토

논의의 실익은 행정경제와 법적 안정성의 요청과 당사자의 절차권 보장에 있다.

생각건대 행정경제 및 법적 안정성 측면과 당사자의 절차권 보장 측면을 조화하는 행정쟁송제기전설이 타당하다고 본다.

72. 행정행위의 전환

실질적 공통 / 적법·유효 / 불이익

민법 제138조(무효행위의 전환)
무효인 법률행위가 다른 법률행위의 요건을 구비하고 당사자가 그 무효를 알았더라면 다른 법률행위를 하는 것을 의욕하였으리라고 인정될 때에는 다른 법률행위로서 효력을 가진다.

1. 의 의
행정행위의 전환이란 하자 있는 행정행위가 하자 없는 다른 행정행위의 요건을 이미 충족하고 있을 때, 하자 없는 다른 행정행위로서 효력을 인정하는 것을 말한다.

2. 요 건
① 전환 전·후 행정행위의 실질적 공통성, ② 전환될 행정행위의 적법·유효, ③ 행정청의 의도에 반하지 않고, ④ 당사자에게 본처분보다 불이익하지 않으며, ⑤ 제3자의 권익을 침해하지 않고, ⑥ 기속행위의 재량행위로의 전환은 금지된다.

3. 효 과
하자 있는 행정행위는 전환으로 인하여 새로운 행정행위가 되고, 그 효력은 하자 있는 당초의 행정행위 송달시에 발생한다.

73. 행정행위의 직권취소

원시적 하자 / 법적근거 / 한계 / 이익형량

행정기본법 제18조(위법 또는 부당한 처분의 취소)
① 행정청은 위법 또는 부당한 처분의 전부나 일부를 소급하여 취소할 수 있다. 다만, 당사자의 신뢰를 보호할 가치가 있는 등 정당한 사유가 있는 경우에는 장래를 향하여 취소할 수 있다.
② 행정청은 제1항에 따라 당사자에게 권리나 이익을 부여하는 처분을 취소하려는 경우에는 취소로 인하여 당사자가 입게 될 불이익을 취소로 달성되는 공익과 비교·형량(衡量)하여야 한다. 다만, 다음 각 호의 어느 하나에 해당하는 경우 그러하지 아니하다.
  1. 거짓이나 그 밖의 부정한 방법으로 처분을 받은 경우
  2. 당사자가 처분의 위법성을 알고 있었거나 중대한 과실로 알지 못한 경우

1. 직권취소의 의의
직권취소란 행정청이 직권으로 행정행위의 성립당시 원시적 하자를 이유로 위법·부당한 행정행위의 효력을 소급적으로 상실시키는 행정행위를 의미한다.

2. 직권취소의 개별적 법적 근거 필요성 (종래의 논의)

(1) 학설 및 판례

학설은 ① 불요설, ② 필요설이 대립하고, 판례에 따르면, 처분청은 그 행위에 하자가 있는 경우 별도의 법적 근거 없이 스스로 이를 취소할 수 있다.

(2) 검 토

처분청은 공정력을 깨뜨릴 수 있는 권한 있는 기관이고, 본처분권한에 직권취소·철회의 권한이 당연히 내포되어 있으므로 법적근거 불요설이 타당하다고 본다. 행정기본법 제18조 제1항은 직권취소의 일반적 법적 근거가 된다.

3. 직권취소의 제한(이익형량의 원칙)

수익적 행정행위의 직권취소는 취소로 달성하려는 공익과 취소로 침해되는 신뢰이익 등을 이익형량해서 결정해야 한다(행정기본법 제18조 제2항). 이때 후자가 더 큰 경우에는 직권취소가 제한된다.

4. 직권취소의 소급효 인정 여부

행정청은 처분의 전부나 일부를 소급하여 취소할 수 있지만, 당사자의 신뢰를 보호할 가치가 있는 등 정당한 사유가 있는 경우에는 장래를 향하여 취소할 수 있다(행정기본법 제18조 제1항).

따라서 침익적 처분의 직권취소는 소급효 인정, 수익적 처분의 직권취소는 신뢰보호를 위하여 원칙적 장래효, 예외적으로 귀책사유가 있는 경우 소급효가 인정된다.

5. 취소의 취소 가능성

(1) 문제점

직권취소에 하자가 있는 경우 쟁송취소는 당연하나, 처분청이 하자 있는 직권취소를 다시 직권취소를 하여 원행정행위를 회복시킬 수 있는지 문제된다.

(2) 학설 및 판례

학설은 ① 원처분의 확정적 효력상실로 보는 부정설, ② 직권취소도 독립된 행정행위이므로 인정하는 긍정설, ③ 수익적 행정행위만 인정하는 절충설이 대립한다.

판례는 침익적 처분은 부정, 수익적 처분은 새로운 이해관계인이 생기기 전에 취소의 취소를 인정하여 절충설을 취한다.

(3) 검 토

생각건대 법적 안정성과 신뢰보호를 고려하는 절충설이 타당하다고 본다. 따라서 새로운 이해관계인이 없는 경우 수익적 처분의 취소의 취소는 인정된다.

74. 행정행위의 직권철회

▶ 21년 입시 / 16년 변시 / 14년 변시

적법성립 / 후발적 하자 / 법적근거

행정기본법 제19조(적법한 처분의 철회)
① 행정청은 적법한 처분이 다음 각 호의 어느 하나에 해당하는 경우 그 처분의 전부 또는 일부를 장래를 향하여 철회할 수 있다.
  1. 법률에서 정한 철회 사유에 해당하게 된 경우
  2. 법령등의 변경이나 사정변경으로 처분을 더 이상 존속시킬 필요가 없게 된 경우
  3. 중대한 공익을 위하여 필요한 경우
② 행정청은 제1항에 따라 처분을 철회하려는 경우 철회로 인하여 당사자가 입게 될 불이익을 철회로 달성되는 공익과 비교·형량하여야 한다.

1. 직권철회의 의의

직권철회란 행정청이 적법하게 성립한 행정행위를 성립 후 발생한 후발적 하자를 이유로 장래에 향하여 효력을 상실시키는 행정행위를 의미한다. 실정법상 근거로 행정기본법 제19조 제1항을 들 수 있다.

2. 직권철회의 개별적 법적근거 필요성 (종래의 논의)

학설은 ① 불요설, ② 필요설이 대립하고, 판례는 별도의 법적 근거가 없더라도 사정변경 또는 중대한 공익상 필요가 발생하면 이를 철회할 수 있다고 판시하였다.

생각건대 처분청은 행정행위의 공정력을 깨뜨릴 수 있는 권한있는 기관이고, 본처분권한에 직권취소·철회의 권한이 당연히 내포되어 있으므로 법적근거 불요설이 타당하다. 행정기본법 제19조 제1항은 직권철회의 일반적 법적 근거가 된다.

3. 철회사유

철회사유는 ① 법률에서 정한 철회사유에 해당하는 경우, ② 법령 등의 사정변경이 있는 경우, ③ 중대한 공익을 위해 필요한 경우(제19조 제1항 각호), 그 이외에 ④ 철회권 유보, ⑤ 부담의 불이행 등이 있다.

4. 직권철회의 제한

(1) 철회권 제한법리

수익적 행정행위의 철회로 인하여 당사자가 입게 될 불이익을 철회로 달성되는 공익과 비교·형량해야 하므로 이익형량원칙에 의해 제한될 수 있다(행정기본법 제19조 제2항).

(2) 이익형량원칙 위반 여부

5. 직권철회의 효과

직권철회는 장래에 향하여 원행정행위의 효력을 상실시키는 효력을 갖는다. 판례에 따르면, 소급효가 인정되는 직권철회는 별도의 법적 근거가 필요하다.

75. 직권취소・철회 신청권 – 처분의 재심사

인허가 거부처분 / 쟁송기간도과 / 취소・철회・변경 신청

행정기본법 제37조(처분의 재심사)
① 당사자는 처분(제재처분 및 행정상 강제는 제외)이 행정심판, 행정소송 및 그 밖의 쟁송을 통하여 다툴 수 없게 된 경우(법원의 확정판결이 있는 경우 제외)라도 다음 각 호의 어느 하나에 해당하는 경우에는 해당 처분을 한 행정청에 처분을 취소・철회하거나 변경하여 줄 것을 신청할 수 있다.
  1. 처분의 근거가 된 사실관계 또는 법률관계가 추후에 당사자에게 유리하게 바뀐 경우
  2. 당사자에게 유리한 결정을 가져다주었을 새로운 증거가 있는 경우
  3. 「민사소송법」 제451조에 따른 재심사유에 준하는 사유가 발생한 경우 등 대통령령으로 정하는 경우

1. 처분의 직권취소・철회 신청권 인정 여부

(1) 문제점

행정청은 행정기본법 제18조, 제19조에 근거하여 직권취소・철회를 할 수 있으나, 국민에게 이러한 직권취소・철회를 요구할 신청권이 인정되는지 문제된다.

(2) 판 례

판례는 원칙적으로 직권취소・철회를 요구할 신청권을 인정하지 않으나, 공사중지명령의 원인사유 해소 등 특별한 사정이 있는 경우 예외적으로 직권취소・철회를 요구할 조리상 신청권을 인정한다.

(3) 검 토

원칙적으로 명문규정 없이 국민에게 행정청의 직권취소・철회를 요구할 신청권은 인정될 수 없고, 특별한 사정이 있는 경우 예외적으로 인정될 뿐이다.

행정기본법 제37조는 불가쟁력이 발생한 처분의 취소・철회・변경을 신청할 수 있는 법규상 신청권을 예외적으로 인정하고 있다.

2. 처분의 재심사

(1) 의의 및 근거

당사자는 처분에 대한 쟁송기간이 지나 불가쟁력이 발생한 경우에도 처분의 기초가

된 사실관계 또는 법률관계 변경 등 일정한 경우 종전 처분의 취소, 철회 또는 변경을 신청할 수 있다(행정기본법 제37조).

(2) 재심사 대상인 처분

제재처분 및 행정상 강제는 제외되므로 인허가 거부처분이 주된 적용 대상이고, 쟁송기간의 도과로 불가쟁력이 발생하여 다툴 수 없는 경우로서 확정판결이 있는 경우는 제외된다.

(3) 재심사 신청사유

① 처분 근거인 사실관계 또는 법률관계가 추후 당사자에게 유리하게 바뀐 경우, ② 당사자에게 유리한 결정을 가져다주었을 새로운 증거가 있는 경우, ③「민사소송법」제451조에 따른 재심사유에 준하는 사유 발생 등 대통령령으로 정한 경우이다.

76. 확약의 처분성

행정청 / VA / 자기구속적 의사표시

행정절차법 제40조의2(확약)
① 법령등에서 당사자가 신청할 수 있는 처분을 규정하고 있는 경우 행정청은 당사자의 신청에 따라 장래에 어떤 처분을 하거나 하지 아니할 것을 내용으로 하는 의사표시(이하 "확약")를 할 수 있다.
② 확약은 문서로 하여야 한다.
③ 행정청은 다른 행정청과의 협의 등의 절차를 거쳐야 하는 처분에 대하여 확약을 하려는 경우에는 확약을 하기 전에 그 절차를 거쳐야 한다.

1. 확약의 의의 및 근거

확약이란 법령 등에서 당사자가 신청할 수 있는 처분을 규정이 있는 경우 행정청이 당사자의 신청에 따라 장래에 어떤 처분을 하거나 하지 아니할 것을 내용으로 하는 의사표시를 말한다(행정절차법 제40조의2). 「행정절차법」 제40조의2 제1항은 확약의 일반적 법적 근거에 해당한다.

2. 확약의 요건

① 주체요건은 확약대상 행위에 정당한 권한, ② 형식요건은 원칙적으로 불요식행위였으나 문서로 하여야 하고(행정절차법 제40조의2 제2항), ③ 절차요건은 본처분에 일정한 절차가 규정된 경우 그 절차를 준수해야 하고(행정절차법 제40조의2 제3항), ④ 내용요건은 적법·실현가능하고 명확해야 한다.

3. 확약의 처분성

(1) 문제점

확약은 행정청의 장래 처분의 약속에 불과하여 종국적 규율의 성격이 없는 바, 국민의 조기의 권리구제를 위해 처분성을 인정할 수 있는지 문제된다.

(2) 학설 및 판례

학설은 ① 조기의 권리구제를 위해 쟁송법적 처분으로 보는 긍정설, ② 확약은 약속에 불과하고 종국적인 법적 규율이 아니라는 부정설이 대립한다.

판례는 어업면허에 선행하는 우선순위결정을 강학상 확약으로 보고 처분이 아니므로 공정력·불가쟁력이 인정되지 않는다고 판시하였다.

(3) 검 토

조기의 권리구제를 위한 쟁송법적 처분의 인정필요성, 행정절차법 제40조의2 제4항에 따른 기속력 등 법적 규율의 성격이 있으므로 긍정설이 타당하다고 본다. 다만 판례에 따르면 확약은 종국적 규율이 아니므로 처분성이 부정된다.

77. 확약의 기속력과 실효

구속력 · 실효 / 신뢰보호 / 이익형량

행정절차법 제40조의2(확약)
④ 행정청은 다음 각 호의 어느 하나에 해당하는 경우에는 확약에 기속되지 아니한다.
  1. 확약을 한 후에 확약의 내용을 이행할 수 없을 정도로 법령등이나 사정이 변경된 경우
  2. 확약이 위법한 경우

1. 확약의 기속력 위반 여부

(1) 확약의 기속력

행정청은 ① 확약을 한 후에 확약의 내용을 이행할 수 없을 정도로 법령 등이나 사정이 변경된 경우, ② 확약이 위법한 경우에는 확약에 기속되지 않는다(행정절차법 제40조의2 제4항).

(2) 확약의 실효

판례는 위법한 확약의 기속력을 부정하고, 확약에서 정한 신청기간 내에 신청이 없거나, 확약 후 사실상태 또는 법률상태가 변경되면 확약은 행정청의 별다른 의사표시 없이 실효된다고 본다.

(3) 검 토

행정절차법 제40조의2 제4항 제1호 해당 여부는 사정변경에 따른 공익과 확약에 따른 상대방의 신뢰이익을 비교형량하여 결정해야 할 것이다.

2. 신뢰이익 여부

(1) 의 의

행정청은 공익 또는 제3자의 이익을 현저히 해칠 우려가 있는 경우를 제외하고는 국민의 정당하고 합리적인 신뢰를 보호하여야 한다(행정기본법 제12조 제1항).

(2) 요 건

① 선행조치로서 공적 견해표명, ② 보호가치 있는 신뢰, ③ 관계인의 조치, ④ 선행행위에 반하는 후행행위, ⑤ 손해 발생, ⑥ 인과관계, ⑦ 공익 또는 제3자의 이익을 현저히 해하는 경우가 아닐 것을 요건으로 한다(행정기본법 제12조 제1항).

3. 행정절차법 제40조의2 제4항 제1호 해당 여부

乙의 회신행위는 확약의 요건을 충족하여 적법하고, 이 사건 처분은 사정변경에 따른 공익에 비하여 침해되는 확약을 신뢰한 甲의 불이익이 훨씬 크므로 행정절차법 제40조의2 제4항 제1호에 해당하지 않는다. 따라서 乙은 확약에 기속되므로, 이 사건 처분은 확약의 기속력 또는 신뢰보호원칙에 반하여 위법한다.

78. 가행정행위

개략적 / 잠정적 / 대체

국가공무원법 제73조의3(직위해제)
① 임용권자는 다음 각 호의 어느 하나에 해당하는 자에게는 직위를 부여하지 아니할 수 있다.
  3. 파면·해임·강등 또는 정직에 해당하는 징계 의결이 요구 중인 자

1. 의의 및 근거

가행정행위는 종국적인 행정행위가 있기까지 잠정적으로 행정법관계를 규율하는 행위를 말한다. 그 법적 근거는 본처분 권한규정에 포함된 것으로 본다.

2. 법적 성질

가행정행위는 중간단계에서 종국적 규율의 성격이 있고, 직접 법적효력을 발생시키는 처분이며, ① 개략적 심사, ② 잠정적 효력, ③ 종국처분이 있으면 대체되는 특징이 있다.

3. 효력

가행정행위는 잠정적 행정행위로서 직접 법적효력을 발생시킨다. 다만, 잠정성과 대체성이 예정되어 본행정행위에 대한 구속력과 신뢰보호를 주장할 수 없다.

4. 가행정행위의 예

징계의결이 요구 중인 공무원에 대한 직위해제처분, 소득확정 전 소득신고액에 따른 잠정적 과세처분.

79. 사전결정의 기속력

▶ 18년 입시

요건일부 / 종국적 규율 / 처분
구속력 / 긍정(多) / 부정(判)

폐기물관리법 제25조(폐기물처리업)
① 폐기물의 수집·운반, 재활용 또는 처분을 업으로 하려는 자는 환경부령으로 정하는 바에 따라 … 폐기물 처리 사업계획서를 환경부장관에게 제출하고, 그 밖의 폐기물을 대상으로 하는 경우에는 시·도지사에게 제출하여야 한다.
② 환경부장관이나 시·도지사는 폐기물 처리사업계획서를 다음 각 호의 사항에 관하여 검토한 후 그 적합 여부를 폐기물처리사업계획서를 제출한 자에게 통보하여야 한다.

건축법 제10조(건축 관련 입지와 규모의 사전결정)
① 제11조에 따른 건축허가 대상 건축물을 건축하려는 자는 건축허가를 신청하기 전에 허가권자에게 그 건축물의 건축에 관한 다음 각 호의 사항에 대한 사전결정을 신청할 수 있다.

1. 사전결정의 의의 및 근거

사전결정이란 종국적인 행정행위를 하기에 앞서 종국적 행정행위의 요건 중 일부에 대한 사전적·종국적인 결정을 말한다. 법적 근거는 본처분 권한규정에 포함된다.

2. 법적 성질

사전결정은 중간단계에서 종국적 규율의 성격이 있고, 직접 법적 효력을 발생시키는 처분이며, 사전결정 대상인 종국처분의 요건에 따라 재량행위인지 여부가 결정된다.

3. 사전결정의 기속력 인정 여부

(1) 문제점

행정청의 사전결정이 종국적 행정행위에 기속력을 미쳐 사전결정에 반하는 판단을 할 수 없는지 사전결정의 기속력 인정 여부가 문제된다.

(2) 학설 및 판례

학설은 ① 사전결정에 신뢰이익만을 인정하는 부정설, ② 중간단계에서 종국적 결정의 성격을 인정하는 긍정설이 대립한다.

판례는 사전결정에서 재량권을 행사했더라도 최종처분시 다시 재량판단을 하여 사전결정에 배치되는 결정을 할 수 있다고 판시하여 부정설을 취한다.

(3) 검토

사전결정의 제도적 취지를 고려할 때 긍정설이 타당하다고 본다. 재판실무인 판례는 사전결정의 구속력을 부정하고 신뢰보호원칙으로 그 위법성을 판단한다.

80. 부분허가

일부허가 / 종국적 규율 / 처분

원자력안전법 제10조(건설허가)
③ 위원회는 발전용원자로 및 관계시설을 건설하려는 자가 건설허가신청 전에 부지에 관한 사전승인을 신청하면 이를 검토한 후에 승인할 수 있다.
④ 제3항에 따라 부지에 관한 승인을 받은 자는 총리령으로 정하는 범위에서 공사할 수 있다.

1. 부분허가의 의의 및 근거

부분허가란 장기사업의 단계적인 일부분에 부여하는 허가로서, 허가대상 행위를 적법하게 할 수 있다는 점에서 사전결정과 구분된다. 그 법적 근거는 본처분 권한규정에 포함된 것으로 본다.

2. 부분허가의 효력

부분허가는 종국적 규율의 성격이 있는 처분이다. 허가대상 행위를 할 수 있고, 사정변경 없으면 최종결정에 구속력을 지니며, 최종결정에 흡수되지 않고 효력을 유지하며 결합한다.

3. 원자로시설부지 사전승인처분의 법적 성질

원자로시설부지 사전승인처분은 원자로선실치분의 부지요건에 대한 사전결정과 부지승인을 얻은 자는 지반공사를 할 수 있다는 점에서 부분허가의 성질을 섬유한다.

81. 자동적 처분

행정기본법 제20조(자동적 처분)
행정청은 법률로 정하는 바에 따라 완전히 자동화된 시스템(인공지능 기술을 적용한 시스템 포함)으로 처분을 할 수 있다. 다만, 처분에 재량이 있는 경우는 그러하지 아니하다.

1. 자동적 처분의 의의

행정청은 법률로 정하는 바에 따라 완전히 자동화된 시스템(인공지능기술 적용시스템 포함)으로 처분할 수 있다. 다만, 처분에 재량이 있는 경우 그러하지 아니하다(행정기본법 제20조).

2. 자동적 처분의 한계

처분에 재량이 있는 경우에 완전자동적 처분의 발급은 허용되지 않는다. 원칙적으로 기속행위에 따른 하나의 결론만이 가능한 경우에만 자동적 처분이 가능하다.

제 4 장
공법상 계약

- 82 공법상 계약의 적법성
- 83 건설도급계약 등 조달계약의 법적 성질
- 84 공법상 계약해지의 처분성

82. 공법상 계약의 적법성

공익목적 / 대등지위 / 내용합의

행정기본법 제27조(공법상 계약의 체결)
① 행정청은 법령등을 위반하지 아니하는 범위에서 행정목적을 달성하기 위하여 필요한 경우 공법상 법률관계에 관한 계약(이하 "공법상 계약")을 체결할 수 있다. 이 경우 계약의 목적 및 내용을 명확하게 적은 계약서를 작성하여야 한다.
② 행정청은 공법상 계약의 상대방을 선정하고 계약 내용을 정할 때 공법상 계약의 공공성과 제3자의 이해관계를 고려하여야 한다.

행정기본법 시행령 제6조(공법상 계약)
행정청은 법 제27조에 따라 공법상 법률관계에 관한 계약을 체결할 때 법령등에 따른 관계 행정청의 동의, 승인 또는 협의 등이 필요한 경우에는 이를 모두 거쳐야 한다.

행정소송규칙 제19조(당사자소송의 대상)
4. 공법상 계약에 따른 권리·의무의 확인 또는 이행청구 소송

1. 공법상 계약의 의의 및 구별

(1) 의 의

    공법상 계약이란 공익목적으로 양 당사자가 대등한 지위에서 반대방향의 의사합치로 그 내용을 합의로 형성하는 공법행위를 말한다.

(2) 구 별

    공법상 계약은 행정청이 사인과 대등한 지위에서 의사합치에 의해 성립한다는 점에서 행정청의 우월적 지위에서 일방적으로 결정되는 행정행위와 구별되고, 공법적 효과발생과 공익실현을 목적으로 한다는 점에서 사법상 계약과 구별된다.

2. 공법상 계약의 적법성

    ① 주체요건으로 행정주체의 정당한 권한, ② 형식요건은 계약 내용을 명확하게 적은 문서로써 하여야 한다(행정기본법 제27조 제1항, 제2항).
    ③ 절차요건은 「행정절차법」 규율대상이 아니고 개별법만 존재하며,
    ④ 법률우위원칙은 공법상 계약에도 적용된다(행정기본법 제27조 제1항 전단).
    ⑤ 법률유보원칙과 관련하여, ⅰ) 공법적 규율 회피방지를 고려한 긍정설, ⅱ) 비권력적 행정작용은 필요 없다는 부정설, ⅲ) 침익적 공법상 계약의 경우 필요하다는 절충설이 대립하였고, 행정기본법 제27조에 일반적 법적 근거가 마련되었다.

3. 공법상 계약의 행정행위 대체가능성

 (1) 문제점

   허가·특허 등이 필요한 행정영역에서 상대적으로 자유로운 형식인 공법상 계약으로 허가 등을 대체할 수 있는지 문제된다.

 (2) 학설 및 판례

   학설은 ① 행정의 탄력적 수행을 위해 긍정하는 긍정설, ② 공법적 규율을 회피하는 수단이 될 수 있다고 보는 부정설, ③ 기속행위는 부정하고 재량행위는 긍정하는 절충설이 대립한다.

   판례는 국립의료원 부설주차장 사건에서 사용·수익허가를 대체하는 공법상 계약을 강학상 특허로 판시한 바 있다.

4. 공법상 계약의 소송형태

   공법상 계약에 관한 분쟁은 당사자소송의 대상이 된다(행정소송규칙 제19조 제4호). 이와 달리 행정행위는 항고소송, 사법상 계약은 민사소송의 대상이다.

83. 건설도급계약 등 조달계약의 법적 성질

▶ 21년 변시 / 21년 5급

조달계약 / 공법상 계약(사법상 계약) / 당사자소송(민사소송)

1. 공법상 계약과 사법상 계약의 구별

(1) 구별 실익

공법상 계약은 공법적 규율의 대상이 되어 공법상 당사자소송에 의하며, 행정상 강제집행이나 행정벌의 대상이 된다는 점에서 민사소송의 대상인 사법상 계약과 구별된다.

(2) 구별기준

일차적으로 관련 법규정을 기준으로 하고, 불명확한 경우 법률관계의 성질을 고려한다. 즉, 일방이 행정주체로서 공법적 효과발생을 목적으로 사인과 대등한 지위에서 합의를 통해 내용을 성립시키는지 여부로 판단한다. 이때 행정주체에는 공무수탁사인을 포함한다.

2. 건설도급계약 등 조달계약의 법적 성질

(1) 문제점

국가 등과 국민이 체결하는 건설도급계약 등 조달계약의 법적 성질이 공법상 계약인지 사법상 계약인지 문제된다.

(2) 학설 및 판례

학설은 ① 공법상 계약설, ② 사법상 계약설, ③ 계약의 체결 여부는 공법행위, 구체적 내용결정은 사법행위로 구분하는 이단계설이 대립한다.

판례는 공공조합과 시공자 사이의 공사도급계약 등 행정주체와 사기업 사이에 체결된 조달계약의 법적 성질을 사법상 계약으로 본다.

(3) 검 토

논의의 실익은 법적 분쟁에 대한 소송형태와 재판관할에 있다.

생각건대 조달계약의 공익성에 비추어 공법적 규율이 필요하다는 점에서 공법상 계약설이 타당하다고 본다. 다만, 판례에 의하면 사법상 계약이므로 그 분쟁은 민사소송의 대상이 된다.

84. 공법상 계약해지의 처분성

▶ 22-2 / 21년 변시

일방적인 의사표시 / 관계 법령 / 개별적

1. 공법상 계약해지의 처분성

(1) 문제점

공법상 계약해지가 대등한 당사자의 의사표시에 불과하여 공법상 당사자소송의 대상인지, 처분성이 인정되어 항고소송의 대상인지 문제된다.

(2) 판 례

행정청이 상대방 사이의 법률관계를 일방적인 의사표시로 종료시켰다고 하더라도 곧바로 처분이라고 단정할 수는 없고, 관계 법령의 규정에 따라 개별적으로 판단해야 한다고 판시하였다.

(3) 검 토

관련법령의 태도와 행정청의 계약해지의 의사표시에 따른 상대방 등의 불이익과의 실질적 견련성 등을 참작하여 개별적으로 결정해야 한다고 본다. 이때 계약해지의 법적 근거가 있고, 계약해지에 따른 법적 효과가 규정되어 있다면, 공법상 계약해지의 처분성을 인정하는 것이 타당하다고 본다.

2. 사안의 경우

공법상 계약 자체는 행정절차법의 적용 대상이 아니나(행정절차법 제3조), 공법상 계약해지의 처분성이 인정되는 경우 행정절차법 제21조, 제22조의 적용 대상이 된다. 따라서 사전통지 및 의견제출 기회를 결여한 '이 사건 계약해지'는 위법하다.

제 5 장
행정상 사실행위

85 권력적 사실행위와 처분성

85. 권력적 사실행위와 처분성

▶ 16년 입시

교도소장 / 교도관 참여대상자지정행위 / 계속성有

> Q. 교도소장 乙은 수형자 甲을 접견내용 녹음·녹화 및 접견 시 교도관 참여대상자로 지정하였다. 이때 乙의 지정행위의 법적 성질을 검토하시오.

1. 권력적 사실행위의 의의

권력적 사실행위란 직접적인 공법적 효과발생을 의도하지 않고, 단순히 사실상의 결과실현을 목적으로 행정청이 우월적 지위에서 일방적으로 강제하는 행위를 말한다.

2. 권력적 사실행위와 처분성

(1) 문제점

권력적 사실행위를 공권력 행사 또는 이에 준하는 행정작용으로 보고 항고소송의 대상인 처분으로 볼 것인지 문제된다.

(2) 학설 및 판례

학설은 ① 일원설에서 주장하는 부정설, ② 권력적 사실행위를 합성행위로 보는 수인하명설, ③ 이원설에서 주장하는 긍정설이 대립한다.

판례는 교도소장의 접견내용 녹음·녹화 및 접견 시 교도관 참여대상자 지정행위를 계속성을 갖는 공권력적 사실행위로서 처분에 해당한다고 판시하였다.

(3) 검 토

국민의 조기의 권리구제를 위해 쟁송법적 개념설에 따라 권력적 사실행위를 공권력의 행사 또는 이에 준하는 행정작용에 포함시켜 처분으로 보는 긍정설이 타당하다고 본다.

> A. 乙의 지정행위는 교도소장 乙이 우월적 지위에서 수형자인 甲에게 일방적으로 작용하여 상대방에게 수인의무를 강제하는 고권적 성격을 지니는 바, 계속성을 가진 공권력적 사실행위이다. 따라서 乙의 지정행위는 수형자의 구체적 권리의무에 직접적 변동을 초래하는 행정청의 공법상 행위로서 항고소송의 대상이 되는 처분에 해당한다.

제 6 장
행정지도

86 행정지도의 처분성

86. 행정지도의 처분성

▶ 18년 5급

임의적 협력 / 권고·권유·요망·요청 / 비·권·사
처분성 / 원칙·부정 / 예외·성희롱결정

행정절차법 제2조(정의)
3. "행정지도"란 행정기관이 소관 사무의 범위에서 일정한 행정목적을 실현하기 위하여 특정인에게 일정한 행위를 하거나 하지 아니하도록 지도, 권고, 조언 등을 하는 행정작용을 말한다.

제48조(행정지도의 원칙)
① 행정지도는 그 목적 달성에 필요한 최소한도에 그쳐야 하며, 행정지도의 상대방의 의사에 반하여 부당하게 강요하여서는 아니 된다.
② 행정기관은 행정지도의 상대방이 행정지도에 따르지 아니하였다는 것을 이유로 불이익한 조치를 하여서는 아니 된다.

1. 행정지도의 의의

행정지도란 일정한 행정목적을 실현하기 위해 행정청이 상대방인 국민에게 임의적인 협력을 요청하는 비권력적 사실행위를 말한다.

2. 행정지도의 법적 근거 필요성

(1) 학설 및 판례

학설은 ① 행정지도 준수 여부는 상대방의 임의적 결정에 맡겨져 있다고 보는 불요설, ② 실질적인 강제력을 수반하는 경우 법적 근거가 필요하다고 보는 필요설, ③ 처분대체적 행정지도와 규제적 행정지도는 법적 근거가 필요하다고 보는 제한적 필요설이 대립한다.

판례는 행정지도에는 법률의 근거가 필요하지 않다고 본다.

(2) 검 토

행정지도는 원칙적으로 비권력적 사실행위이므로 법적 근거가 필요 없으나, 사실상 강제력을 갖는 경우 법적근거가 필요하므로 제한적 필요설이 타당하다고 본다.

3. 행정지도의 처분성

(1) 문제점

행정지도가 항고소송의 대상으로서 처분성이 인정될 수 있는지와 관련하여, 그 한계를 넘어 사실상 강제력을 수반하는 경우에는 처분성이 인정되는지 문제된다.

(2) 학설 및 판례

학설은 ① 임의적 협력을 요청하는 비권력적 사실행위에 불과하다고 보는 부정설, ② 사실상 강제력을 수반하면 처분성을 인정하는 제한적 긍정설이 대립한다.

판례는 원칙적으로 행정지도의 처분성을 부인하나, 국가인권위원회의 성희롱결정에 따른 시정조치권고를 처분으로 판시하였다.

(3) 검 토

행정지도는 임의적인 협력을 요청하는 사실행위로서 일방적인 공권력 행사가 아니고, 그 자체가 직접적 법적 효과를 발생시키는 법적행위도 아니므로 부정설이 타당하다고 본다.

제 7 장
행정조사

87 행정조사
88 위법한 행정조사에 근거한 후행처분의 효력

87. 행정조사

▶ 18년 변시

자료 · 정보 / 강제조사 / 임의조사

행정조사기본법 제2조(정의)
1. "행정조사"란 행정기관이 정책을 결정하거나 직무를 수행하는 데 필요한 정보나 자료를 수집하기 위하여 현장조사·문서열람·시료채취 등을 하거나 조사대상자에게 보고요구·자료제출요구 및 출석·진술요구를 행하는 활동을 말한다.

제4조(행정조사의 기본원칙)
① 행정조사는 조사목적을 달성하는데 필요최소한의 범위 안에서 실시하여야 하며, 다른 목적 등을 위하여 조사권을 남용하여서는 아니 된다.
③ 행정기관은 유사하거나 동일한 사안에 대하여 공동조사 등을 실시함으로써 행정조사가 중복되지 아니하도록 하여야 한다.
④ 행정조사는 법령등의 위반에 대한 처벌보다 법령준수 유도에 중점을 두어야 한다.

1. 의의 및 종류

행정조사란 행정기관이 사인으로부터 행정상 필요한 자료나 정보를 수집하는 일체의 행정작용으로서, 권력적 사실행위인 강제조사와 비권력적 사실행위인 임의조사가 있다.

2. 법적 근거

행정기관의 행정조사를 규율하는 일반법으로 「행정조사기본법」이 있다.

3. 실력행사 가능성(실체법적 한계)

(1) 문제점

실력행사에 관한 명문규정이 없는 경우 행정조사에 수반하여 직접 실력을 행사할 수 있는지 문제된다.

(2) 학 설

학설은 ① 비례원칙의 범위 안에서 신체·재산에 실력을 가할 수 있다는 긍정설, ② 직접적 강제수단을 규정하지 않은 취지에 따라 실력행사는 허용되지 않는다고 보는 부정설이 대립한다.

(3) 검 토

국민의 신체·재산에 대한 실력행사에는 명문의 근거가 있어야 하므로 부정설이 타당하다고 본다.

4. 행정조사와 영장주의(절차법적 한계)

(1) 문제점

헌법상 영장주의가 형사사법절차만 적용되어 행정조사에는 적용되지 않는지, 권력적 행정조사에도 영장주의가 적용될 수 있는지 문제된다.

(2) 학설 및 판례

학설은 ① 영장주의는 형사사법에만 적용된다고 보는 불요설, ② 기본권 보장을 위해 모든 국가작용에 적용된다고 보는 필요설, ③ 원칙적으로 적용되지만 행정목적 달성을 위해 예외를 인정하는 절충설, ④ 개별적 결정설이 대립한다.

판례는 행정조사 성격이면 영장주의 적용을 부정하고, 행정조사에서 나아가 범죄수사인 압수·수색이면 영장주의 적용을 긍정한다.

(3) 검 토

기본권보장과 행정목적의 필요성을 조화시키는 절충설이 타당하다고 본다. 따라서 원칙적으로 영장주의가 적용되고, 행성조사목적 달성을 위해 불가피한 경우 영장주의 예외가 인정된다.

88. 위법한 행정조사에 근거한 후행처분의 효력

▶ 24년 법행 / 22년 변시 / 18년 변시

판례 / 원칙·적극 / 예외·경미

국세기본법 제81조의4(세무조사권 남용 금지)
① 세무공무원은 적정하고 공평한 과세를 실현하기 위하여 필요최소한의 범위에서 세무조사를 하여야 하며, 다른 목적 등을 위하여 조사권을 남용해서는 아니 된다.

제81조의7(세무조사의 통지와 연기신청)
① 세무공무원은 세무조사를 하는 경우 조사를 받을 납세자에게 조사를 시작하기 15일 전에 조사대상 세목, 조사기간 및 조사 사유, 그 밖에 대통령령으로 정하는 사항을 통지하여야 한다. 다만, 사전통지를 하면 증거인멸 등으로 조사목적을 달성할 수 없다고 인정되는 경우 그러하지 아니하다.
② 사전통지를 받은 납세자가 천재지변이나 그 밖에 대통령령으로 정하는 사유로 조사를 받기 곤란한 경우 대통령령으로 정하는 바에 따라 관할 세무관서의 장에게 조사 연기를 신청할 수 있다.
③ 제2항에 따라 연기신청을 받은 관할 세무관서의 장은 연기신청 승인 여부를 결정하고 그 결과(연기 결정 시 연기한 기간을 포함)를 조사 개시 전까지 통지하여야 한다.

1. 행정조사의 의의 및 종류 (전술, 118쪽)

2. 위법한 행정조사에 근거한 후행처분의 효력

(1) 문제점

행정조사를 통한 정보가 내용상 정확하지만, 그 행정조사의 형식. 절차 등에 하자가 있는 경우 후행 행정행위에 미치는 영향이 문제된다.

(2) 학설 및 판례

학설은 ① 적법절차원칙 위반으로 보는 적극설, ② 필수전제가 아닌 한 곧바로 위법은 아니라는 소극설, ③ 조사위법의 중대성으로 판단하는 절충설이 대립한다. 판례는 위법한 세무조사에 근거한 과세처분은 위법하다고 하여 적극설을 취하나, 하자가 경미한 경우 위법사유가 되지 않는다고 판시하였다.

(3) 검 토

행정조사는 행정행위의 절차에 해당하므로 행정조사의 위법은 행정행위의 절차상 하자가 된다고 보는 적극설 중 절차하자설이 타당하다고 본다. (절차상 하자는 독자적 위법사유이고, 위법성 정도는 취소사유이므로 공정력에 의해 유효하다.)

제 8 장

행정절차

- 89 행정절차법의 적용 배제 여부
- 90 처분기준의 설정·공표
- 91 거부처분의 사전통지 대상성
- 92 청 문
- 93 사전통지 및 의견제출 절차의 예외사유 해당 여부
- 94 행정절차법상 처분방식 위반 여부
- 95 이유제시
- 96 의제제도와 관계기관의 협의
- 97 의제제도와 집중효
- 98 건축법상 건축허가와 국토계획법상 개발행위허가
- 99 인·허가의제와 소의 대상
- 100 선승인후협의제 및 부분인허가 의제제도
- 101 절차상 하자의 독자적 위법성 여부

89. 행정절차법의 적용 배제 여부

▶ 18년 5급

성질상 / 곤란·불필요 / 준하는 절차

행정절차법 제3조(적용 범위)
② 이 법은 다음 각 호의 어느 하나에 해당하는 사항에 대하여는 적용하지 아니한다.
 9. 「병역법」에 따른 징집·소집, 외국인의 출입국·난민인정·귀화, 공무원 인사 관계 법령에 따른 징계와 그 밖의 처분, 이해 조정을 목적으로 하는 법령에 따른 알선·조정·중재·재정(裁定) 또는 그 밖의 처분 등 해당 행정작용의 성질상 행정절차를 거치기 곤란하거나 거칠 필요가 없다고 인정되는 사항과 행정절차에 준하는 절차를 거친 사항으로서 대통령령으로 정하는 사항

1. 직위해제처분에 행정절차법 적용배제 여부

(1) 판 례

직위해제처분은 성질상 행정절차를 거치기 곤란하거나 불필요한 사항 또는 행정절차에 준하는 절차를 거친 사항에 해당하므로, 행정절차법이 별도로 적용되지 않는다고 판시하였다.

(2) 검 토

「국가공무원법」상 직위해제처분은 소청심사를 통한 충분한 소명기회 보장, 대기명령자 직권면직 시 징계위원회의 동의 필요 등 절차적 보장이 강화되어 있으므로 「행정절차법」 적용이 배제된다.

(3) 사안의 경우

직위해제처분에는 「행정절차법」이 적용되지 않으므로, 「행정절차법」 제21조의 사전통지를 결여하여 위법하다는 주장은 타당하지 않다.

2. 외국국적 재외동포에 대한 사증발급거부에 행정절차법 적용배제 여부

(1) 판 례

출입국관리법령에 사증발급 거부처분서 작성에 관한 규정이 없는 바 행정절차법 제24조에 정한 절차를 따르지 않고 행정절차에 준하는 절차로 대체할 수 없다. 따라서 사증발급 거부처분은 적용배제 사항인 외국인의 출입국에 관한 사항에 해당하지 않는다.

(2) 검 토

출입국관리법령에 행정절차에 준하는 절차 규정이 없고, 처분의 성질상 행정절차를 거치기 곤란하거나 불필요하다고 인정되는 처분이 아니므로 「행정절차법」의 적용이 배제되지 않는다.

3. 군인사법령상 진급선발취소처분에 행정절차법 적용배제 여부

(1) 판 례

공무원 인사관계 처분 전부에 행정절차법 적용이 배제되는 것이 아니라 성질상 행정절차를 거치기 곤란하거나 불필요한 경우, 행정절차에 준하는 절차를 거치도록 하는 처분의 경우에만 행정절차법의 적용이 배제된다고 판시하였다.

(2) 검 토

군인사법령은 행정절차에 준하는 절차 규정이 없고, 처분의 성질상 행정절차를 거치기 곤란하거나 불필요하다고 인정되는 처분이 아니므로 「행정절차법」의 적용이 배제되지 않는다.

90. 처분기준의 설정 · 공표

▶ 24년 입시

공표의무 / 법령형식 / 대외적 구속력

> 행정절차법 제20조(처분기준의 설정 · 공표)
> ① 행정청은 필요한 처분기준을 해당 처분의 성질에 비추어 되도록 구체적으로 정하여 공표하여야 한다. 처분기준을 변경하는 경우에도 또한 같다.
> ② 「행정기본법」 제24조에 따른 인허가의제의 경우 관련 인허가 행정청은 관련 인허가의 처분기준을 주된 인허가 행정청에 제출해야 하고, 주된 인허가 행정청은 제출받은 관련 인허가의 처분기준을 통합하여 공표하여야 한다. 처분기준을 변경하는 경우도 또한 같다.
> ③ 제1항에 따른 처분기준을 공표하는 것이 해당 처분의 성질상 현저히 곤란하거나 공공의 안전 · 복리를 현저히 해치는 것으로 인정될 상당한 이유 있는 경우 공표하지 아니할 수 있다.

1. 의 의

처분기준의 설정 · 공표는 행정청의 자의적인 권한행사를 방지하고 행의 통일성을 기하며 처분의 상대방에게 예측가능성을 부여하기 위해 요청된다.

2. 처분기준의 설정 · 공표의무

행정청은 처분기준을 해당 처분의 성질에 비추어 되도록 구체적으로 정하여 공표하여야 한다. 처분기준을 변경하는 경우에도 또한 같다(행정절차법 제20조).

판례는 공표한 처분기준이 구체적인지 또는 사전공표 의무의 예외사유에 해당하는지는 구체적인 사안에 따라 개별적으로 판단하여야 한다고 본다.

3. 설정 · 공표된 처분기준의 법규성

(1) 문제점

행정절차법 제20조에 따라 설정 · 공표된 처분기준이 법규명령에 해당하는지, 대외적 구속력 없는 행정규칙에 해당하는지 그 법적 성질이 문제된다.

(2) 판 례

판례는 행정절차법 제20조 제1항에 따라 공표한 처분기준은 법령의 구체적 위임을 받았다는 특별한 사정이 없는 한, 원칙적으로 대외적 구속력이 없는 행정규칙에 해당한다고 판시하였다.

(3) 검 토

「행정절차법」은 처분기준의 설정·공표의 법형식에 관한 규정이 없으므로 법령이나 행정규칙으로도 가능하다. 이때 법령의 구체적 위임이 없이 설정·공표된 처분기준은 행정규칙에 불과하여 대외적 구속력이 없으므로, 처분의 적법성 판단기준인 재판규범이 될 수 없다.

4. 처분기준의 사전 공표의무 위반의 효과

(1) 학설 및 판례

학설은 ① 처분의 효력에 영향이 없다고 보는 부정설, ② 처분의 절차상 하자가 된다고 보는 절차하자설의 견해가 대립한다.

판례는 행정청이 미리 공표하지 않은 기준을 적용하였는지 여부는 처분의 적법성을 판단하는 결정적인 지표가 될 수 없다고 판시하였다.

(2) 검 토

행정청의 사전공표한 처분기준도 원칙적으로 법규성이 부정되므로 미리 공표되지 아니한 처분기준을 적용한 것만으로 처분이 위법하다고 볼 수는 없고, 처분기준이 상위법령이나 일반원칙을 위반한 구체적 사정이 있어야 처분이 위법하게 된다.

5. 처분기준과 다른 기준의 처분이 위법한지 여부

(1) 처분기준의 법규성이 인정되는 경우

처분기준의 법규성이 인정되면 기준위반인 처분은 성문법 위반으로 위법하다.

(2) 처분기준의 법규성이 부정되는 경우

기준위반인 처분은 곧바로 위법은 아니나, 처분기준이 일반원칙을 매개로 간접적 법규성이 인정되면 기준위반의 처분은 일반원칙 위반으로 위법한 처분이 된다.

판례도 재량준칙인 처분기준의 공표만으로는 보호가치 있는 신뢰를 부정하지만, 처분기준이 되풀이 시행되어 행정관행이 성립하는 경우 평등 또는 신뢰보호원칙에 따라 행정청은 자기구속을 받으므로, 공표된 처분기준과 다른 기준의 처분은 일반원칙 위반으로 위법하다고 본다.

91. 거부처분의 사전통지 대상성

▶ 23년 5급 / 22년 변시 / 13년 변시

원칙·부정 / 예외·갱신거부등 / 절충설

행정절차법 제21조(처분의 사전 통지)
① 행정청은 당사자에게 의무를 부과하거나 권익을 제한하는 처분을 하는 경우 미리 다음 각 호의 사항을 당사자등에게 통지하여야 한다.
④ 다음 각 호의 어느 하나에 해당하는 경우 제1항에 따른 통지를 하지 아니할 수 있다.
  1. 공공의 안전·복리를 위하여 긴급히 처분을 할 필요가 있는 경우
  2. 법령등에서 요구된 자격이 없거나 없어지게 되면 반드시 일정한 처분을 하여야 하는 경우 그 자격이 없거나 없어지게 된 사실이 법원의 재판 등에 의하여 객관적으로 증명된 경우
  3. 해당 처분의 성질상 의견청취가 현저히 곤란하거나 명백히 불필요하다고 인정될 만한 상당한 이유가 있는 경우

1. 사전통지의 의의

사전통지는 행정청이 불이익처분 전에 당사자에게 그 사실을 알려주는 것으로서, 그 취지는 행정청의 신중성·공정성 담보와 상대방의 예측가능성 및 방어기회 제공에 있다.

2. 거부처분이 사전통지의 대상인지 여부

(1) 문제점

신청에 대한 거부처분이 허가에 대한 기대이익의 침해로서 행정절차법 제21조 제1항 권익을 제한하는 처분에 해당하여 사전통지의 대상이 되는지 문제된다.

(2) 학설 및 판례

학설은 ① 신청에 대한 기대이익 침해와 영업의 자유 제한으로 보는 긍정설, ② 신청만으로 권익이 부여되지 않았다고 보는 부정설, ③ 갱신거부 등 특별한 사정이 있는 경우 예외를 인정하는 절충설이 대립한다.

판례는 특별한 사정이 없는 한 거부처분은 당사자의 권익을 제한하는 처분에 해당하지 않으므로 사전통지의 대상이 되지 않는다고 판시하였다.

(3) 검토

거부처분은 소극적 처분에 불과하여 권익을 제한하는 처분으로 볼 수 없으므로 원칙적으로 사전통지의 대상성을 부정하고, 갱신거부 등 특별한 사정이 있는 경우 예외를 인정하는 절충설이 타당하다고 본다.

92. 청 문

행정절차법 제21조(처분의 사전 통지)
① 행정청은 당사자에게 의무를 부과하거나 권익을 제한하는 처분을 하는 경우 미리 다음 각 호의 사항을 당사자등에게 통지하여야 한다. 〈각 호 생략〉
② 행정청은 청문을 하려면 청문이 시작되는 날부터 10일 전까지 제1항 각 호의 사항을 당사자등에게 통지하여야 한다.

제22조(의견청취)
① 행정청이 처분을 할 때 다음 각 호의 어느 하나에 해당하는 경우에는 청문을 한다.
  1. 다른 법령등에서 청문을 하도록 규정하고 있는 경우
  2. 행정청이 필요하다고 인정하는 경우
  3. 다음 각 목의 처분을 하는 경우
    가. 인허가 등의 취소 / 나. 신분·자격의 박탈 / 다. 법인이나 조합 등의 설립허가의 취소

1. 의 의

청문이란 행정청이 어떤 처분을 하기 전에 당사자 등의 의견을 직접 듣고 증거를 조사하는 절차를 말한다(행정절차법 제2조 제5호). 청문은 의견청취 및 증거조사 등 재판에 준하는 절차를 거쳐 행하는 의견진술절차이다.

2. 인정범위

① 다른 법령 등에서 청문을 하도록 규정(의무적 청문), ② 행정청이 필요하다고 인정(임의적 청문), ③ 인허가 취소, 신분·자격의 박탈, 법인·조합 등의 설립허가 취소(의무적 청문)

3. 청문절차의 예외

사전통지 면제사유(행정절차법 제21조 제4항), 당사자가 의견진술 기회포기의 뜻을 명백히 표시한 경우(제22조 제4항)

4. 판 례

판례는 협약체결로 청문절차를 배제할 수 없고, 상대방에 대한 청문통지서 반송 또는 상대방의 청문 불출석을 이유로 청문을 실시하지 않은 침해적 행정처분은 위법하고 취소사유로 본다.

5. 청문절차의 하자 치유

판례는 청문서 도달기간을 다소 어겼지만 상대방이 이의하지 아니한 채 청문일에 출석하여 의견을 진술하고 변명하는 등 방어의 기회를 충분히 가진 경우 하자의 치유를 긍정한다.

93. 사전통지 및 의견제출 절차의 예외사유 해당 여부

▶ 21년 5급

의견청취 예외사유 / 객관적 증명 / 처분여부, 처분수위 영향X

행정절차법 제21조(처분의 사전 통지)
④ 다음 각 호의 어느 하나에 해당하는 경우에는 제1항에 따른 통지를 하지 아니할 수 있다.
  1. 공공의 안전 또는 복리를 위하여 긴급히 처분을 할 필요가 있는 경우
  2. 법령등에서 요구된 자격이 없거나 없어지게 되면 반드시 일정한 처분을 하여야 하는 경우에 그 자격이 없거나 없어지게 된 사실이 법원의 재판 등에 의하여 객관적으로 증명된 경우
  3. 해당 처분의 성질상 의견청취가 현저히 곤란하거나 명백히 불필요하다고 인정될 만한 상당한 이유가 있는 경우

제22조(의견청취)
④ 제1항부터 제3항까지의 규정에도 불구하고 제21조제4항 각 호의 어느 하나에 해당하는 경우와 당사자가 의견진술의 기회를 포기한다는 뜻을 명백히 표시한 경우에는 의견청취를 하지 아니할 수 있다.

행정절차법 시행령 제13조(처분의 사전 통지 생략사유)
법 제21조 제4항·제5항에 따라 사전 통지를 아니할 수 있는 경우는 다음 각 호의 어느 하나에 해당하는 경우로 한다.
  2. 법원의 재판 또는 준사법적 절차를 거치는 행정기관의 결정 등에 따라 처분의 전제가 되는 사실이 객관적으로 증명되어 처분에 따른 의견청취가 불필요하다고 인정되는 경우

1. 행정절차법 제22조 제4항

사전통지의 예외사유에 해당하는 경우(제21조 제4항), 당사자가 의견진술의 기회를 포기한다는 뜻을 명백히 표시한 경우 의견청취절차의 예외사유에 해당한다.

2. 제21조 제4항 제2호 해당 여부

(1) 조 문

법원의 재판 등에 따라 처분의 전제가 되는 사실이 객관적으로 증명되어 처분에 따른 의견청취가 불필요하다고 인정되는 경우 의견청취절차의 예외사유에 해당한다(행정절차법 제21조, 제22조, 시행령 제13조 제2호).

(2) 판 례

판례는 법원의 재판 등에 따라 처분의 전제사실이 객관적으로 증명되어 의견청취가 불필요한 경우란 의견청취가 행정청의 처분 여부나 그 수위 결정에 영향을 미치지 못하는 경우로 본다.

(3) 검 토

의견청취가 처분 여부나 처분수위에 영향을 미치지 못한다면 무용한 절차에 불과하므로 해당 절차의 배제가 타당하다. 다만 재판 등으로 일부사실만 증명된 경우 또는 의견청취에 따라 처분 여부나 처분 수위가 달라질 수 있는 경우는 제외된다.

3. 제21조 제4항 제3호

 (1) 조 문

  처분의 성질상 의견청취가 현저히 곤란하거나 명백히 불필요하다고 인정될 만한 상당한 이유가 있는 경우 의견청취절차의 예외사유에 해당한다.

 (2) 판 례

  판례는 행정절차법 제21조 제4항 제3호 해당 여부는 처분의 성질에 비추어 판단하여야 하며, 상대방이 이미 행정청에 위반사실을 시인하였거나, 사전통지 이전에 의견진술 기회가 있었다는 사정을 고려하지 않는다고 판시하였다.

94. 행정절차법상 처분방식 위반 여부

▶ 23-1 / 20년 법행

문서 / 신속·경미 / 무효

행정절차법 제24조(처분의 방식)
① 행정청이 처분을 할 때에는 다른 법령등에 특별한 규정이 있는 경우를 제외하고는 문서로 하여야 하며, 다음 각 호의 어느 하나에 해당하는 경우에는 전자문서로 할 수 있다.
 1. 당사자등의 동의가 있는 경우
 2. 당사자가 전자문서로 처분을 신청한 경우
② 제1항에도 불구하고 공공의 안전 또는 복리를 위하여 긴급히 처분을 할 필요가 있거나 사안이 경미한 경우에는 말, 전화, 휴대전화를 이용한 문자 전송, 팩스 또는 전자우편 등 문서가 아닌 방법으로 처분을 할 수 있다. 이 경우 당사자가 요청하면 지체 없이 처분에 관한 문서를 주어야 한다.

1. 행정절차법 제24조 제1항

  행정청이 처분을 할 때 다른 법령에 특별한 규정이 있는 경우를 제외하고는 문서로 하여야 한다. 다만, 긴급히 처리할 필요가 있거나 경미한 경우 말로 할 수 있다.

2. 판 례

  행정절차법 제24조의 규정은 처분내용의 명확성을 확보하고 처분의 존부에 관한 다툼을 방지하여 처분상대방의 권익을 보호하기 위한 것이므로 이를 위반한 처분은 하자가 중대·명백하여 무효라고 판시하였다.

3. 사안의 경우

  이 사건 사증발급거부는 문서에 의한 처분방식의 예외로 「행정절차법」 제24조 제2항에서 정한 '긴급히 처분을 할 필요가 있거나 사안이 경미한 경우'에 해당하지 않는다. 따라서 사증발급 거부처분은 「행정절차법」 제24조 제1항에 위반된다.

95. 이유제시

근거 · 이유 / 쟁송편의 / 상당한 이유
처분서 · 법령 · 전체과정 / 구제절차 / 별다른 지장

> 행정절차법 제23조(처분의 이유 제시)
> ① 행정청은 처분을 할 때 다음 각 호의 어느 하나에 해당하는 경우를 제외하고는 당사자에게 그 근거와 이유를 제시하여야 한다.
>   1. 신청 내용을 모두 그대로 인정하는 처분
>   2. 단순 · 반복적인 처분 또는 경미한 처분으로서 당사자가 그 이유를 명백히 알 수 있는 경우
>   3. 긴급히 처분을 할 필요가 있는 경우
>
> Q. 철거통지서에는 철거 이유에 대한 구체적인 적시 없이 불법점유 상태이므로 철거하라고만 기재되어 있었다면, 이를 근거로 위 철거명령의 취소를 주장할 수 있겠는가?

1. 의의 및 취지

이유제시란 행정청이 처분시에 처분의 근거와 이유를 제시하는 것으로서, 그 취지는 행정의 신중성 · 공정성과 상대방 설득기능 및 쟁송편의 제공기능에 있다.

2. 이유제시의 내용 및 정도

(1) 이유제시의 내용

이유제시는 처분의 상대방이 어떠한 근거와 이유로 처분이 이루어진 것인지를 알 수 있을 정도의 상당한 이유를 제시해야 한다.

(2) 상당한 이유제시 여부

판례는 처분서 기재내용, 관계법령 및 처분에 이르는 전체과정 등을 종합적으로 고려하여, 당사자가 처분의 근거와 이유를 충분히 알 수 있어서 행정구제절차로 나아가는 데 별다른 지장이 없었다면 상당한 이유를 제시한 것으로 본다.

(3) 사안의 경우

처분에 이르는 전체과정을 종합적으로 고려할 때, 甲이 처분의 근거와 이유를 충분히 알 수 있어 구제절차로 나아가는데 별다른 지장이 없었으므로 상당한 이유가 제시된 것으로 본다.

3. 사안의 경우

'이 사건 처분'에 상당한 이유가 제시되었으므로 구체적 조항 및 내용을 명시하지 않아 이유제시의 하자로 위법하다는 甲의 주장은 타당하지 않다.

> A. 철거통지서에 철거 이유에 대한 구체적 적시가 없는 경우에 당사자가 철거명령의 근거를 알 수 있을 정도의 상당한 이유가 아니므로, 이유제시에 하자가 있고 이러한 절차상 하자는 독자적 위법사유이며 위법성 정도는 취소사유에 해당하여, 상대방은 위 철거명령의 취소를 주장할 수 있다.

96. 의제제도와 관계기관의 협의

의제 / 협의 / 동의설

행정기본법 제24조(인허가의제의 기준)
① "인허가의제"란 하나의 인허가(이하 "주된 인허가")를 받으면 법률로 정하는 바에 따라 그와 관련된 여러 인허가(이하 "관련 인허가")를 받은 것으로 보는 것을 말한다.
③ 주된 인허가 행정청은 주된 인허가를 하기 전에 관련 인허가에 관하여 미리 관련 인허가 행정청과 협의하여야 한다.

1. 의제제도의 의의

인·허가의제란 하나의 주된 인허가를 받으면 법률로 정하는 바에 따라 관련 인허가 받은 것으로 보는 것을 말한다(행정기본법 제24조 제1항). 그 취지는 절차 간소화와 민원인의 편의에 있다.

2. 관계행정기관의 협의의 의미

(1) 문제점

주된 인허가 행정청은 미리 관련 인허가 행정청과 협의를 거쳐야 한다(행정기본법 제24조 제3항), 이때 협의의 의미가 자문인지 동의인지 문제된다.

(2) 학설 및 판례

학설은 ① 민원인의 편의라는 의제제도의 취지를 강조하는 자문설(협의설), ② 실체집중부정설에 따라 관계행정청의 권한을 존중하는 동의설이 대립한다.

판례는 명확하지는 않으나 하급심 판례는 관계 행정기관과의 협의는 동의를 구하는 것으로서 사실상 합의를 뜻한다고 판시하였다.

(3) 검 토

논의의 실익은 협의절차 결여의 위법성 정도와 협의의 구속력 여부에 있다.
실체집중부정설을 취하는 한 의제되는 인허가를 담당하는 관계행정청의 권한을 존중해야 하므로 법 규정상의 '협의'를 '동의'로 해석하는 동의설이 타당하다고 본다.

3. 사안의 경우

협의절차를 거치지 않은 '이 사건 처분'은 무권한자의 처분으로 무효사유이다. 이와 달리 자문설에 따르면 취소사유에 불과하므로 공정력에 의해 유효하다.
동의설에 따르면 관련 인허가 행정청의 부동의 의견에 구속되므로 이에 반하는 처분은 불허되나, 자문설에 따르면 허용되므로 민원인에게 유리한 측면이 있다.

97. 의제제도와 집중효

▶ 24-3 / 23-3 / 21년 5급 / 20년 입시

관계기관·협의 / 절차집중·긍정 / 실체집중·부정

행정기본법 제24조(인허가의제의 기준)
① "인허가의제"란 하나의 인허가(이하 "주된 인허가")를 받으면 법률로 정하는 바에 따라 그와 관련된 여러 인허가(이하 "관련 인허가")를 받은 것으로 보는 것을 말한다.
⑤ 협의를 요청받은 관련 인허가 행정청은 해당 법령을 위반하여 협의에 응해서는 아니 된다. 다만, 관련 인허가에 필요한 심의, 의견 청취 등 절차에 관하여 법률에 인허가의제 시에도 해당 절차를 거친다는 명시적인 규정이 있는 경우에만 이를 거친다.

국토계획법 제59조(개발행위에 대한 도시계획위원회의 심의)
① 관계 행정기관의 장은....다른 법률에 따라 인가·허가·승인 또는 협의를 하려면 대통령령으로 정하는 바에 따라 중앙도시계획위원회나 지방도시계획위원회의 심의를 거쳐야 한다.

1. 의제범위(집중효)

(1) 문제점

인·허가의제의 경우 관련 인허가의 절차요건과 실체요건이 주된 인허가의 절차요건과 실체요건에 집중되어 별도로 거칠 필요가 없는지 의제범위가 문제된다.

(2) 학설 및 판례

학설은 ① 관할집중설, ② 절차집중설, ③ 이해관계 있는 제3자와 관련된 절차는 거쳐야 한다고 보는 제한적 절차집중설, ④ 실체적 요건에도 엄격히 구속되지는 않고 비교형량의 요소로 고려하면 족하다는 제한적 실체집중설이 대립한다.

판례는 관계기관의 협의를 거쳤다면 관련 인허가 절차는 별도로 거칠 필요가 없다고 보고, 관련 인허가 요건을 충족하지 못한 경우 주된 인허가를 거부할 수 있다고 본다.

(3) 검 토

의제제도가 의제되는 인허가의 실체요건에 대한 일체의 심사를 배제하는 취지는 아니므로, 절차 간소화와 이해관계인의 절차권 보호를 조화하는 제한적 절차집중설이 타당하다고 본다.

행정기본법 제24조 제5항 본문은 실체집중을 부정하고, 단서에서 법률에 관련 인허가 절차를 거친다는 특별한 규정이 없는 한 원칙적으로 절차집중을 긍정한다.

2. 사안의 경우

개발행위허가의 요건을 갖추지 못하였음을 이유로 건축신고를 반려한 것은 일응 적법하다.

98. 건축법상 건축허가와 국토계획법상 개발행위허가

▶ 24-3 / 23-3 / 21년 5급 / 20년 입시

장래 요건완비 가능성 / 명시적 조건 or 묵시적 전제 / 주된허가 발령 可

국토계획법 제56조(개발행위의 허가)
① 다음 각 호의 어느 하나에 해당하는 행위로서 대통령령으로 정하는 행위(이하 "개발행위")를 하려는 자는 특별시장 등의 허가를 받아야 한다.
 1. 건축물의 건축 또는 공작물의 설치
 2. 토지의 형질 변경

1. 의제처리 신청의무가 있는지 여부

(1) 원 칙

판례는 의제제도가 사업시행자의 이익을 위한 것이므로, 반드시 관련 인허가 의제처리 신청의무가 있는 것은 아니고, 각각 별도의 신청이 가능하다고 본다.

(2) 예 외

판례는 건축법상 건축허가와 국토계획법상 개발행위허가(건축물의 건축)은 의제제도를 통해 두 허가의 발급 여부가 동시에 심사·결정되도록 하여야 한다고 본다.

2. 건축법상 건축허가와 국토계획법상 개발행위허가(토지형질변경)의 관계

(1) 건축허가의 '부지 확보'의 의미

'부지 확보'란 건축주의 사용권원 뿐만 아니라 관계 법령상 건축이 허용되는 법적 성질을 포함한다. 따라서 건축이 가능한 용도변경을 위해 국토계획법 제56조 제1항의 개발행위허가(토지형질변경)를 받아 지목변경을 신청해야 한다.

(2) 개발행위허가(토지형질변경) 요건을 완비하지 못한 경우

판례는 부지확보 요건을 완비하지 못한 경우 가까운 장래에 요건을 갖출 가능성이 높다면, 추후 별도로 국토계획법상 허가를 받을 것을 명시적 조건 또는 묵시적 전제로 건축법상 건축허가를 발급할 수 있다고 본다.

다만, 건축허가 후 개발행위허가 절차이행을 거부한 경우 또는 개발행위허가 발급가능성이 소멸한 경우 이미 발급된 건축허가를 직권취소·철회해야 한다.

3. 건축법상 건축허가와 국토계획법상 개발행위허가(건축물의 건축)의 관계

판례는 행정청이 건축법상 건축허가를 발급하면서 국토계획법상 개발행위허가(건축물의 건축)가 의제되지 않은 것으로 처리하여서는 안 되고, 건축법상 건축허가의 발급을 거부하여야 한다고 판시하였다.

99. 인·허가의제와 소의 대상

▶ 24-3 / 21년 5급

거부시 / 의제효과無 / 주된 인허가거부만
인용시 / 의제효과有 / 의제 인허가 별도 소대상

1. 인허가의제와 소의 대상 – 의제되는 인허가의 실재성 여부

(1) 문제점

인허가의제의 경우 주된 인허가와 별도로 관련 인허가의 인용 또는 거부처분이 별도로 쟁송대상이 될 수 있는지 문제된다.

(2) 학설 및 판례

학설은 ① 관련 인허가는 실재하지 않으므로 별도의 쟁송대상이 아니라는 부정설, ② 관련 인허가도 실체집중부정설에 따라 실재한다고 보는 긍정설이 대립한다.

판례는 의제 효과가 없는 경우 주된 인허가 거부처분에 대한 쟁송에서 관련 인허가의 거부사유를 다툴 수 있을 뿐이고, 의제 효과가 있는 경우 의제되는 인허가는 통상의 인허가와 동일한 효력을 가지므로 별도의 쟁송대상이 된다고 본다.

(3) 검 토

의제효과가 없는 경우 대외적으로 주된 인허가 거부만 발령되므로 주된 인허가 거부처분만 쟁송대상이 되고, 의제효과가 있는 경우 복수의 인허가가 발령되고, 관련 인허가는 통상의 인허가와 동일한 효력이 있으므로 별도의 쟁송대상이 된다.

[별도 목차의 경우]

1. 의제 효과가 없는 경우 소의 대상

(1) 판 례

판례는 의제 효과가 없는 경우 주된 인허가 거부처분에 대한 쟁송에서 관련 인허가의 거부사유를 다툴 수 있을 뿐이라고 판시하였다.

(2) 검 토

의제효과가 없는 경우 대외적으로 하나의 인허가 거부처분만 발령되므로 관련 인허가 거부처분은 실재하지 않는다. 따라서 주된 인허가 거부처분만 소의 대상이 된다.

따라서 주된 인허가에 대한 취소소송에서 관련 인허가의 거부사유를 다툴 수 있을 뿐이고, 취소판결 확정시 기속력의 재처분의무에 따라 권리구제가 가능하다.

2. 의제된 관련 인허가를 별도로 다툴 수 있는지 여부

(1) 판 례

판례는 부분인허가의제가 인정된다는 점, 관련 인허가에 관한 개별법상 일체의 요건심사를 배제하는 취지는 아니라는 점, 의제된 인허가는 통상의 인허가와 동일한 효력으로 존재한다는 점에서 관련 인허가도 별도로 소의 대상이 된다고 본다.

(2) 검 토

통상의 인허가와 동일한 효력이 있는 의제된 관련 인허가의 효력만을 제거하기 위한 법적 수단으로 의제된 관련 인허가의 취소 또는 철회의 필요성이 인정된다. 따라서 처분청의 직권취소·직권철회 또는 별도로 쟁송취소의 대상이 된다.

3. 의제된 인허가 취소의 경우 주된 인허가의 효력

판례는 의제된 인허가 중 일부를 취소·철회하면, 이를 제외한 나머지 인허가만 의제된 상태가 되고, 취소·철회된 인허가의 재인허가가 불가한 경우 주된 인허가 자체를 취소할 수 있다고 본다.

100. 선승인후협의제 및 부분인허가 의제제도

판례 / 부분인허가 의제 / 긍정

주한미군 공여구역주변지역 등 지원 특별법 제29조(인·허가등의 의제)
① 사업 시행승인 등이 있는 때에는 … 관계 중앙행정기관장 및 지방자치단체장과 미리 협의한 사항에 대하여는 그 인·허가등을 받은 것으로 본다. [부분인허가의제]
③ 「토지보상법」 제4조에 따른 공익사업을 시급하게 시행할 필요가 있고, … 사업시행을 위한 중요한 사항에 대한 협의가 있은 경우 필요한 모든 사항에 대한 협의가 끝나지 아니하더라도 그 필요한 협의가 완료될 것을 조건으로 … 사업의 시행승인 등을 할 수 있다. [선승인후협의제]

1. 선승인후협의제 의의

선승인후협의제란 관계기관과의 협의완료 전에 공익상 긴급한 필요가 있고 사업시행의 중요사항 협의가 있는 경우 협의완료를 조건으로 사업시행승인·인가를 하는 제도이다.

2. 부분인허가 의제제도의 의의

부분인허가 의제제도란 의제되는 인허가 중 일부에 대해서만 협의가 완료된 경우 민원인의 요청이 있으면 협의완료된 일부 인허가만 의제되는 것으로 보는 제도이다.

3. 법적 근거

선승인후협의제는 법적 근거가 필요하지만, 부분·인허가의제제도는 명문의 법적 근거 없이도 가능한 것으로 본다. 「미군공여구역법」은 부분인허가의제와 선승인후협의제를 규정하고 있다.

4. 법적 효과

선승인후협의제는 협의완료되지 않은 인허가도 의제되고, 완료되지 않은 협의를 추후에 완료해야 한다. 반면 부분인허가의제는 협의완료된 부분에 한하여 인허가 등이 의제된다.

5. 판 례

판례는 모든 의제사항을 일괄하여 사전협의를 거칠 필요는 없고, 주된 인허가 후에 관계기관의 협의를 거치면 그때 해당 인허가가 의제된다고 판시하여 부분인허가의제를 긍정하였다.

101. 절차상 하자의 독자적 위법성 여부

▶ 20년 5급 / 16년 변시 / 13년 변시

절차상 하자 / 독자적 위법사유 / 위법성 정도

1. 절차상 하자의 독자적 위법성

(1) 문제점

행정행위의 절차상 하자가 있는 경우 실체상 하자와 별도로 독자적인 위법사유가 될 수 있는지 문제된다.

(2) 학설 및 판례

학설은 ① 행정절차는 수단에 불과하다고 보는 소극설, ② 헌법상 적법절차원칙을 강조하는 적극설, ③ 기속행위는 부정, 재량행위는 긍정하는 절충설, ④ 개별적 결정설이 대립하고, 판례는 절차상 하자를 독자적 위법사유로 판시하였다.

(3) 검 토

논의의 실익은 행정경제 측면과 적법절차의 중요성이 충돌하는 사안이다.

실질적 법치주의에서 적법절차의 중요성이 강조되고, 행정절차법 제정의 입법 취지를 고려할 때 독자적 위법사유 긍정설이 타당하다고 본다.

2. 절차상 하자의 위법성 정도

(1) 학설 및 판례

학설은 ① 적법절차원칙을 중시하는 무효사유설, ② 행정절차는 실체법상의 목적 달성을 위한 수단에 불과하다고 보는 취소사유설이 대립하고, 판례는 중대명백설에 따라 절차상 하자를 취소사유로 본다.

(2) 검 토

절차상 하자의 중대성이 인정되거나 개별법에 규정된 절차상 하자의 명백성이 인정되는 특별한 사정이 없는 한, 절차상 하자는 중대성을 결여하여 취소사유에 해당한다고 본다.

제 9 장
행정정보공개와 개인정보보호제도

- 102 청구인의 정보공개청구와 정보공개청구의 남용
- 103 정보비공개결정이 거부처분인지 여부
- 104 전보비공개결정 취소소송의 기타 소송요건
- 105 비공개대상정보
- 106 정보공개법 제9조 제1항 제1호
- 107 정보공개법 제9조 제1항 제2호·제3호
- 108 정보공개법 제9조 제1항 제4호
- 109 정보공개법 제9조 제1항 제5호
- 110 정보공개법 제9조 제1항 제6호
- 111 정보공개법 제9조 제1항 제7호
- 112 비공개결정에 대한 불복방법
- 113 정보공개법 제14조 부분공개
- 114 비공개사유의 추가·변경과 취소판결의 실효성
- 115 정보공개에 대한 제3자의 권리보호

102. 청구인의 정보공개청구와 정보공개청구의 남용

▶ 22-3

내용·범위 특정 / 특정한 공개방법 지정 / 권리남용 명백

1. 의 의

청구인은 정보를 보유·관리하고 있는 공공기관에 정보공개 청구서를 제출하거나 말로써 공개청구할 수 있다(정보공개법 제10조 제1항). 이때 청구인의 인적사항(제1호, 제2호), 공개청구하는 정보내용 및 공개방법(제3호)를 기재하여야 한다.

2. 정보의 내용·범위의 특정

청구서에 대상정보 기재는 사회일반인 관점에서 그 내용·범위를 확정할 수 있을 정도로 특정해야 한다. 판례는 주택공사의 분양가 등의 정보공개청구과 관련하여 관련자료 일체에 대한 부분은 그 내용과 범위가 특정되지 않았다고 판시하였다.

3. 청구인의 공개방법 지정

판례는 국민의 알권리 보장이라는 입법취지상 청구인에게는 특정한 공개방법을 지정하여 정보공개를 청구할 수 있는 법령상 신청권이 있다고 판시하였다.

4. 공공기관의 정보공개 결정

판례는 정보공개법은 정보공개청구의 목적에 특별한 제한을 두지 않으므로 청구권자의 권리구제 가능성 등은 정보공개 결정에 아무런 영향을 미치지 못한다고 본다.

5. 정보공개청구의 남용

판례는 해당 정보를 활용할 의사가 전혀없이 사회통념상 용인될 수 없는 부당이득을 얻거나, 오로지 공공기관을 괴롭힐 목적으로 정보공개청구를 하는 경우처럼 권리남용이 명백한 경우 정보공개청구권의 행사는 허용되지 않는다고 판시하였다.

103. 정보비공개결정이 거부처분인지 여부

거부처분성립요건 / 신청권 필요성 / 법규상 신청권
자연인·법인 / 비법인 / 설립목적 불문

> **정보공개법 제5조(정보공개 청구권자)**
> ① 모든 국민은 정보의 공개를 청구할 권리를 가진다.
> ② 외국인의 정보공개 청구에 관하여는 대통령령으로 정한다.

1. 거부처분의 성립 요건 – 신청권 필요성 여부

(1) 문제점

행정소송법 제2조 제1항 제1호의 처분개념에는 신청권을 요건으로 하지 않는 바, 거부처분에 신청권이 필요한지 견해 다툼이 있다.

(2) 학설 및 판례

학설은 ① 신청권을 본안문제로 보는 본안문제설, ② 원고적격의 법률상 이익으로 보는 원고적격설, ③ 거부처분의 요건으로 보는 대상적격설이 대립한다.

판례는 거부처분의 성립요건으로 보는 대상적격설을 취하고, 이때 신청권이란 구체적 사건에서 신청인이 누구인지를 고려하지 않고 관계법규의 해석을 통해 일반국민에게 추상적으로 인정되는 응답받을 권리로 본다.

(3) 검 토

원고적격설은 처분개념에 따라 거부처분의 성립 여부를 판단하고 신청권은 공권인 법률상 이익으로 본다. 이와 달리 대상적격설은 신청권을 원고적격의 주관적 공권이 아닌 객관적 공권으로 본다. 이하 판례에 따라 대상적격설로 검토한다.

2. 법규상 신청권 인정 여부(정보공개법 제5조 제1항)

(1) 국민의 의미

모든 국민은 정보공개청구권을 가진다. 국민에는 자연인·법인과 권리능력 없는 법인도 포함되고 설립목적도 불문하며, 지방자치단체는 제외되나, 외국인은 일정한 요건 하에 인정된다.

(2) 정보공개청구권

정보공개청구권에는 일반적 정보공개청구을 포함하고, 특정한 공개방법을 지정할 법령상 신청권을 포함한다. 판례는 신청한 공개방법 이외의 방법으로 공개결정을 한 경우 공개방법 부분에 대하여 일부 거부처분이 있는 것으로 보고, 항고소송으로 다툴 수 있다고 판시하였다.

104. 정보비공개결정 취소소송의 기타 소송요건

구체적 권리 / 거부자체 / 현재 보유·관리

1. 원고적격

    정보공개청구권은 법률상 보호되는 구체적 권리로서 직접적인 이해관계가 없는 경우에도 정보공개를 청구하였다가 거부처분을 받은 것 자체가 법률상 이익의 침해에 해당한다.

2. 협의의 소이익

    1) 공공기관이 정보를 보유·관리하고 있어야 한다. 현재 보유·관리하고 있을 상당한 개연성은 공개청구권자, 더 이상 보유·관리하고 있지 않다는 점은 공공기관에게 증명책임이 있다.
    2) 판례는 정보가 이미 널리 알려져 있거나, 인터넷검색·도서관열람 등을 통해 쉽게 알 수 있는 경우에도 소이익이 없다거나 비공개결정이 정당화될 수는 없다고 판시하였다.

105. 비공개대상정보

공개이익 / 비공개이익 / 이익형량

1. 비공개대상정보의 의의

    비공개대상정보란 공공기관이 공개 거부할 수 있는 정보를 말하며, 절대적인 비공개사유가 아닌 이익형량이 필요한 상대적 비공개사유이고, 한정적으로 열거되어 있다.

2. 정보공개법 제9조 제1항 각 호 (후설, 141쪽 이하)

3. 사안의 경우

    사안의 경우, 비공개로 보호되는 비공개 이익과 공개로 보호되는 국민의 알권리 보장, 국정에 대한 국민참여, 국정운영의 투명성 확보 등의 공개이익을 비교형량하여 개별적으로 결정하여야 한다.

106. 정보공개법 제9조 제1항 제1호

법률 / 법규명령 / 정보공개 · 위임

정보공개법 제9조(비공개 대상 정보)
① 공공기관이 보유·관리하는 정보는 공개 대상이 된다. 다만, 다음 각 호의 어느 하나에 해당하는 정보는 공개하지 아니할 수 있다.
  1. 다른 법률 또는 법률에서 위임한 명령(국회규칙·대법원규칙·헌법재판소규칙·중앙선거관리위원회규칙·대통령령 및 조례로 한정)에 따라 비밀이나 비공개 사항으로 규정된 정보

1. 다른 법률

국가정보원법은 제1호의 다른 법률에 해당하고, 국가공무원법 제60조(비밀 엄수의 의무)는 견해 다툼은 있으나 제1호의 다른 법률에 해당하지 않는다고 본다.

2. 명령의 의미

제1호의 명령이란 정보공개에 관하여 법률의 구체적 위임에 의해 제정된 법규명령을 의미하므로, 구체적 위임이 없거나 정보공개에 관한 위임이 아닌 경우에는 해당하지 않는다. (판례는 위임이 없는 검찰보존사무규칙은 행정규칙에 불과하고, 위임은 있으나 정보공개에 관한 위임이 아닌 교육공무원승진규정은 제1호의 명령에 해당하지 않는다고 판시하였다)

107. 정보공개법 제9조 제1항 제2호·제3호

국가안전보장 / 보안관찰자료

정보공개법 제9조(비공개 대상 정보)
① 공공기관이 보유·관리하는 정보는 공개 대상이 된다. 다만, 다음 각 호의 어느 하나에 해당하는 정보는 공개하지 아니할 수 있다.
  2. 국가안전보장·국방·통일·외교관계 등에 관한 사항으로서 공개될 경우 국가의 중대한 이익을 현저히 해칠 우려가 있다고 인정되는 정보
  3. 공개될 경우 국민의 생명·신체 및 재산의 보호에 현저한 지장을 초래할 우려가 있다고 인정되는 정보

1. 조 문

국가안전보장, 국방, 통일, 외교 등 국가의 중대한 이익을 현저히 해칠 우려가 있는 정보(제2호), 국민의 생명·신체·재산 보호에 현저한 지장을 초래할 우려가 있는 정보(제3호)

2. 판 례

판례는 보안관찰법 소정의 보안관찰 자료는 제2호 또는 제3호에 해당한다고 판시하였다.

108. 정보공개법 제9조 제1항 제4호

▶ 23-1

소송기록 / 재판관련 일체 / 구체적 영향

정보공개법 제9조(비공개 대상 정보)
① 공공기관이 보유·관리하는 정보는 공개 대상이 된다. 다만, 다음 각 호의 어느 하나에 해당하는 정보는 공개하지 아니할 수 있다.
  4. 진행 중인 재판에 관련된 정보와 범죄의 예방, 수사, 공소의 제기·유지, 형의 집행, 교정, 보안처분에 관한 사항으로서 공개될 경우 그 직무수행을 현저히 곤란하게 하거나 형사피고인의 공정한 재판을 받을 권리를 침해한다고 인정할 만한 상당한 이유가 있는 정보

1. 조 문

진행 중인 재판, 범죄예방, 수사, 공소, 형집행, 교정, 보안처분 등 공개될 경우 직무수행을 현저히 곤란하게 하거나 공정한 재판받을 권리침해를 인정할 만한 상당한 이유 있는 정보.

2. 진행 중인 재판에 관련된 정보의 범위

판례는 재판의 소송기록 자체에 포함된 내용일 필요는 없고, 재판관련 일체의 정보는 아니며 재판의 심리·결과에 구체적 영향을 미칠 위험 있는 정보에 한정된다고 판시하였다.

3. 수사에 관한 사항의 판단기준

판례에 따르면, 실질적 내용을 구체적으로 살펴 수사방법 공개가 수사기관의 직무수행을 현저히 곤란하게 할 상당한 이유가 있어야 하므로, 수가기록 의견서, 보고문서, 메모 등이 곧바로 제4호의 비공개 대상 정보에 해당하는 것은 아니다.

109. 정보공개법 제9조 제1항 제5호

객관적 / 현저한 지장 / 고도의 개연성

정보공개법 제9조(비공개 대상 정보)
① 공공기관이 보유·관리하는 정보는 공개 대상이 된다. 다만, 다음 각 호의 어느 하나에 해당하는 정보는 공개하지 아니할 수 있다.
5. 감사·감독·검사·시험·규제·입찰계약·기술개발·인사관리에 관한 사항이나 의사결정과정 또는 내부검토 과정에 있는 사항 등으로서 공개될 경우 업무의 공정한 수행이나 연구·개발에 현저한 지장을 초래한다고 인정할 만한 상당한 이유가 있는 정보. 다만, 의사결정·내부검토 과정을 이유로 비공개할 경우 제13조제5항에 따라 통지를 할 때 의사결정·내부검토 과정의 단계 및 종료 예정일을 함께 안내하여야 하며, 의사결정·내부검토 과정이 종료되면 제10조에 따른 청구인에게 이를 통지하여야 한다.

1. 조 문

감사, 감독, 시험, 의사결정·내부검토 과정에 있는 사항 등으로서 공개될 경우 업무의 공정한 수행이나 연구개발에 현저한 지장을 초래한다고 인정할 만한 상당한 이유가 있는 정보

2. 의사결정 과정에 있는 사항의 범위

판례는 제5호를 예시 규정으로 보고, 의사결정 과정에 제공된 회의관련자료 및 회의록은 의사결정 과정에 준하는 자료로서, 결정의 대외적 공표 전에는 제5호 비공개정보에 해당한다고 판시하였다.

3. 업무의 공정한 수행에 현저한 지장을 초래할 상당한 이유의 의미

판례는 입법 취지에 비추어 공개될 경우 업무의 공정한 수행이 객관적으로 현저하게 지장을 받을 고도의 개연성이 있는 경우로서 이익형량을 통해 신중하게 결정해야 한다고 판시하였다.

4. 시험에 관한 사항의 판단기준

판례는 입법 취지, 시험의 성격, 공개내용과 공개로 인한 업무증가, 파급효과 등을 종합하여 개별적으로 결정해야 한다고 판시하였다.

(판례는 사법시험 제2차시험 답안지는 공개정보, 문제은행 출제방식인 치과의사 국가시험의 문제지와 정답지는 제5호 비공개정보로 판시하였다)

110. 정보공개법 제9조 제1항 제6호

▶ 23-1 / 22-3

개인식별정보 / 정보내용 / 피신조서
다목 / 사생활비밀 / 구제이익 / 이익형량 / 구제가능성

정보공개법 제9조(비공개 대상 정보)
① 공공기관이 보유·관리하는 정보는 공개 대상이 된다. 다만, 다음 각 호의 어느 하나에 해당하는 정보는 공개하지 아니할 수 있다.
  6. 해당 정보에 포함되어 있는 성명·주민등록번호 등 … 개인정보로서 공개될 경우 사생활의 비밀 또는 자유를 침해할 우려가 있다고 인정되는 정보. 다만, 다음 각 목에 열거한 사항은 제외한다.
    가. 법령에서 정하는 바에 따라 열람할 수 있는 정보
    나. 공공기관이 공표를 목적으로 작성·취득한 정보로서 사생활의 비밀 또는 자유를 부당하게 침해하지 아니하는 정보
    다. 공공기관이 작성하거나 취득한 정보로서 공개하는 것이 공익이나 개인의 권리 구제를 위하여 필요하다고 인정되는 정보
    라. 직무를 수행한 공무원의 성명·직위
    마. 공개하는 것이 공익을 위하여 필요한 경우로서 법령에 따라 국가 또는 지방자치단체가 업무의 일부를 위탁 또는 위촉한 개인의 성명·직업

1. 조 문

성명·주민등록번호 등 개인에 관한 사항으로서 공개될 경우 사생활의 비밀 또는 자유를 침해할 우려가 있는 정보의 경우 단서를 제외하고는 비공개대상정보에 해당한다.

2. 개인에 관한 사항의 범위

판례는 이름·주민등록번호 등 개인식별정보뿐만 아니라, 정보내용도 개인의 내밀한 비밀 등이 알려질 수 있는 위험성 있는 정보에 포함된다고 판시하였다. (판례는 피의자신문조서의 피의자 인적사항 이외의 진술내용 역시 제6호 비공개정보로 판시)

3. 개인의 권리 구제를 위하여 필요하다고 인정되는 정보(다목)

판례는 비공개로 보호되는 개인의 사생활 비밀의 이익과 공개로 보호되는 개인의 권리구제 이익을 비교형량하여 결정하되, 권리구제 가능성은 아무런 영향을 미치지 못한다고 판시하였다.

111. 정보공개법 제9조 제1항 제7호

일체 정보 / (거부)정당한 이익 / 엄격
국민 감시필요 / 공익법인 / 보다 소극

정보공개법 제9조(비공개 대상 정보)
① 공공기관이 보유·관리하는 정보는 공개 대상이 된다. 다만, 다음 각 호의 어느 하나에 해당하는 정보는 공개하지 아니할 수 있다.
  7. 법인·단체 또는 개인의 경영상·영업상 비밀에 관한 사항으로서 공개될 경우 법인등의 정당한 이익을 현저히 해칠 우려가 있다고 인정되는 정보. 다만, 다음 각 목에 열거한 정보는 제외한다.
    가. 사업활동에 의하여 발생하는 위해(危害)로부터 사람의 생명·신체 또는 건강을 보호하기 위하여 공개할 필요가 있는 정보
    나. 위법·부당한 사업활동으로부터 국민의 재산 또는 생활을 보호하기 위하여 공개할 필요가 있는 정보

1. 조 문

법인·단체 또는 개인의 경영상·영업상 비밀에 관한 사항으로서 공개될 경우 법인 등의 정당한 이익을 현저히 해칠 우려 있는 정보로서 사람의 생명·신체, 재산에 관한 정보는 제외.

2. 경영상·영업상 비밀의 의미

판례는 타인에게 알려지지 아니함이 유리한 일체의 정보로서, 공개거부의 정당한 이익은 입법 취지상 엄격히 판단하고, 국민의 감시필요성이 큰 공익법인은 보다 소극적으로 판단한다.

112. 비공개결정에 대한 불복방법

이의신청 / 행정심판 / 행정소송

정보공개법 제18조(이의신청); 제19조(행정심판)
제20조(행정소송)
① 청구인이 정보공개와 관련한 공공기관의 결정에 대하여 불복이 있거나 정보공개 청구 후 20일이 경과하도록 정보공개 결정이 없는 때에는 「행정소송법」에서 정하는 바에 따라 행정소송을 제기할 수 있다.
② 재판장은 필요하다고 인정하면 당사자를 참여시키지 아니하고 제출된 공개 청구 정보를 비공개로 열람·심사할 수 있다.

행정소송규칙 제11조(비공개 정보의 열람·심사)
① 재판장은 「정보공개법」 제20조제1항에 따른 취소소송 사건 등 심리를 위해 같은 법 제20조제2항에 따른 비공개 열람·심사를 하는 경우 피고에게 공개 청구된 정보의 원본 또는 사본·복제물의 제출을 명할 수 있다.
② 제1항에 따른 제출 명령을 받은 피고는 변론기일 또는 심문기일에 해당 자료를 제출하여야 한다. - 이하 생략

1. 이의신청(제18조)

    청구인이 정보공개 결정통지를 받은 날 또는 청구 후 20일이 경과한 날부터 30일 이내에 해당 공공기관에 문서로 이의신청을 할 수 있다.

2. 행정심판(제19조)

    (1) 쟁송방법

    공공기관의 비공개결정에 대해서는 거부처분취소심판과 의무이행심판이 가능하다.

    (2) 가구제

    거부처분의 집행정지는 부정되고, 정보공개의 임시처분은 본안판단을 대체하여 가구제의 취지에 반하므로 허용되지 않는다.

    (3) 인용재결과 재처분의무

    취소재결의 경우 제49조 제2항, 처분명령재결의 경우 제49조 제3항에 근거하여 기속력과 재처분의무가 인정된다.

    (4) 재처분의무 불이행시 실효성 확보수단
    1) 직접적인 실효성 확보수단

    의무이행심판의 처분명령재결의 경우 제50조 제1항은 적용되나, 위원회가 당해 정보를 보유하지 않으면 제50조 제1항 단서에 해당하여 직접처분은 불가능하다.

2) 간접적인 실효성 확보수단

신설된 제50조의2 위원회의 간접강제 신청이 실효적인 권리구제수단이 된다.

3. 행정소송(제20조)

(1) 의무이행소송

행정소송법 제4조의 해석상 의무이행소송 인정 여부가 문제되나 판례는 이를 부정한다.

(2) 거부처분취소소송(전술)

(3) 부작위위법확인소송

구 정보공개법의 간주거부조항을 삭제하였으므로 정보공개 청구 후 20일이 경과하도록 정보공개 결정이 없는 경우 부작위위법확인소송을 제기할 수 있다.

(4) 가구제

거부처분의 집행정지는 부정되고, 가처분은 「민사집행법」이 준용되지 않는다. 다만, 정보공개결정에 대한 제3자의 항고소송에서는 가구제로서 집행정지가 인정된다.

113. 정보공개법 제14조 부분공개

▶ 23-1

분리㎡ / 물리적X / 공개가치O

정보공개법 제14조(부분 공개)
공개 청구한 정보가 제9조제1항 각 호의 어느 하나에 해당하는 부분과 공개 가능한 부분이 혼합되어 있는 경우로서 공개 청구의 취지에 어긋나지 아니하는 범위에서 두 부분을 분리할 수 있는 경우에는 제9조제1항 각 호의 어느 하나에 해당하는 부분을 제외하고 공개하여야 한다.

1. 조 문

공개 청구한 정보에 비공개정보와 공개 가능한 정보가 혼합되어 있는 경우 청구취지에 어긋나지 아니하는 범위에서 분리 가능하면 비공개정보 부분을 제외하고 공개하여야 한다.

2. 분리할 수 있는 경우의 의미

판례는 물리적 분리가능성이 아닌, 비공개정보를 제외하고 나머지 정보만을 공개하는 것이 가능하고, 나머지 부분의 정보만으로도 공개가치 있는 경우를 의미한다고 판시하였다.

3. 법원의 판결

법원은 공개거부된 정보 중 공개가능한 부분을 특정하고, 판결 주문에 정보공개거부처분 중 공개가능한 정보부분만을 취소한다고 표시하여야 한다.

114. 비공개사유의 추가·변경과 취소판결의 실효성

▶ 18년 입시

기사동X / 처추변X / 34조 간접강제

1. 처분사유 추가·변경 인정 여부

「정보공개법」 제9조 제1항 각 호는 근거와 입법 취지가 다르고, 그 내용과 범위 및 요건이 다르므로 기본적 사실관계 동일성이 부정되어 처분사유의 추가·변경이 허용되지 않는다.

2. 비공개결정 취소판결의 실효성 확보수단

행정소송법 제34조 간접강제제도에 의해 공개지연 기간에 따라 일정한 배상을 명하거나 즉시 손해배상을 할 것을 명할 수 있다.

115. 정보공개에 대한 제3자의 권리보호

비공개요청 / 이의신청·행정쟁송 / 소송참가

정보공개법 제11조(정보공개 여부의 결정)
③ 공공기관은 공개 청구된 공개 대상 정보의 전부 또는 일부가 제3자와 관련이 있다고 인정할 때에는 그 사실을 제3자에게 지체 없이 통지하여야 하며, 필요한 경우 그의 의견을 들을 수 있다.

제21조(제3자의 비공개 요청 등)
① 제11조제3항에 따라 공개 청구된 사실을 통지받은 제3자는 그 통지를 받은 날부터 3일 이내에 해당 공공기관에 자신과 관련된 정보를 공개하지 아니할 것을 요청할 수 있다.
② 제1항에 따른 비공개 요청에도 불구하고 공공기관이 공개 결정을 할 때에는 공개 결정 이유와 공개 실시일을 분명히 밝혀 지체 없이 문서로 통지하여야 하며, 제3자는 해당 공공기관에 문서로 이의신청을 하거나 행정심판 또는 행정소송을 제기할 수 있다. 이 경우 이의신청은 통지를 받은 날부터 7일 이내에 하여야 한다.

1. 비공개 요청

「정보공개법」 제11조 제3항에 따라 자신과 관련된 정보의 공개 청구를 통지받은 제3자는 통지를 받은 날부터 3일 이내에 해당 공공기관에 대하여 비공개를 요청할 수 있다(정보공개법 제21조 제1항).

2. 이의신청, 행정심판, 행정소송

제3자의 비공개 요청에도 불구하고 공공기관이 공개 결정을 하는 경우 제3자는 문서로 이의신청을 하거나 행정심판 또는 행정소송을 제기할 수 있다.

3. 소송참가

제3자에 관한 정보의 공개가 거부된 경우 공개청구권자가 거부취소소송을 제기하면 제3자는 행정소송법 제16조에 따라 소송참가가 가능하다.

제 10 장
행정의 실효성 확보수단

- 116 대집행의 의의 및 요건
- 117 토지·건물 등의 인도·명도의무와 대집행
- 118 결합계고의 적법성과 반복계고의 처분성
- 119 대집행의 실행
- 120 대집행에 대한 권리구제
- 121 이행강제금의 의의 및 요건
- 122 직접강제
- 123 행정상 강제징수
- 124 행정상 즉시강제
- 125 행정질서벌(과태료)
- 126 과징금
- 127 명단공표의 법적 성질

116. 대집행의 의의 및 요건

공·대·작 / 다른 수단 / 불이행 방치
계고 / 영장통지 / 실행 / 비용납부명령

행정기본법 제30조(행정상 강제) [2023. 3. 24. 시행]
① 행정청은 행정목적을 달성하기 위하여 필요한 경우에는 법률로 정하는 바에 따라 필요한 최소한의 범위에서 다음 각 호의 어느 하나에 해당하는 조치를 할 수 있다.
  1. 행정대집행: 의무자가 행정상 의무(법령등에서 직접 부과하거나 행정청이 법령등에 따라 부과한 의무)로서 타인이 대신하여 행할 수 있는 의무를 이행하지 아니하는 경우 법률로 정하는 다른 수단으로는 그 이행을 확보하기 곤란하고 그 불이행을 방치하면 공익을 크게 해칠 것으로 인정될 때에 행정청이 의무자가 하여야 할 행위를 스스로 하거나 제3자에게 하게 하고 그 비용을 의무자로부터 징수하는 것

행정대집행법 제2조(대집행과 그 비용징수)
제3조(대집행의 절차) ① 전조의 규정에 의한 대집행을 하려함에 있어서는 상당한 이행기한을 정하여 그 기한까지 이행되지 아니할 때에는 대집행을 한다는 뜻을 미리 문서로써 계고하여야 한다. 이 경우 행정청은 상당한 이행기한을 정함에 있어 의무의 성질·내용 등을 고려하여 사회통념상 해당 의무를 이행하는 데 필요한 기간이 확보되도록 하여야 한다.
② 의무자가 전항의 계고를 받고 지정기한까지 그 의무를 이행하지 아니할 때에는 당해 행정청은 대집행영장으로써 대집행을 할 시기, 대집행을 시키기 위하여 파견하는 집행책임자의 성명과 대집행에 요하는 비용의 개산에 의한 견적액을 의무자에게 통지하여야 한다.
③ 비상시 또는 위험이 절박한 경우에 있어서 당해 행위의 급속한 실시를 위하여 전2항에 규정한 수속을 취할 여유가 없을 때에는 그 수속을 거치지 아니하고 대집행할 수 있다.
제4조(대집행의 실행 등); 제5조(비용납부명령서); 제6조(비용징수)

1. 대집행의 의의

   대집행이란 대체적 작위의무를 불이행한 경우 행정청이 스스로 또는 제3자에게 이행하게 하고 그 비용을 의무자로부터 징수하는 것을 말한다(행정기본법 제30조 제1항 제1호, 행정대집행법 제2조).

2. 대집행의 요건

   ① 공법상 대체적 작위의무 불이행, ② 다른 수단으로 이행확보 곤란, ③ 그 불이행을 방치함이 심히 공익을 해하는 것을 요건으로 한다.

3. 대집행의 절차

   ① 대집행 계고, ② 대집행 영장통지, ③ 대집행 실행, ④ 비용징수 절차로 이루어진다. (이때 계고와 영장통지는 준법률행위적 행정행위인 통지행위, 대집행 실행은 권력적 사실행위, 비용납부명령은 급부하명으로서 항고소송의 대상인 처분이다.)

117. 토지·건물 등의 인도·명도의무와 대집행

인도·명도 / 점유이전 / 비대체적

1. 대집행 의의 및 요건(전술, 151쪽)

2. 토지·건물 등의 인도·명도의무와 대집행
 (1) 문제점
  토지·건물 등의 인도·명도의무는 점유이전을 수반하는 바, 이러한 의무의 불이행의 경우에도 대집행의 대상이 되는지 문제된다.
 (2) 판 례
  토지·건물의 인도의무는 점유이전을 수반하여 대체적 작위의무가 아니므로, 직접강제는 별론으로 하고 대집행 대상은 될 수 없다고 판시하였다.
 (3) 검 토
  점유이전의무는 점유이전의사가 필요한 비대체적 작위의무이다. 따라서 점유이전을 수반하는 토지·건물의 인도·명도의무는 대집행 대상이 아니다.

118. 결합계고의 적법성과 반복계고의 처분성

▶ 23-2 / 21년 입시

준법률행위 / 특·문·상·대 / 처분 전·후 송달
결합계고 / 최초계고 / VA / 반복계고·연기통지

> Q. A시장은 甲에게 건물이 무허가건물이라는 이유로 일정기간까지 철거할 것을 명함과 아울러 불이행할 때에는 대집행한다는 내용의 계고를 하였다. 그 후 甲이 이에 불응하자 다시 2차 계고서를 발송하여 일정기간까지 자진철거를 촉구하고 불이행하면 대집행한다는 내용을 고지하였다. 이때 소송의 대상이 되는 계고를 설명하시오.

1. 계고의 의의 및 요건
 (1) 의의 및 성질
  계고는 상당한 이행기간을 정하여 그 기간 내에 이행되지 않으면 대집행한다는 뜻을 미리 문서로 알리는 행위로서, 준법률행위적 행정행위 중 통지행위에 해당한다.
 (2) 요 건
  ① 대집행할 내용·범위 특정, ② 문서, ③ 상당한 이행기간, ④ 계고시에 대집행 요건 충족을 요건으로 한다. 판례는 내용, 범위는 계고서만이 아닌 처분 전·후 송달된 문서나 기타 사정을 종합하여 특정 가능하고, 상당한 기간이란 사회통념상 의무이행에 필요한 기간으로 본다.

2. 결합계고의 적법성

(1) 문제점
판례는 한 장의 문서로 철거명령과 대집행 계고를 한 경우 이행기간이 철거에 필요한 기간이면서 동시에 계고에 필요한 기간이 되므로 그 적법성이 문제된다.

(2) 판 례
한 장의 문서로 철거명령과 대집행 계고를 한 경우 하명처분과 계고처분은 독립하여 있고 자진철거에 필요한 상당한 기간에는 계고에 필요한 상당한 기간이 포함되어 각각 그 요건이 충족된 것으로 본다.

(3) 검 토
비상시 또는 위험이 절박하여 계고할 여유가 없을 때에는 계고를 거치치 않고 대집행할 수도 있으므로 행정실무상 결합계고의 필요성은 인정된다고 본다.

3. 반복계고의 처분성

(1) 문제점
대집행 절차에서 최초의 계고 이후에 반복된 계고도 처분성이 인정되어 별도로 쟁송대상이 되는지 문제된다.

(2) 판 례
판례는 건물철거의무는 제1차 철거명령 및 계고처분으로 발생하였고 제2차 계고처분은 새로운 철거의무를 부과하는 것이 아닌 연기통지에 불과하므로 처분이 아니라고 판시하였다.

(3) 검 토
국민의 권리의무에 직접적 영향을 미치는 최초의 계고만이 항고소송의 대상인 처분이고, 반복계고는 연기통지에 불과하여 쟁송대상이 아니라고 본다.

> A. 최초의 계고만 처분성이 인정되고, 그 후에 반복되는 계고는 연기통지에 불과하여 별도의 쟁송대상이 되지 않는다.

119. 대집행의 실행

▶ 23-2

권·사 / 위력행사 / 경찰도움

행정절차법 제8조(행정응원)
① 행정청은 다음 각 호의 어느 하나에 해당하는 경우 다른 행정청에 행정응원을 요청할 수 있다.
  2. 인원·장비의 부족 등 사실상의 이유로 독자적인 직무 수행이 어려운 경우
  3. 다른 행정청에 소속되어 있는 전문기관의 협조가 필요한 경우

1. 의의 및 성질

대집행의 실행은 당해 행정청이 스스로 또는 타인으로 하여금 대체적 작위의무를 이행시키는 물리력의 행사를 의미하며, 권력적 사실행위에 해당한다(행정대집행법 제4조).

2. 점유자의 위력행사에 대한 실력행사 가능 여부

(1) 문제점

대집행의 의무자가 수인의무를 위반하여 저항하는 경우, 행정청이 대집행의 부수적 기능으로서 실력행사를 통하여 그 배제가 가능한지 문제된다.

(2) 학설 및 판례

학설은 ① 신체에 대한 물리력 행사는 직접강제 대상이라는 부정설, ② 필요한 한도에서 부득이한 실력행사는 대집행에 수반되는 기능이라는 긍정설이 대립한다.

판례는 대집행 과정에서 부수적으로 점유자에 대한 퇴거조치를 할 수 있고, 위력행사로 방해하는 경우 경찰도움을 요청할 수 있다고 판시하였다.

(3) 검 토

명문규정 없는 신체에 대한 물리력 행사는 부정된다. 따라서 점유자의 위력행사의 경우 「경찰관 직무집행법」상 위험발생 방지조치 또는 공무집행방해죄 내지 현행범체포의 차원에서 경찰기관에 「행정절차법」 제8조의 행정응원을 요청할 수 있다.

120. 대집행에 대한 권리구제

행정심판 / 항고소송 / 손해전보

1. 행정심판

대집행에 대하여는 행정심판을 제기할 수 있다(행정대집행법 제7조). 이는 임의절차이며 행정심판법에 의해 규율된다.

2. 항고소송

(1) 대상적격

계고와 영장통지는 준법률행위적 행정행위인 통지행위, 대집행 실행은 권력적 사실행위, 비용납부명령은 급부하명으로서 항고소송의 대상인 처분이다.

(2) 협의의 소의 이익

대집행이 실행되면 계고 또는 영장통지에 대한 항고소송은 소의 이익을 상실한다. 단기에 종료되는 권력적 사실행위를 다투는 경우 집행정지 필요성이 크다.

(3) 하자승계

철거명령과 대집행 절차는 별개의 법적 효과를 목적으로 하므로 하자승계가 부정되고, 대집행 각각의 절차는 대집행의 동일한 법적 효과를 목적으로 하므로 하자승계가 긍정된다.

3. 국가배상 및 결과제거청구

위법한 대집행으로 손해발생시 손해배상청구가 가능하고, 위법상태 계속시 이론상 결과제거청구가 가능하다.

4. 손실보상

적법한 대집행은 의무불이행을 전제하므로 원칙상 손실보상의 대상이 아니고, 위해 제거를 위해 책임 없는 제3자에게 경찰책임이 부과된 경우에는 손실을 보상하여야 한다(경찰관 직무집행법 제11조의2).

121. 이행강제금의 의의 및 요건

이행강제금 / 시정명령 / 이행기회 제공

행정기본법 제30조(행정상 강제) [2023. 3. 24. 시행]
① 행정청은 행정목적을 달성하기 위하여 필요한 경우에는 법률로 정하는 바에 따라 필요한 최소한의 범위에서 다음 각 호의 어느 하나에 해당하는 조치를 할 수 있다.
　2. 이행강제금의 부과: 의무자가 행정상 의무를 이행하지 아니하는 경우 행정청이 적절한 이행기간을 부여하고, 그 기한까지 행정상 의무를 이행하지 아니하면 금전급부의무를 부과하는 것

제31조(이행강제금의 부과) [2023. 3. 24. 시행]
③ 행정청은 이행강제금을 부과하기 전에 미리 의무자에게 적절한 이행기간을 정하여 그 기한까지 행정상 의무를 이행하지 아니하면 이행강제금을 부과한다는 뜻을 문서로 계고(戒告)하여야 한다.
④ 행정청은 의무자가 제3항에 따른 계고에서 정한 기한까지 행정상 의무를 이행하지 아니한 경우 이행강제금의 부과 금액·사유·시기를 문서로 명확하게 적어 의무자에게 통지하여야 한다.

1. 이행강제금의 의의 및 요건

이행강제금이란 작위의무 또는 부작위의무를 불이행한 경우 금전납부의무 부과를 계고하여 심리적 압박을 통해 행정상 의무이행을 간접적으로 강제하는 수단이다.

2. 부과요건 및 절차

① 시정명령, ② 계고, ③ 이행강제금 부과. 판례는 이행강제금 부과에 앞서 시정명령 절차를 다시 거칠 필요 없고, 시정명령의 이행기회 제공없는 과거기간에 대한 이행강제금 부과처분은 무효라고 판시하였다.

3. 이행강제금과 대집행과의 관계

판례는 대집행과 이행강제금은 각각의 장·단점이 있으므로 행정청은 선택적으로 활용할 수 있고 합리적 재량으로 선택하여 활용한 이상 중첩적 제재에 해당하지 않는다고 판시하였다.

4. 이행강제금과 형사처벌과의 관계

판례는 무허가건축에 대한 형사처벌(벌금)과 시정명령 위반에 대한 이행강제금은 그 대상이 되는 기본적 사실관계로서 행위가 다르므로 이중처벌에 해당하지 않는다고 판시하였다.

122. 직접강제

▶ 24-2

모든 의무 / 국민 인권 / 최후수단

행정기본법 제30조(행정상 강제) [2023. 3. 24. 시행]
① 행정청은 행정목적을 달성하기 위하여 필요한 경우에는 법률로 정하는 바에 따라 필요한 최소한의 범위에서 다음 각 호의 어느 하나에 해당하는 조치를 할 수 있다.
 3. 직접강제: 의무자가 행정상 의무를 이행하지 아니하는 경우 행정청이 의무자의 신체나 재산에 실력을 행사하여 그 행정상 의무의 이행이 있었던 것과 같은 상태를 실현하는 것

제32조(직접강제) [2023. 3. 24. 시행]
① 직접강제는 행정대집행이나 이행강제금 부과의 방법으로는 행정상 의무 이행을 확보할 수 없거나 그 실현이 불가능한 경우에 실시하여야 한다.

먹는물관리법 제46조(폐쇄조치 등)
① 시·도지사는 제21조제1항부터 제3항까지, 제6항 또는 제7항의 규정을 위반하여 허가를 받지 아니하거나, 등록·신고를 하지 아니하고 영업을 하거나, 제48조제1항부터 제3항까지의 규정에 따라 허가·등록이 취소되거나 영업정지처분을 받은 후에도 계속해서 영업을 하면, 그 사업장을 폐쇄하기 위하여 관계 공무원에게 다음 각 호의 조치를 하게 할 수 있다.
 1. 그 사업장의 간판이나 그 밖의 영업표지물의 제거 또는 삭제

출입국관리법 제46조(강제퇴거의 대상자)
① 지방출입국·외국인관서의 장은 이 장에 규정된 절차에 따라 다음 각 호의 어느 하나에 해당하는 외국인을 대한민국 밖으로 강제퇴거시킬 수 있다. 〈각 호 생략〉

1. 의의

직접강제란 행정법상의 의무불이행시 의무자의 신체나 재산 또는 양자에 실력을 가하여 의무이행과 동일한 상태를 실현하는 강제집행수단으로서 개별법적 근거를 요한다. 행정기본법 제30조 제1항 제3호에 정의가 규정되었고, 개별법에 각각 그 근거를 두고 있다.

2. 한계

직접강제는 강제집행수단 중 국민인권을 가장 크게 제약하므로 대집행 등 다른 강제집행수단으로 의무이행을 강제할 수 없을 때 최후의 수단으로 인정된다.

3. 권리구제

직접강제는 권력적 사실행위로서 행정쟁송, 국가배상청구소송, 공법상 결과제거청구소송이 문제되고, 인신구속의 경우 「인신보호법」상의 구제를 받을 수 있다.

123. 행정상 강제징수

금전급부의무 / 독·압·매·청 / 필요적 전치

행정기본법 제30조(행정상 강제) [2023. 3. 24. 시행]
① 행정청은 행정목적을 달성하기 위하여 필요한 경우에는 법률로 정하는 바에 따라 필요한 최소한의 범위에서 다음 각 호의 어느 하나에 해당하는 조치를 할 수 있다.
  4. 강제징수: 의무자가 행정상 의무 중 금전급부의무를 이행하지 아니하는 경우 행정청이 의무자의 재산에 실력을 행사하여 그 행정상 의무가 실현된 것과 같은 상태를 실현하는 것

국세징수법 제10조(독촉) / 제31조(압류의 요건 등) / 제66조(공매) / 제4절 청산

국세기본법 제56조(다른 법률과의 관계) ② 제55조에 규정된 위법한 처분에 대한 행정소송은 「행정소송법」 제18조제1항 본문, 제2항 및 제3항에도 불구하고 이 법에 따른 심사청구 또는 심판청구와 그에 대한 결정을 거치지 아니하면 제기할 수 없다.

1. 의의 및 근거

행정상 강제징수란 행정상 금전급부의무 불이행시 의무자의 재산에 실력을 가하여 의무이행과 동일한 상태를 실현하는 강제집행수단으로서, 최근 제정된 행정기본법 제30조 제1항 제4호에 규정되었으며, 일반법으로 국세징수법이 있다.

「국세징수법」을 준용한 구제절차가 있는 경우 특별한 사정이 없는 한 민사소송의 방법으로 대부료 등의 지급을 구하는 것은 허용되지 아니한다.

2. 절 차

① 독촉, ② 체납처분으로 재산압류, 공매, 청산으로 이루어진다. 독촉은 준법률행위적 행정행위, 압류는 권력적 사실행위, 공매결정·통지는 공법상 대리행위로서 항고소송의 대상이 된다.

3. 행정상 강제징수에 대한 불복

(1) 행정쟁송

독촉, 압류, 압류해제거부 및 공매처분에 대하여는 이의신청을 제기할 수 있고, 국세기본법상 위법한 과세처분은 심사청구 또는 심판청구 중 하나에 대한 결정을 거친 후 행정소송을 제기하여야 한다(행정심판전치주의). 판례는 최초의 독촉만이 처분이고, 반복된 독촉은 민법상 최고에 불과하다고 판시하였다.

(2) 공매통지의 하자승계

공매통지는 공매처분의 절차요건이다. 판례는 자신에 대한 공매통지 하자만을 위법사유로 주장 가능하고, 다른 권리자에 대한 공매통지 하자를 위법사유로 주장할 수 없다고 판시하였다.

124. 행정상 즉시강제

▶ 21년 변시

급박 / 미리·의무 / 시간·성질

헌법 제12조
③ 체포·구속·압수 또는 수색을 할 때에는 적법한 절차에 따라 검사의 신청에 의하여 법관이 발부한 영장을 제시하여야 한다. 다만, 현행범인인 경우와 장기 3년 이상의 형에 해당하는 죄를 범하고 도피 또는 증거인멸의 염려가 있을 때에는 사후에 영장을 청구할 수 있다.

행정기본법 제30조(행정상 강제) [2023. 3. 24. 시행]
① 5. 즉시강제: 현재의 급박한 행정상의 장해를 제거하기 위한 경우로서 다음 각 목의 어느 하나에 해당하는 경우에 행정청이 곧바로 국민의 신체 또는 재산에 실력을 행사하여 행정목적을 달성하는 것
  가. 행정청이 미리 행정상 의무 이행을 명할 시간적 여유가 없는 경우
  나. 그 성질상 행정상 의무의 이행을 명하는 것만으로는 행정목적 달성이 곤란한 경우

제33조(즉시강제) [2023. 3. 24. 시행]
① 즉시강제는 다른 수단으로는 행정목적을 달성할 수 없는 경우에만 허용되며, 이 경우에도 최소한으로만 실시하여야 한다.

감염병예방법 제41조(감염병환자등의 관리)
② 질병관리청장, 시·도지사 또는 시장·군수·구청장은 다음 각 호의 어느 하나에 해당하는 사람에게 자가치료, 제37조제1항제2호에 따라 설치·운영하는 시설에서의 치료 또는 의료기관 입원치료를 하게 할 수 있다.
③ 보건복지부장관, 질병관리청장, 시·도지사 또는 시장·군수·구청장은 다음 각 호의 어느 하나에 해당하는 경우 제1항 또는 제2항에 따라 치료 중인 사람을 다른 감염병관리기관등이나 감염병관리기관등이 아닌 의료기관으로 전원하거나, 자가 또는 제37조제1항제2호에 따라 설치·운영하는 시설로 이송하여 치료받게 할 수 있다.

1. 의 의

즉시강제란 급박한 행정상 장해 제거를 위해 미리 의무를 명할 시간적 여유가 없거나 성질상 의무를 명하여 목적달성이 곤란할 때 즉시 국민의 신체·재산에 실력을 가하는 강제수단이다(행정기본법 제30조 제1항 제5호).

2. 법적 성질

행정상 즉시강제는 권력적 사실행위로서 항고소송의 대상인 처분이다. 판례는 경찰관 직무집행법 제6조 '경찰관의 제지' 부분은 범죄예방을 위한 경찰행정상 즉시강제로서 권력적 사실행위에 관한 근거조항이라고 판시하였다.

3. 요 건

① 현재의 급박한 행정상의 장해를 제거할 필요, ② 미리 행정상 의무이행을 명할 시간적 여유가 없거나, 성질상 의무이행을 명하는 것만으로는 행정목적 달성이 곤란한 경우에 해당할 것을 요건으로 한다(보충성 요건).

4. 영장주의 적용 여부(절차법적 한계)

(1) 학설 및 판례

학설은 ① 형사사법에만 적용된다는 영장불요설, ② 모든 국가작용에 적용된다는 영장필요설, ③ 행정목적 달성을 위해 예외를 인정하는 절충설이 대립한다.

대법원은 영장주의 적용을 원칙적으로 긍정하되 형사절차와 같은 예외를 인정하고, 헌법재판소는 영장주의 적용을 부정한다.

(2) 검 토

인신구속에 관한 모든 국가작용에 사전영장주의가 적용되고 헌법 제12조 제3항 단서의 예외를 인정하는 절충설이 타당하다고 본다.

5. 행정상 즉시강제와 권리구제 수단

(1) 행정쟁송

즉시강제는 권력적 사실행위로서 행정쟁송의 대상이나, 단시간에 종료되는 경우 소이익이 없고, 계속성이 있는 경우 소이익이 인정된다.

(2) 손해전보

위법한 즉시강제로 손해발생시 국가배상청구가 가능하고, 책임 없는 제3자에 대한 적법한 즉시강제로 특별한 희생이 발생한 경우 손실보상이 가능하다.

(3) 공법상 결과제거청구

즉시강제로 위법한 상태가 야기된 경우 공법상 결과제거청구가 가능하다고 한다.

125. 행정질서벌(과태료)

과태료처분 / 과태료재판 / 처분X

질서위반행위규제법 제20조(이의제기)
① 행정청의 과태료 부과에 불복하는 당사자는 제17조제1항에 따른 과태료 부과 통지를 받은 날부터 60일 이내에 해당 행정청에 서면으로 이의제기를 할 수 있다.
② 제1항에 따른 이의제기가 있는 경우 행정청의 과태료 부과처분은 그 효력을 상실한다.

제21조(법원에의 통보)
① 제20조제1항에 따른 이의제기를 받은 행정청은 이의제기를 받은 날부터 14일 이내에 이에 대한 의견 및 증빙서류를 첨부하여 관할 법원에 통보하여야 한다. 〈단서 생략〉

1. 의 의
행정질서벌은 행정법규 위반에 대하여 과태료가 과하여지는 행정벌로서, 정보제공적 신고의무 위반과 같이 행정목적을 간접적으로 침해하는 행위에 과하여진다.

2. 법적 성질과 권리구제(질서위반행위규제법 제20조·제21조)
행정청의 과태료 부과는 이의제기시 실효되고, 행정청이 관할법원에 통보하면 비송사건절차법에 따라 과태료가 결정된다. 따라서 과태료 부과는 항고쟁송의 대상인 처분이 아니다.

3. 행정형벌과 행정질서벌의 병과가능성
(1) 학설 및 판례

학설은 ① 양자는 목적이나 성질이 다르므로 병과할 수 있다는 긍정설, ② 양자는 모두 행정벌로 동일하므로 병과할 수 없다는 부정설이 대립한다.

대법원은 양자가 성질을 달리하므로 일사부재리에 반하지 않는다고 보고, 헌법재판소는 동일행위를 대상으로 하는 경우 이중처벌금지의 기본정신에 위배될 여지가 있다고 본다.

(2) 검 토

행정형벌과 행정질서벌은 목적과 성질이 다르므로 일사부재리원칙에 반하지 않는다고 본다. (다만, 동일행위에 병과하는 경우 과잉금지원칙에 반할 여지는 있다)

126. 과징금

▶ 22년 변시 / 17년 입시

경제적 이익 / 부당이득 환수 / 제재적 성격

행정기본법 제28조(과징금의 기준)
① 행정청은 법령등에 따른 의무를 위반한 자에 대하여 법률로 정하는 바에 따라 그 위반행위에 대한 제재로서 과징금을 부과할 수 있다.

공정거래법 제8조(과징금)
공정거래위원회는 시장지배적사업자가 남용행위를 한 경우에는 그 사업자에게 대통령령으로 정하는 매출액에 100분의 6을 곱한 금액을 초과하지 아니하는 범위안에서 과징금을 부과할 수 있다. 다만, 매출액이 없거나 매출액의 산정이 곤란한 경우로서 대통령령이 정하는 경우에는 20억원을 초과하지 아니하는 범위안에서 과징금을 부과할 수 있다.

1. 의의 및 성질

과징금이란 행정법규 위반자의 경제적 이익을 박탈하여 간접적으로 의무이행을 확보하기 위한 수단으로 부당이득 환수와 법규위반에 대한 제재적 성격을 갖는다.

2. 변형된 과징금

공익상 영업정지에 갈음하여 부과되는 과징금을 변형된 과징금이라 하고, 영업정지처분에 갈음하는 과징금 부과 여부는 행정청의 재량에 속한다.

3. 벌금과 과징금의 이중부과가능성

과징금은 행정상 제재금이고 형벌이 아니므로 병과되어도 이중처벌금지원칙에 반하지 않는다.

4. 과징금과 권리구제

과징금부과처분은 침해적 행정행위로서 「행정절차법」이 적용되고 항고쟁송의 대상인 처분이다.

127. 명단공표의 법적 성질

▶ 21-1

병무청장 / 병역기피자 / 공개결정

행정절차법 제40조의3(위반사실 등의 공표)
① 행정청은 법령상 의무를 위반한 자의 성명·위반사실, 의무위반을 이유로 한 처분사실 등을 법률로 정하는 바에 따라 일반에게 공표할 수 있다.
② 행정청은 위반사실등의 공표 전에 사실과 다른 공표로 인하여 당사자의 명예·신용 등이 훼손되지 않도록 객관적이고 타당한 증거와 근거가 있는지를 확인하여야 한다.
③ 행정청은 위반사실등의 공표를 할 때에는 미리 당사자에게 그 사실을 통지하고 의견제출기회를 주어야 한다. 다만, 다음 각 호의 어느 하나에 해당하는 경우 그러하지 아니하다. 생략
④ 제3항에 따라 의견제출기회를 받은 당사자는 공표 전에 관할 행정청에 서면이나 말 또는 정보통신망을 이용하여 의견을 제출할 수 있다.
⑤ 제4항에 따른 의견제출의 방법과 제출 의견의 반영 등에 관하여는 제27조(의견제출) 및 제27조의2를 준용한다. 이 경우 "처분"은 "위반사실등의 공표"로 본다.

Q. 국세청은 매년 고액체납자에 대한 명단을 인터넷에 공표하고 있다. 이러한 명단공표의 결정·통지를 항고소송으로 다툴 수 있는지 논하시오.

1. 의의 및 근거

명단공표란 행정청이 법령상 의무를 위반한 자의 성명, 위반사실, 처분사실 등을 법률로 정하는 바에 따라 일반에게 공표하여 사회적 비난의 심리적 압박을 통해 의무이행을 확보하는 간접적 강제수단이다(행정절차법 제40조의3).

2. 명단공표의 법적 성질 – 처분성 여부

(1) 문제점

명단공표를 권력적 사실행위로 보고 처분성을 인정할 것인지, 명단공개결정 자체의 처분성을 인정할 것인지 문제된다.

(2) 학설 및 판례

학설은 ① 비권력적 사실행위설, ② 공표로 인해 명예, 신용, 프라이버시권 등이 침해된다고 보는 권력적 사실행위설, ③ 통보 여부로 판단하는 구별설이 대립한다.
판례는 병무청장의 병역법에 따른 병역의무기피자 인적사항 공개결정을 항고소송의 대상인 처분으로 보고, 공개라는 사실행위는 행정결정의 집행행위로 보며, 미리 통보하지 않은 것은 본안판단의 문제로서 처분의 성립에는 영향이 없는 것으로 본다.

(3) 검 토

명단공표는 명예를 훼손하고 수치심을 느껴 의무이행을 간접적으로 강제하려는

법률에 근거한 공권력 행사이고, 취소판결이 확정되는 경우 기속력인 위법한 결과제거 조치의무에 따라 권리구제가 가능하므로 처분성을 인정할 필요성이 인정된다.

행정절차법 제40조의3 제3항 사전통지 및 의견제출 절차규정, 제5항의 제27조 등을 준용하는 경우 공표를 '처분'으로 본다는 규정하여 처분절차를 입법화하였다.

3. 법적 구제

(1) 쟁송수단

판례는 공개결정의 처분성을 긍정하므로 항고쟁송으로 다툴 수 있다. 이때 사전통지는 처분의 절차요건으로서 본안판단의 문제이므로 개별통보 여부는 처분의 성립에 영향을 미치지 아니하고 공표행위를 통하여 처분은 대외적으로 성립한다.

(2) 협의의 소이익

명단공표가 계속 중인 경우 소이익이 있고, 종료 후에도 판결의 기속력에 의해 행정청의 위법한 결과제거의무나 정정공고 등 원상회복효가 있으므로 소이익을 긍정한다.

(3) 가구제

처분성을 인정하면 항고소송을 제기하면서 집행정지신청, 처분성을 부정하면 당사자소송을 제기하면서 가처분을 신청할 수 있다. (당사자소송의 가처분 준용은 후설)

(4) 공법상 결과제거청구 및 국가배상청구

이론상 공법상 결과제거청구가 가능하나 실무상 인정되지 않고 민사상 명예회복에 적당한 처분을 청구할 수 있다. 위법한 공표로 명예, 신용 등이 침해된 경우 국가배상청구가 가능하다.

> A. 고액체납자에 대한 명단공표의 결정·통지는 처분성이 인정되므로 항고소송으로 다툴 수 있다.

TRS 행정법 쟁점답안지

제 3 편

행정 구제법

제 1 장　행정상 손해배상
제 2 장　행정상 손실보상
제 3 장　행정심판
제 4 장　행정소송

제1장
행정상 손해배상

- 128 국가배상법 제2조 책임의 성립요건
- 129 항고소송의 기판력이 국가배상청구소송에 미치는지
- 130 공무원의 과실 인정 여부
- 131 국회의 입법작용에 대한 국가배상책임
- 132 사법작용에 대한 국가배상책임
- 133 부작위에 의한 손해배상책임
- 134 가해공무원의 대외적 책임
- 135 국가와 공무원의 구상권
- 136 국가배상법과 자동차손해배상보장법의 관계
- 137 자동차 사고와 인적손해·물적손해
- 138 관용차량과 자가용차량의 경우 손해배상책임
- 139 국가배상법 제5조의 배상책임
- 140 비용부담자와 종국적 배상책임자
- 141 이중배상금지원칙

128. 국가배상법 제2조 책임의 성립요건

▶ 19년 변시

공무원 / 직무집행 / 과실 / 위법성

국가배상법 제2조(배상책임)
① 국가나 지방자치단체는 공무원 또는 공무를 위탁받은 사인(이하 "공무원")이 직무집행하면서 고의 또는 과실로 법령을 위반하여 타인에게 손해를 입히거나, 「자동차손해배상 보장법」에 따라 손해배상책임이 있을 때에는 이 법에 따라 그 손해를 배상하여야 한다.

1. 제2조 책임의 성립요건

① 공무원이 ② 직무를 집행하면서, ③ 고의 또는 과실로 ④ 법령에 위반하여, ⑤ 타인에게 손해를 가하고, ⑥ 상당인과관계가 인정되어야 한다(국가배상법 제2조).

2. 법령위반의 의미(후설)

판례는 법령 위반이란 엄격한 의미의 법령 위반뿐 아니라 인권존중, 권력남용금지, 신의성실등 공무원으로서 마땅히 지켜야 할 준칙과 규범을 위반한 경우를 포함하여 널리 그 행위가 객관적인 정당성을 결여하고 있음을 뜻한다고 본다.

3. 고의 또는 과실의 개념

(1) 문제점

고의란 일정한 결과발생을 인식하고 인용하는 심리상태, 과실이란 주의의무를 게을리한 심리상태를 의미하는 바, 국가배상법상 과실의 의미가 문제된다.

(2) 학설 및 판례

학설은 ① 국가작용의 하자로 보는 객관설, ② 평균적 공무원의 주의의무 위반으로 보고, 가해공무원을 특정하지 않는 조직과실을 인정하는 주관설이 대립한다.

판례는 보통 일반의 공무원을 표준으로 공무원이 직무를 집행하면서 객관적 주의의무를 소홀히 하여 그 직무행위가 객관적 정당성을 상실한 것이어야 한다고 본다.

(3) 검 토

과실은 위법한 결과 발생에 대한 예견가능성·회피가능성이 있음에도 객관적 주의의무 위반으로 위법한 결과를 발생시킨 경우이므로 주관설이 타당하다고 본다.

이때 주관설은 과실의 객관화 경향에 따라 피해자의 증명책임을 완화한다.

129. 항고소송의 기판력이 국가배상청구소송에 미치는지

▶ 24년 5급 / 24-2 / 18년 변시 / 15년 변시

행위자체 / 행위태양 / 구별설

1. 법령위반의 의미

   (1) 학 설

   학설은 ① 손해의 불법으로 보는 결과불법설, ② 직무집행 행위자체의 위법으로 보는 협의의 행위위법성설, ③ 행위자체의 위법뿐만 아니라 행위태양의 위법을 포함하는 광의의 행위위법성설, ④ 상대적 위법성설이 대립한다.

   (2) 판 례

   판례는 공무원의 직무행위가 객관적 정당성을 상실했는지는 행위양태, 피해자의 관여 정도, 침해된 이익의 종류와 손해 정도 등 여러 사정을 종합하되, 손해전보책임을 국가가 부담할 만한 실질적 이유가 있는지도 고려한다.

   (3) 검 토

   손해전보를 목적으로 하는 제도취지를 고려할 때, 공무원으로서 마땅히 지켜야 할 직무상 일반적 손해방지의무를 인정하는 광의의 행위위법성설이 타당하다고 본다.

2. 취소소송의 기판력이 국가배상소송에 미치는지 여부

   (1) 문제점

   위법개념의 동일성과 관련하여 확정된 취소판결의 기판력이 국가배상청구소송에서 소송물인 국가배상청구권의 선결문제인 법령위반의 판단에 미치는지 문제된다.

   (2) 학설 및 판례

   학설은 ① 협의의 행위위법설에서 주장하는 긍정설, ② 결과불법설과 상대적 위법성설에서 주장하는 부정설, ③ 광의의 행위위법설과 당사자의 법적 주장인 소송물을 기준으로 인용판결은 긍정, 기각판결은 부정하는 제한적 긍정설이 대립한다.

   판례는 처분이 항고소송에서 취소된 사실만으로 곧바로 공무원의 고의·과실에 의한 불법행위로 단정할 수 없다고 본다.

   (3) 검 토

   생각건대 광의의 행위위법성설을 취한다면 국가배상법의 위법개념이 항고소송의 위법개념보다 넓으므로 구별설이 타당하다고 본다.

130. 공무원의 과실 인정 여부

▶ 15년 변시

객관적 주의의무 / 현저히 / 사회적 타당성

1. 과실의 의의

과실이란 위법한 손해 발생에 대한 예견가능성·회피가능성이 있음에도 객관적 주의의무 위반으로 위법한 결과를 발생시킨 경우를 의미한다. 이때, 가해자를 특정하지 않는 조직과실이론 등 과실을 객관화하여 판단한다.

2. 공무원의 과실 인정 여부

(1) 재량권 일탈·남용의 경우

판례는 처분이 재량권 일탈·남용으로 쟁송취소된 경우에도 처분당시 재량권 행사기준에 따른 이상 공무원의 과실을 인정할 수 없다고 판시하였다.

(2) 공무원의 법령의 해석·적용상의 잘못과 과실 여부

원칙적으로 법령의 해석·적용상의 잘못이 있다면 과실이 인정되고, 예외적으로 법령해석이 명백하지 않고 학설·판례도 귀일되지 않은 특별한 사정이 있는 경우 과실이 부정된다.

(3) 위헌법령의 적용과 공무원의 과실 여부

공무원은 위헌심사권이 없고 법령준수의무에 따라 법령적용을 거부할 수 없으므로 법령의 위헌성이 명백하다는 등의 특별한 사정이 없는 한 공무원의 과실은 부정된다.

(4) 경과규정 없는 행정입법과 공무원의 과실

판례는 공무원이 입법당시 나름대로 합리적 근거를 찾아 경과규정 없이 새 법령을 시행하여 신뢰보호원칙에 위배되는 결과가 된 경우 공무원의 과실을 인정할 수 없다고 판시하였다.

(5) 규제권 불행사(부작위)와 공무원의 과실

판례는 공무원이 필요한 조치를 하지 아니한 것이 현저하게 불합리하다고 인정되는 경우 그러한 권한의 불행사는 직무상의 의무를 위반한 것으로 위법하다고 본다.

131. 국회의 입법작용에 대한 국가배상책임

▶ 16년 입시

헌법문언 / 명백히 위배 / 굳이 입법

1. 위헌법률에 근거한 처분으로 손해가 발생한 경우

처분 후 근거법률이 위헌·무효가 된 경우 위헌법률에 근거한 처분으로서 위법하나, 공무원은 위헌심사권이 없고 법령준수의무가 있는 공무원의 과실은 부정된다.

2. 위헌법률에 의하여 직접 손해가 발생한 경우

(1) 문제점

위헌법률에 의하여 직접 손해가 발생한 경우 국회의 입법행위에 대하여 위법성과 과실이 인정될 수 있는지 문제된다.

(2) 판 례

국회의원의 입법행위는 그 입법 내용이 헌법의 문언에 명백히 위배됨에도 불구하고 국회가 굳이 당해 입법을 한 것과 같은 특수한 경우가 아닌 한 위법하지 않다고 판시하였다.

(3) 검 토

국회의 광범위한 입법재량을 고려할 때, 헌법문언에 명백히 위배됨에도 국회가 굳이 입법을 한 특수한 경우가 아닌 한 위법·과실을 인정하기 어렵다.

3. 입법부작위에 의하여 손해가 발생한 경우

판례는 헌법상 구체적인 입법의무를 상당한 기간동안 고의 또는 과실로 불이행하는 극히 예외적인 경우가 아닌 한 국회입법 부작위로 인한 불법행위는 성립하지 않는다고 판시하였다.

132. 사법작용에 대한 국가배상책임

▶ 23-2

위법·부당목적 / 권한취지 / 명백히 反

1. 제2조 책임의 성립요건

　　법관은 국가배상법상 공무원에 해당하고, 재판작용은 직무에 해당한다. 다만, 확정판결의 위법성 판단은 판결의 기판력과 충돌하여 그 인정 여부가 문제된다.

2. 사법작용에 대한 국가배상책임

(1) 문제점

　　사법작용인 재판에 대한 위법성 판단은 확정판결의 기판력과 충돌하여 법적 안정성과 국민의 권리구제 필요가 충돌하므로 그 인정 여부가 문제된다.

(2) 학설 및 판례

　　학설은 ① 판결의 기판력에 반한다고 보는 부정설, ② 법관의 불법행위로 인한 권리구제 필요성을 인정하는 긍정설, ③ 법적 안정성의 요구와 권리구제의 요구를 조화시켜 제한적으로 인정하자는 절충설이 대립한다.

　　판례는 법관이 위법·부당한 목적으로 재판하거나 권한취지에 명백히 어긋나는 특별한 사정이 있어야 하고, 재판에 불복절차 또는 시정절차가 있는 경우 부득이한 사정 없이 시정을 구하지 않은 사람은 원칙적으로 국가배상을 받을 수 없다고 본다. 이와 달리 시정절차 없는 헌법소원의 부당한 각하에 대하여 위자료를 인정하였다.

(3) 검 토

　　기판력의 법적 안정성과 국민의 권리구제 필요성을 비교형량하여 결정하는 절충설이 타당하다고 본다. 따라서 재판이 명백히 위법한 특수한 경우와 권리구제 필요성이 현저한 경우 배상책임이 인정된다.

133. 부작위에 의한 손해배상책임

▶ 21년 5급

조리상 작위의무 / 재량영수축 / 사익보호성

> Q. 지방자치단체가 붕괴 위험이 있는 암벽에 대한 안전관리조치를 취하여야 한다는 법령 규정은 존재하지 않는 경우, 주민의 보수민원에도 불구하고 행정청이 아무런 조치를 취하지 않아 손해가 발생한 경우 국가배상책임이 인정되는가?

1. 제2조 책임의 성립요건

2. 조리에 의한 작위의무의 인정 여부

 (1) 문제점

　형식적 의미의 법령에 작위의무 규정이 없음에도 불구하고 조리상 작위의무를 인정할 수 있는지 문제된다.

 (2) 학설 및 판례

　학설은 ① 민법상 공서양속·조리 등에서 작위의무를 인정하는 긍정설, ② 법치행정원칙을 근거로 부정하는 부정설, ③ 행정분야에서 객관적 법질서, 인권존중에서 도출하는 절충설이 대립한다.

　판례는 국민의 생명·신체·재산의 보호를 본래적 사명으로 하는 국가에게 초법규적·일차적인 위험배제의 작위의무를 인정한다.

 (3) 검 토

　국가의 손해방지의무는 형식적 의미의 법령뿐만 아니라 각 행정 분야에서 객관적 법질서 및 인권존중원칙으로부터 도출될 수 있다고 보는 절충설이 타당하다고 본다.

3. 사익보호성 인정 여부

 (1) 문제점

　취소소송의 원고적격에서 논의되던 사익보호성을 국가배상법에도 인정하여, 사익보호성이 인정되는 경우에만 국가배상책임이 성립되는지 문제된다.

 (2) 학설 및 판례

　학설은 ① 사익보호성은 항고소송의 원고적격 문제이므로 국가배상에는 적용부정하는 부정설, ② 위법성요소설, ③ 손해요소설, ④ 상당인과관계요소설이 대립한다.

　판례는 상당인과관계가 인정되기 위하여는 공무원의 직무상 의무내용이 공익뿐만 아니라 전적으로 또는 부수적으로 사익보호취지가 있어야 한다고 본다.

(3) 검 토

관계법규가 공익뿐만 아니라 사익보호성도 인정되는 경우에만 직무상 의무위반의 위법성이 인정되므로 사익보호성을 위법성 요소로 보는 견해가 타당하다고 본다.

4. 권한 불행사의 위법성

판례는 공무원의 권한 행사는 합리적 재량에 위임되어 있으나, 구체적 사정에서 공무원이 필요한 조치를 하지 아니한 것이 현저하게 불합리하다고 인정되는 경우 그러한 권한의 불행사는 직무상의 의무를 위반한 것으로 위법하다고 본다.

> A. 명문의 규정이 없는 경우에도 조리상 작위의무가 인정되고, 사안의 경우 재량권이 영으로 수축되어 행정권 발동의무가 인정되고, 사익보호성도 인정되며, 민원의 제기로 담당공무원의 손해발생에 대한 예측가능성과 회피가능성이 인정되어 과실도 인정되므로 특별한 사정이 없는 한 국가배상책임이 인정된다.

134. 가해공무원의 대외적 책임

▶ 24년 5급 / 23-3 / 20년 5급

경과실 / 고의·중과실 / 절충설

헌법 제29조
① 공무원의 직무상 불법행위로 손해를 받은 국민은 법률이 정하는 바에 의하여 국가 또는 공공단체에 정당한 배상을 청구할 수 있다. 이 경우 공무원 자신의 책임은 면제되지 아니한다.

국가배상법 제2조(배상책임)
② 제1항 본문의 경우 공무원에게 고의 또는 중대한 과실이 있으면 국가나 지방자치단체는 그 공무원에게 구상할 수 있다.

1. 국가배상법상 책임의 성질

(1) 문제점

국가배상책임의 성질이 국가 등이 공무원을 대신하여 배상책임을 부담하는 것인지, 공무원의 행위를 국가기관의 행위로 보는지 배상책임의 성질이 문제된다.

(2) 학설 및 판례

학설은 ① 국가가 대신 부담하는 것으로 보는 대위책임설, ② 기관이론, 위험책임설을 근거로 하는 자기책임설, ③ 경과실은 자기책임, 고의·중과실은 대위책임으로 보는 중간설, ④ 절충설이 대립한다.

판례는 경과실은 기관행위로 보는 자기책임, 고의·중과실은 공무원 개인책임이나 피해자 구제를 위해 외형이론에 따라 일종의 자기책임으로 보는 절충설을 취한다.

(3) 검 토

공무원의 경과실의 경우 기관품격을 유지하고, 고의·중과실의 경우 기관품격을 상실하나 외형상 직무관련성이 인정되면 일종의 자기책임으로 보는 절충설이 타당하다고 본다.

2. 가해공무원의 대외적 책임 인정 여부

(1) 문제점

국가 등의 배상책임이 인정되는 경우 피해자는 공무원에 대해서도 손해배상을 선택적으로 청구할 수 있는지가 문제된다.

(2) 학설 및 판례

학설은 ① 자기책임설의 입장인 긍정설, ② 대위책임설의 입장인 부정설, ③ 경과실의 경우는 부정, 고의·중과실인 경우 긍정하는 절충설이 대립한다.

판례는 공무원의 경과실의 경우 부정하고, 고의·중과실의 경우 기관의 품격을 상실하여 공무원 개인의 책임을 긍정하는 절충설을 취한다.

(3) 검 토

공무원의 책임의식을 확보하려는 헌법 규정(제29조 제1항 단서)과 적극적 공무수행을 보장하려는 국가배상법 제2조 제2항)을 조화롭게 해석하는 절충설이 타당하다고 본다.

135. 국가와 공무원의 구상권

▶ 16년 사시

원인행위 / 적극적 주도 / 신의칙

국가배상법 제2조(배상책임)
② 제1항 본문의 경우 공무원에게 고의 또는 중대한 과실이 있으면 국가나 지방자치단체는 그 공무원에게 구상할 수 있다.

1. 가해공무원의 대외적 책임 (전술)

2. 국가의 공무원에 대한 구상권

(1) 의의 및 문제점

국가배상법 제2조 제2항에 따르면, 공무원에게 고의 또는 중대한 과실이 있으면 국가 등은 그 공무원에게 구상할 수 있는 바, 이러한 구상권 행사가 신의칙상 제한될 수 있는지 문제된다.

(2) 판 례

판례는 손해의 공평한 분담의 원리에 따라 신의칙상 상당한 한도 내에서만 국가의 구상권을 인정한다. 최근 국가의 소멸시효 주장이 권리남용이 된 원인행위에 공무원의 적극적 주도 등 특별한 사정이 없는 한 국가의 구상권 행사는 신의칙상 허용되지 않는다고 판시하였다.

(3) 검 토

공무원의 구상책임은 손해의 공평한 분담원리에 따라 제반사정을 고려하여 신의칙상 구상권의 행사범위를 정하는 판례의 견해가 타당하다고 본다.

3. 공무원의 국가에 대한 구상권

 (1) 문제점

　대외적 배상책임이 없는 경과실 공무원이 피해자에게 전액배상한 경우 자기재산의 출연없이 면책된 국가에게 구상권을 행사할 수 있는지 문제된다.

 (2) 판 례

　판례는 손해배상한 경과실 공무원은 특별한 사정이 없는 한 국가의 손해배상책임의 범위 내에서 공무원이 변제한 금액에 관하여 구상권을 취득한다고 판시하였다.

 (3) 검 토

　경과실 공무원의 변제는 도의관념에 적합한 비채변제로서 유효하고, 국가는 자기재산 출연없이 면책되므로, 손해의 공평한 분담의 원리상 공무원은 국가에 대하여 구상권을 취득한다.

136. 국가배상법과 자동차손해배상보장법의 관계

국가배상법 8조 / 자배법 / 국배법·민법

국가배상법 제2조(배상책임)
① …「자동차손해배상 보장법」에 따라 손해배상책임이 있을 때에는 이 법에 따라 그 손해를 배상하여야 한다

제8조(다른 법률과의 관계)
국가나 지방자치단체의 손해배상 책임에 관하여는 이 법에 규정된 사항 외에는「민법」에 따른다. 다만,「민법」외의 법률에 다른 규정이 있을 때에는 그 규정에 따른다.

1. 국가배상법 제2조 제1항 본문 후단의 해석

　「자동차손해배상 보장법」상 국가의 손해배상책임도 국가배상법상의 절차에 따라 국가에 배상을 청구하도록 규정하고 있다.

2. 국가배상법과 타법의 관계(국가배상법 제8조)

　국가배상법 제8조는 국가배상에 관하여 특별법이 우선적으로 적용되며, 특별법 및 국가배상법의 규정사항 이외에는「민법」을 준용한다.

3. 자동차손해배상 보장법상 손해배상책임의 범위

　「자동차손해배상법」상 손해배상책임은 인적 손해에 한하며, 물적 손해 및 책임보험금 한도를 넘는 손해는 국가배상법이나「민법」에 의한다.

137. 자동차 사고와 인적손해·물적손해

운행자성 / 운행지배 / 운행이익

자동차손배법 제3조(자동차손해배상책임)
자기를 위하여 자동차를 운행하는 자는 그 운행으로 다른 사람을 사망하게 하거나 부상하게 한 경우 그 손해를 배상할 책임을 진다.

제4조(「민법」의 적용)
자기를 위하여 자동차를 운행하는 자의 손해배상책임에 대하여는 제3조에 따른 경우 외에는 「민법」에 따른다.

1. 국가배상법 제8조의 해석 (전술)

    인적 손해는 자동차손배법이 특별법으로서 적용되고, 물적손해 및 책임보험 한도를 넘는 인적 손해는 국가배상법이나 민법이 적용된다.

2. 자동차손해배상 보장법상 손해배상책임(인적 손해)

    ① 운행자성, ② 인적 손해, ③ 운행 중, ④ 면책사유 없을 것을 요건으로 한다. 이때 운행자성이란 운행지배와 운행이익을 갖는 경우로서 특별한 사정이 없는 한 자동차 소유주에게 귀속된다. (관용차량 운전 중 사고시 대한민국, 공무원이 자가용 운전 중 사고시 공무원이 운행자이다)

3. 국가배상법상 손해배상책임(물적 손해)

    국가 또는 지방자치단체의 물적 책임

4. 민법상 손해배상책임(물적 손해)

    고의·중과실이 있는 가해공무원의 대외적 책임

138. 관용차량과 자가용차량의 경우 손해배상책임

소유주 / 관용차(국가) / 자가용(공무원)

1. 관용차량 운전 중 사고의 경우

    피해자는 ① 인적 손해는 자동차손배법상 운행자인 국가, ② 물적 손해는 국가배상법상 국가 등 또는 민법상 고의·중과실이 있는 공무원에게 선택적 손해배상청구 가능.

2. 자가용차량 운전 중 사고의 경우

    피해자는 ① 인적 손해는 자동차손배법상 운행자인 공무원, ② 물적 손해에 대해서는 국가배상법상 국가 등 또는 민법상 고의·중과실이 있는 공무원에게 선택적 손해배상청구 가능.

139. 국가배상법 제5조의 배상책임

▶ 19년 5급

영조물 / 하자 / 수정된 객관설

국가배상법 제5조(공공시설 등의 하자로 인한 책임)
① 도로·하천, 그 밖의 공공의 영조물의 설치나 관리에 하자가 있기 때문에 타인에게 손해를 발생하게 하였을 때에는 국가나 지방자치단체는 그 손해를 배상하여야 한다.

1. 성립요건

① 도로·하천 기타 공공의 영조물에, ② 설치 또는 관리의 하자, ③ 타인에게 손해발생, ④ 상당인과관계를 요건으로 한다.

2. 도로·하천 기타 공공의 영조물의 의미

강학상 공물로서 도로 등 인공공물뿐만 아니라 하천 등 자연공물도 포함된다.

3. 설치·관리상의 하자의 의미

(1) 문제점

국가배상법 제5조 영조물의 설치·관리상 하자의 의미가 영조물의 물적 상태책임인지, 설치·관리상 주의의무 위반의 행위책임인지 문제된다.

(2) 학설 및 판례

학설은 ① 통상의 안전성 결여로 보는 객관설, ② 설치·관리상 주의의무 위반으로 보는 주관설, ③ 위법·무과실설, ④ 절충설이 대립한다.

판례는 영조물의 통상의 안전성 결여로서, 안전성 구비 여부는 영조물의 위험에 비례하여 사회통념상 방호조치의무를 다하였는지 여부를 손해발생의 예견가능성과 회피가능성으로 판단한다.

(3) 검 토

국가배상법 제2조의 행위책임과 구별되는 상태책임으로 보는 객관설이 타당하다고 본다. 이때 영조물의 안전성은 완전무결한 고도의 안전성이 아닌, 영조물 이용자의 상식적이고 질서있는 이용방법을 기대한 상대적인 안전성이 기준이 된다.

4. 면책사유

① 손해발생의 예견가능성과 회피가능성은 당시 과학기술을 기준으로 판단되고, ② 재정사정은 참작사유일 뿐 절대적 요건은 아니며, ③ 피해자의 관여 정도는 과실상계 사유가 된다.

140. 비용부담자와 종국적 배상책임자

▶ 19년 5급

국가배상법 6조 / 입법취지 / 병존설

국가배상법 제6조(비용부담자 등의 책임)
① 제2조·제3조 및 제5조에 따라 국가나 지방자치단체가 손해배상책임이 있는 경우 공무원의 선임·감독 또는 영조물의 설치·관리를 맡은 자와 공무원의 봉급·급여, 그 밖의 비용 또는 영조물의 설치·관리비용을 부담하는 자가 동일하지 아니하면 그 비용을 부담하는 자도 손해를 배상하여야 한다.
② 제1항의 경우 손해를 배상한 자는 내부관계에서 그 손해를 배상할 책임이 있는 자에게 구상할 수 있다.

1. 비용부담자의 의미

(1) 문제점

국가배상법 제6조 제1항의 비용부담자가 형식적 비용부담자만을 의미하는지 실질적 비용부담자도 포함하는지 비용부담자의 의미가 문제된다.

(2) 학설 및 판례

학설은 ① 대외적 지출자만을 의미한다고 보는 형식적 비용부담사설, ② 실질적 비용부담자도 포함된다고 보는 병합설이 대립한다.

판례는 실질적 비용부담자 이외에 대외적 비용지출자인 형식적 비용부담자도 포함한다고 판시하여 병존설을 취한다.

(3) 검토

국가배상법 제6조 피해자 구제 확대의 입법 취지를 고려할 때, 형식적 비용부담자뿐만 아니라 실질적 비용부담자를 포함하는 병존설이 타당하다고 본다.

2. 종국적인 배상책임자

(1) 문제점

국가배상법 제6조 제2항은 최종적인 배상책임자에 대한 구상을 인정하는 바, 최종적인 배상책임자가 누구인지 문제된다.

(2) 학설 및 판례

학설은 ① 관리주체설, ② 비용부담주체설, ③ 손해발생에 기여한 과실 정도에 따라 최종적인 배상책임을 결정하는 기여도설이 대립한다.

판례는 사고발생의 경위, 비용부담비율 등 사안별로 구체적 타당성에 맞게 해결하는 기여도설을 취한다.

(3) 검토

손해의 공평한 분담의 원리에 따라 손해발생에 원인을 제공한 자가 책임을 져야 하므로 기여도설이 타당하다고 본다.

141. 이중배상금지원칙

▶ 19년 변시

경비교도대 / 공익근무요원 / 전투경찰순경

헌법 제29조
② 군인·군무원·경찰공무원 기타 법률이 정하는 자가 전투·훈련등 직무집행과 관련하여 받은 손해에 대하여는 법률이 정하는 보상외에 국가 또는 공공단체에 공무원의 직무상 불법행위로 인한 배상은 청구할 수 없다.

국가배상법 제2조(배상책임)
① … 다만, 군인·군무원·경찰공무원 또는 예비군대원이 전투·훈련 등 직무 집행과 관련하여 전사·순직하거나 공상을 입은 경우에 본인이나 그 유족이 다른 법령에 따라 재해보상금·유족연금·상이연금 등의 보상을 지급받을 수 있을 때에는 이 법 및 「민법」에 따른 손해배상을 청구할 수 없다.
③ 제1항 단서에도 불구하고 전사하거나 순직한 군인·군무원·경찰공무원 또는 예비군대원의 유족은 자신의 정신적 고통에 대한 위자료를 청구할 수 있다. 〈신설 2025. 1. 7.〉

1. 의의 및 취지

국가배상법 제2조 제1항 단서는 위험성이 높은 직무종사자에 대해 국가보상제도를 별도로 마련하여 그것과 경합되는 국가배상을 배제하는 취지이다.

2. 적용요건

(1) 규범의 수범자

피해자는 군인, 군무원, 경찰공무원 또는 예비군대원. 판례는 경비교도대로 된 자와 공익근무요원은 부정, 헌법재판소는 전투경찰순경(의무경찰 등)은 해당한다고 보았다.

(2) 직무범위

전투, 훈련 등 직무집행과 관련하여 전사·순직하거나 공상을 입는 경우. 판례는 전투·훈련에 준하는 직무집행뿐만 아니라 일반 직무집행에 관하여도 배상책임을 제한한다.

(3) 다른 법령의 규정에 의한 보상지급

본인 또는 유족이 다른 법령의 규정에 의하여 재해보상금, 유족연금, 상이연금 등의 보상을 지급받을 수 있어야 한다.

3. 이중배상금지원칙의 적용범위

(1) 사인과 국가의 공동불법행위와 구상권

대법원은 민간인은 부담부분에 한하여 배상의무가 있고 국가 등에 대한 구상권은 부인되며, 헌법재판소는 전액배상한 민간인의 국가에 대한 구상권 부인을 위헌으로 본다.

(2) 국가배상법상 손해배상을 받은 경우

판례는 보훈자보상법상 보훈급여금을 지급받을 수 있는 경우 국가배상은 부정되나,

국가배상법상 손해배상을 먼저 받았다는 이유로 보훈자보상법상 지급을 거부할 수 없다고 본다.

(3) 유족의 정신적 고통에 대한 위자료청구

개정 국가배상법은 유족이 자신의 정신적 고통에 대한 위자료를 청구할 수 있다고 규정하여, 유족의 위자료청구에는 이중배상금지원칙을 적용하지 아니한다.

제 2 장
행정상 손실보상

- 142 손실보상청구권
- 143 보상규정이 없는 경우 권리구제방법
- 144 잔여지보상청구권
- 145 잔여지수용거부재결에 대한 불복방법
- 146 간접손실보상
- 147 생활보상
- 148 토지보상법상 이주대책
- 149 희생보상청구제도와 예방접종에 따른 국가보상

142. 손실보상청구권

공권 / 공당사 / 공재적 특보

헌법 제23조
① 모든 국민의 재산권은 보장된다. 그 내용과 한계는 법률로 정한다.
② 재산권의 행사는 공공복리에 적합하도록 하여야 한다.
③ 공공필요에 의한 재산권의 수용·사용 또는 제한 및 그에 대한 보상은 법률로써 하되, 정당한 보상을 지급하여야 한다.

1. 손실보상청구권의 성질

(1) 문제점

공용침해로 인하여 발생한 손실보상청구권의 법적 성질이 공권인지, 공용침해행위와 별개의 권리로서 사권인지 문제된다.

(2) 학설 및 판례

학설은 ① 손실보상청구권을 공용침해 행위와 별개로 보는 사권설, ② 공권력 행사인 공용침해로 인하여 발생한 권리로서 공익성을 고려해야 한다는 공권설이 대립한다.

판례는 하천법상 손실보상청구권을 공권으로 보고, 손실보상의 지급을 구하거나 손실보상청구권의 확인을 구하는 소송은 당사자소송에 의하여야 한다고 본다.

(3) 검 토

논의의 실익은 손실보상청구소송이 당사자소송의 대상인지 소송형태에 있다.

손실보상청구권은 공권력 행사로 인하여 발생한 권리이고 공익관련성이 있으므로 공권으로 보는 견해가 타당하다고 본다. 행정소송규칙 제19조 제1호는 손실보상금에 관한 소송을 당사자소송으로 규정하고 있다.

2. 손실보상청구권의 성립요건

① 공공필요, ② 타인의 재산권, ③ 적법한 공행정작용에 의한 침해, ④ 특별한 희생, ⑤ 보상규정이 있을 것을 요건으로 한다.

3. 특별한 희생의 판단기준

(1) 문제점

손실보상청구권의 성립요건 중 특별한 희생의 의미와 관련하여 견해가 대립한다.

(2) 학설 및 판례

학설은 ① 형식적 기준설, ② 실질적 기준설은 목적위배설, 사적효용설, 보호가치설, 수인한도설, 상황구속설 등이 대립한다.

판례는 토지를 종래목적으로 사용할 수 없거나 사적 사용방법이 없는 경우 사회적 제약의 한계를 넘은 특별한 희생으로 본다.

(3) 검 토

구체적인 사안에서 형식적·실질적 기준들을 모두 고려하여 종합적으로 판단하는 복수기준설이 타당하다고 본다.

143. 보상규정이 없는 경우 권리구제방법

▶ 16년 입시

불가분조항 / 관련보상규정 / 유추적용

헌법 제23조
③ 공공필요에 의한 재산권의 수용·사용 또는 제한 및 그에 대한 보상은 법률로써 하되, 정당한 보상을 지급하여야 한다.

1. 손실보상청구권의 성립요건

① 공공필요, ② 타인의 재산권에 대한, ③ 적법한 공행정작용에 의한 침해, ④ 특별한 희생, ⑤ 보상규정이 있을 것을 요건으로 한다.

2. 헌법 제23조 제3항이 불가분조항인지 여부

(1) 문제점

불가분조항(결부조항)이란 재산권의 공용침해규정과 보상규정을 하나로 묶어서 규정해야 한다는 원칙으로서, 헌법 제23조 제3항이 불가분조항인지 문제된다.

(2) 학설 및 판례

학설은 ① 보상규정 없는 공용침해규정은 위헌이라는 긍정설, ② 위헌은 아니고 보상규정 없는 공용침해에 대한 권리구제가 문제된다는 부정설이 대립한다.

판례는 법률제정시 보상규정이 없는 경우에도 뒤늦게 보상법률과 후속시행령에 의해 이미 손실보상을 받은 경우 위헌은 아니라고 본다.

(3) 검 토

헌법 제23조 제3항은 독일과 달리 수용뿐만 아니라 사용·제한도 규정하고 있으므로 부정설이 타당하다고 본다.

3. 보상규정이 없는 경우 권리구제방법

(1) 문제점

보상규정 없는 공용침해의 경우에도 손실보상청구가 가능한지, 보상규정이 없는 경우에 권리구제방법이 문제된다.

(2) 학설 및 판례

학설은 ① 헌법 제23조 제3항에 근거한 직접효력설, ② 수용유사침해이론에 근거한 유추적용설, ③ 불가분조항에 근거한 위헌무효설, ④ 불가분조항 부정설에 근거한 보상입법부작위위헌설이 대립한다.

헌법재판소는 헌법이 수용등의 보상규정을 법률로 정하도록 명시적으로 입법의무를 부과하였으므로 보상입법 부작위는 위헌이라고 보는 보상입법부작위위헌설을 취하고, 대법원은 보상규정이 없는 경우 관련보상규정을 유추적용하여 보상한다.

(3) 검 토

관련보상규정을 우선적으로 유추적용하고, 관련 보상규정이 없는 경우에만 헌법 제23조 제3항을 직접적용하는 것이 권리구제의 실효성을 위해 타당하다고 본다.

4. 손실보상의 범위

판례는 정당한 보상이란 원칙적으로 피수용자의 객관적인 재산가치의 완전보상을 뜻하는 것이라고 판시하였다.

144. 잔여지보상청구권

종래목적 / 사용 현저곤란 / 많은 비용

토지보상법 제73조(잔여지의 손실과 공사비 보상)
① 사업시행자는 동일 소유자에게 속하는 일단의 토지 일부가 취득·사용됨으로써 잔여지 가격 감소나 그 밖의 손실이 있을 때 또는 통로·도랑·담장 등의 신설이나 그 밖의 공사가 필요할 때에는 국토교통부령으로 정하는 바에 따라 그 손실이나 공사비용을 보상하여야 한다. 다만, 잔여지 가격 감소분과 잔여지 공사비용을 합한 금액이 잔여지의 가격보다 큰 경우 사업시행자는 그 잔여지를 매수할 수 있다.

1. **잔여지 손실보상청구권(토지보상법 제73조 제1항)**

    토지 등 소유자는 잔여지에 손실이 있는 경우 손실보상을 청구할 수 있다. 잔여지의 가격 감소분과 공사비용 합산액이 그 가격보다 큰 경우 사업시행자는 잔여지를 매수할 수 있다.

2. **잔여지 매수청구권 및 수용청구권(토지보상법 제74조 제1항).**

    ① 수용 후 잔여지를 종래목적으로 사용하는 것이 현저히 곤란할 때 토지소유자는 사업시행자에게 잔여지 매수청구 또는 사업인정 이후에는 관할 토지수용위원회에 수용청구할 수 있다.

    ② 종래목적이란 수용재결 당시의 현실적·구체적 용도를 의미, 사용이 현저히 곤란이란 물리적 이용불능은 물론 많은 비용이 소요되어 사회적·경제적 사용곤란한 경우를 포함한다.

145. 잔여지수용거부재결에 대한 불복방법

▶ 25년 변시 / 15년 5급

형성권 / 거부재결 / 보상금증감

토지보상법 제74조(잔여지 등의 매수 및 수용 청구)
① 동일 소유자에게 속하는 일단의 토지 일부가 협의매수되거나 수용됨으로 인하여 잔여지를 종래의 목적사용이 현저히 곤란할 때에는 해당 토지소유자는 사업시행자에게 잔여지 매수청구를 할 수 있으며, 사업인정 이후에는 관할 토지수용위원회에 수용청구할 수 있다. 이 경우 수용청구는 매수에 관한 협의가 성립되지 아니한 경우에만 할 수 있으며, 사업완료일까지 하여야 한다.

1. 잔여지수용청구권의 성질(토지보상법 제73조, 제74조)

잔여지수용청구권은 그 요건구비한 때에는 토지수용위원회의 특별한 조치를 기다릴 것 없이 청구에 의하여 수용의 효과가 발생하는 형성권적 성질을 가진다.

2. 잔여지수용재결에 대한 불복방법

① 사업시행자가 잔여지수용 자체를 다투는 경우 토지수용위원회를 피고로 취소소송, ② 사업시행자나 토지소유자가 보상금만 다투는 경우 보상금증감청구소송을 제기해야 한다.

3. 잔여지수용거부재결에 대한 불복방법

(1) 문제점

잔여지수용청구에 대한 기각재결의 경우 불복방법으로 항고소송 또는 손실보상청구소송이 가능한지 문제된다.

(2) 학설 및 판례

학설은 ① 잔여지수용거부를 원처분으로 보는 취소소송설, ② 보상금증감청구소송설, ③ 일반 보상금청구소송설이 대립하고, 판례는 사업시행자를 피고로 하여 보상금증감청구소송을 제기해야 한다고 판시하였다.

(3) 검 토

잔여지수용청구권은 형성권이므로 청구에 의해 수용효과가 발생하고 궁극적으로 보상금 문제이므로 분쟁의 일회적 해결을 위해 보상금증감청구소송설이 타당하다고 본다.

146. 간접손실보상

사업시행지 밖 / 손실예견 / 범위특정

> 토지보상법 제79조(그 밖의 토지에 관한 비용보상 등)
> ④ 제1항부터 제3항까지에서 규정한 사항 외에 공익사업의 시행으로 인하여 발생하는 손실보상 등에 대하여는 국토교통부령으로 정하는 기준에 따른다.
>
> Q. 폐기물처리시설이 건설·운영된 이후 처분시설로 통하는 진입도로에 연접(連接)한 곳에서 그 이전부터 횟집을 운영하여 온 주민 甲이 고객의 급감으로 더 이상 영업을 계속할 수 없다고 주장하면서 처분시설의 건설·운영자에 대하여 손실보상을 청구하는 경우 이를 인정할 수 있는가?

1. 의 의

간접손실보상이란 공익사업으로 인해 사업시행지 밖의 재산권자에게 공익사업으로 인해 필연적으로 발생하는 손실을 보상하는 것을 말한다.

2. 요 건

간접손실과 특별한 희생 발생. 이때 간접손실이란 ① 사업시행지 밖의 토지소유자가 입은 손실, ② 공공사업 시행으로 손실발생이 예견, ③ 범위가 구체적 특정되어야 한다.

3. 보상규정이 결여된 간접손실의 보상근거

(1) 문제점

공익사업으로 인해 사업시행지 밖의 간접손실에 대하여 개별법에 손실보상규정이 없는 경우에도 손실보상청구가 가능한지 문제된다.

(2) 학설 및 판례

학설은 ① 보상부정설, ② 헌법 제23조 제3항에 근거한 직접작용설, ③ 수용유사침해에 근거한 유추적용설이 대립한다.

판례는 간접손실을 헌법 제23조 제3항 정당보상에 포함된 것으로 보고, 관련보상규정을 유추적용하여 보상을 인정하였다.

(3) 검 토

관련 보상규정을 유추적용하여 간접손실보상을 청구할 수 있다고 본다. (토지보상법 제79조 제4항을 간접손실보상의 일반근거로 보는 견해도 있다.)

> A. 주민 甲이 고객의 급감으로 더 이상 영업을 계속할 수 없다고 주장하는 경우, 간접손실이 발생하고 당해 간접손실이 특별한 희생이 되는 경우「토지보상법」제79조 제4항을 근거로 보상청구가 가능하다.

147. 생활보상

종전생활 / 헌법 23조 · 34조 / 통일설

헌법 제23조
① 모든 국민의 재산권은 보장된다. 그 내용과 한계는 법률로 정한다.
② 재산권의 행사는 공공복리에 적합하도록 하여야 한다.
③ 공공필요에 의한 재산권의 수용·사용 또는 제한 및 그에 대한 보상은 법률로써 하되, 정당한 보상을 지급하여야 한다.

제34조
① 모든 국민은 인간다운 생활을 할 권리를 가진다. 〈이하 생략〉

1. 생활보상의 의의

생활보상이란 재산권 침해로 생활의 근거를 상실한 피수용자가 종전의 생활을 유지할 수 있도록 생존배려적 측면에서 생활재건에 필요한 정도의 보상을 해주는 것을 말한다.

2. 생활보상의 근거

(1) 문제점

생활보상의 법적 근거가 헌법 제23조 재산권 규정인지, 헌법 제34조 인간다운 생활을 할 권리인지 문제된다.

(2) 학설 및 판례

학설은 ① 헌법 제23조에 근거한 정당보상설, ② 헌법 제34조에 근거한 생존권설, ③ 헌법 제23조와 제34조를 결합한 통일설이 대립한다.

판례는 생활보상을 종전 생활의 원상회복과 동시에 인간다운 생활을 보장하는 생활보상의 일환이라고 보는 통일설을 취한다.

(3) 검 토

피수용자의 종전의 생활상태 유지는 완전보상을 의미하므로 헌법 제23조 재산권 보장규정과 인간다운 생활을 보장하는 헌법 제34조를 결합하는 통일설이 타당하다고 본다.

148. 토지보상법상 이주대책

▶ 23년 노무사 / 19년 입시

수립의무 / 내용결정·재량 / 확인·결정시

토지보상법 제78조(이주대책의 수립 등)
① 사업시행자는 공익사업시행으로 인하여 주거용 건축물을 제공함에 따라 생활근거를 상실하게 되는 자(이하 "이주대책대상자")를 위하여 대통령령으로 정하는 바에 따라 이주대책을 수립·실시하거나 이주정착금을 지급하여야 한다.

1. 의 의

이주대책이란 공익사업의 시행으로 생활의 근거를 상실하게 되는 자를 종전과 같은 생활상태를 유지할 수 있도록 다른 지역으로 이주시키는 것을 말한다.

2. 이주대책대상자의 수분양권 취득시기

(1) 문제점

이주대책대상자에게 언제 구체적인 수분양권 등 특정한 실체법상의 권리가 취득되는지 문제된다.

(2) 학설 및 판례

학설은 ① 계획수립이전시설, ② 사업시행자가 구체적인 계획수립하여 공고한 경우 취득된다는 이주대책계획수립시설, ③ 확인·결정시설이 대립한다.

판례는 이주대책대상자가 선정신청을 하고, 사업시행자가 이주대책대상자로 확인·결정해야 비로소 구체적인 수분양권이 발생한다고 본다.

(3) 검 토

법령상의 추상적 수분양권은 이주대책계획이 수립됨으로써 구체적 권리가 되는 것이므로 이주대책수립시설이 타당하다고 본다. 다만, 재판실무는 사업시행자의 확인·결정시로 본다.

149. 희생보상청구제도와 예방접종에 따른 국가보상

적법한 공권력 / 비재산적 법익 / 특별한 희생

감염병예방법 제71조(예방접종 등에 따른 피해의 국가보상)
① 국가는 예방접종 또는 예방·치료 의약품을 투여받은 사람이 그 예방접종 또는 예방·치료 의약품으로 인하여 질병에 걸리거나 장애인이 되거나 사망하였을 때 보상을 하여야 한다.
② 제1항에 따라 보상받을 수 있는 질병, 장애 또는 사망은…예방접종 행위자 및 예방·치료 의약품 투여자 등의 과실 유무에 관계없이. 질병관리청장이 인정하는 경우로 한다.

감염병예방법 제72조(손해배상청구권과의 관계 등)

1. 희생보상청구제도의 인정 여부

(1) 문제점

희생보상청구제도란 적법한 공권력 행사에 의해 생명·신체등 비재산적 법익이 침해되어 발생한 손실에 대한 보상제도를 말하며, 그 인정 여부가 문제된다.

(2) 학 설

학설은 ① 명문의 보상규정이 필요하다는 입법보상설, ② 헌법 제23조 제3항 또는 헌법 제10조, 제12조, 제37조를 유추적용하는 간접적용설이 대립한다.

(3) 검 토

독일과 같은 헌법적 관습법이 없더라도 헌법의 기본권 규정, 평등원칙과 법치국가원리, 손실보상규정 등을 유추적용하는 간접적용설이 타당하다고 본다.

2. 예방접종 등에 따른 피해의 국가보상의 법적 성질

(1) 문제점

감염병예방법 제71조 예방접종 등에 따른 피해의 국가보상이 손해배상인지 손실보상인지 그 법적 성질이 문제된다.

(2) 학설 및 판례

학설은 ① 예방접종의 부작용으로 인한 손해배상으로 보는 위험책임설, ② 공공목적의 예방접종에 따른 특별한 희생으로 보는 손실보상설이 대립한다.

판례는 예방접종 등에 따른 국가의 보상책임은 전염병예방법이 특별히 인정한 독자적인 피해보상제도라고 본다.

(3) 검 토

감염병예방법 제71조 예방접종 피해보상은 무과실책임이라는 점, 제72조에서 손해배상을 별도 규정한 점으로 볼 때, 희생보상청구권을 입법화한 것으로 본다.

제 3 장

행정심판

- 150 처분에 대한 이의신청과 행정심판
- 151 행정심판법 제13조 청구인적격
- 152 행정심판법상 가구제
- 153 재결의 종류와 재결의 효력
- 154 행정심판위원회의 일부취소재결 가능성
- 155 직접처분과 간접강제
- 156 인용재결과 실효성 확보수단
- 157 인용재결에 대한 행정청의 불복 가능성
- 158 행정심판법상 고지의무 불이행의 효과

150. 처분에 대한 이의신청과 행정심판

▶ 23-1

헌법 107조③ / 심판법 51조 / 절차·담당기관

헌법 제107조 ③ 재판의 전심절차로서 행정심판을 할 수 있다. 행정심판의 절차는 법률로 정하되, 사법절차가 준용되어야 한다.

행정심판법 제51조(행정심판 재청구의 금지) 심판청구에 대한 재결이 있으면 그 재결 및 같은 처분 또는 부작위에 대하여 다시 행정심판을 청구할 수 없다.

행정기본법 제36조(처분에 대한 이의신청) [2023. 3. 24. 시행]
① 행정청의 처분(「행정심판법」 제3조에 따라 행정심판의 대상이 되는 처분)에 이의가 있는 당사자는 처분을 받은 날부터 30일 이내에 해당 행정청에 이의신청을 할 수 있다.
③ 제1항에 따라 이의신청을 한 경우에도 그 이의신청과 관계없이 「행정심판법」에 따른 행정심판 또는 「행정소송법」에 따른 행정소송을 제기할 수 있다.
④ 이의신청에 대한 결과를 통지받은 후 행정심판 또는 행정소송을 제기하려는 자는 그 결과를 통지받은 날(제2항에 따른 통지기간 내에 결과를 통지받지 못한 경우에는 같은 항에 따른 통지기간이 만료되는 날의 다음 날)부터 90일 이내에 제1항의 처분(이의신청 결과 처분이 변경된 경우에는 변경된 처분으로 한다)에 대하여 행정심판 또는 행정소송을 제기할 수 있다.
⑤ 행정청은...이의신청에 대한 결과를 통지할 때에는 대통령령으로 정하는 바에 따라 제4항에 따른 행정심판 또는 행정소송을 제기할 수 있는 기간 등 행정심판 또는 행정소송의 제기에 관한 사항을 함께 안내하여야 한다. 다만, 이의신청에 대한 결과를 통지하기 전에 이미 신청인이 행정심판 또는 행정소송을 제기한 경우에는 안내하지 아니할 수 있다.

Ⅰ. 행정심판과 행정심판이 아닌 이의신청

1. 구별실익

행정심판은 행정심판법 제51조 재청구 금지원칙에 따라 항고소송만 가능하고, 이의신청은 행정심판 또는 항고소송이 가능하다. 제소기간 기산점은 이의신청의 경우 행정기본법 제36조, 행정심판의 경우 특별규정이 없는 한 행정소송법 제20조 제1항 단서가 적용된다.

2. 구별기준

(1) 문제점

개별법에 명문규정이 없는 경우 행정심판과 행정심판이 아닌 이의신청을 구별하는 기준이 무엇인지 문제된다.

(2) 학설 및 판례

학설은 ① 심판기관이 처분청인지 행정심판위원회인지 여부로 판단하는 심판기관기준설, ② 사법절차 준용 여부로 판단하는 쟁송절차기준설이 대립한다.

판례는 절차 및 담당기관의 차이와 행정심판 배제규정 등을 기준으로 구별한다.

(3) 검 토

헌법 제107조 제3항에 따라 사법절차 준용 여부로 판단하는 쟁송절차기준설이 타당하다고 본다. 이때 개별법상 사법절차 준용 여부, 이의신청과 별개로 행정심판 또는 행정소송이 가능한지, 행정심판을 준용하는지 여부가 중요한 기준이 된다.

II. 처분에 대한 이의신청

1. 개별적 법적 근거 필요성

행정청의 처분에 이의가 있는 당사자는 처분을 받은 날부터 30일 이내에 해당 행정청에 이의신청을 할 수 있다(행정기본법 제36조 제1항).

따라서 개별법에 이의신청에 관한 규정이 없더라도 처분에 이의가 있으면 30일 이내에 이의신청을 할 수 있으므로, 처분에 대한 국민의 불복기회가 확대되었다.

2. 행정쟁송과의 관계

처분에 대한 이의신청은 임의적 절차이므로 이의신청과 관계없이 행정심판 또는 행정소송을 제기할 수 있다(행정기본법 제36조 제3항).

3. 이의신청과 소의 대상

원칙적으로 이의신청의 대상인 원처분이 쟁송 대상이 되고, 이의신청 결과 처분이 변경된 경우 변경된 처분이 쟁송 대상이 된다(행정기본법 제36조 제4항).

따라서 기각결정의 경우 원처분이 소의 대상, 인용결정으로 처분이 변경된 경우 변경된 처분이 소의 대상이 된다.

4. 이의신청과 제소기간

이의신청에 대한 결과를 통지받은 후 행정심판 또는 행정소송을 제기하려는 자는 그 결과를 통지받은 날부터 90일 이내에 행정심판 또는 행정소송을 제기할 수 있다(행정기본법 제36조 제4항).

종래 판례는 이의신청의 기각결정은 원처분서 송달시, 인용결정은 결정서 송달시를 기산점으로 보았으나, 행정기본법 제36조 제4항에 따라 기각결정과 인용결정을 불문하고 결정서 송달시가 쟁송기간의 기산점이 되었다.

151. 행정심판법 제13조 청구인적격

▶ 24-2

법률상 이익 / 위법·부당 / 입법비과오론

행정심판법 제13조(청구인적격)
① 취소심판은 처분의 취소·또는 변경을 구할 법률상 이익이 있는 자가 청구할 수 있다. 처분의 효과가 기간경과, 처분집행, 그 밖의 사유로 소멸된 뒤에도 그 처분의 취소로 회복되는 법률상 이익이 있는 자의 경우에도 또한 같다. 〈이하 생략〉

1. 행정심판법 제13조 청구인적격의 입법론

(1) 문제점

행정심판은 위법한 처분뿐만 아니라 부당한 처분도 대상으로 하고 있으나, 청구인적격은 법률상 이익으로 제한하고 있어 그 해석이 문제된다.

(2) 학 설

학설은 ① 부당한 처분에 의한 권리침해는 있을 수 없고 사실상 이익의 침해만이 있을 수 있다고 보는 입법과오론, ② 심판청구요건과 본안문제를 구분하는 입법비과오론이 대립한다.

(3) 검 토

청구인적격의 범위는 무용한 쟁송방지를 위한 입법정책의 문제이므로 본안문제와 달리 보는 입법비과오론이 타당하다고 본다.

2. 법률상 이익의 의미

취소소송의 원고적격과 동일하게 근거법규 및 관련법규에 의해 보호되는 개별적, 직접적, 구체적 이익을 의미하고, 법률의 범위는 근거법규와 관련법규 그리고 구체적 기본권을 포함한다.

152. 행정심판법상 가구제

▶ 23-1 / 18년 5급

가구제 / 30조(집행정지) / 31조(임시처분)

행정심판법 제30조(집행정지)
① 심판청구는 처분의 효력·집행·절차의 속행에 영향을 주지 아니한다.
② 위원회는 처분, 처분집행 또는 절차속행 때문에 중대한 손해가 생기는 것을 예방할 필요성이 긴급하다고 인정할 때에는 직권으로 또는 당사자의 신청에 의하여 처분효력, 처분집행 또는 절차속행의 전부 또는 일부의 정지를 결정할 수 있다. 다만, 처분의 효력정지는 처분집행 또는 절차속행을 정지함으로써 목적달성할 수 있을 때에는 허용되지 아니한다.
③ 집행정지는 공공복리에 중대한 영향을 미칠 우려가 있을 때에는 허용되지 아니한다.

제31조(임시처분)
① 위원회는 처분·부작위가 위법·부당하다고 상당히 의심되는 경우로서 처분·부작위 때문에 당사자가 받을 우려가 있는 중대한 불이익이나 당사자에게 생길 급박한 위험을 막기 위하여 임시지위를 정하여야 할 필요가 있는 경우 직권 또는 당사자의 신청에 의하여 임시처분을 결정할 수 있다.
② 제1항에 따른 임시처분에 관하여는 제30조 제3항부터 제7항까지를 준용한다. 〈생략〉
③ 제1항에 따른 임시처분은 제30조 제2항에 따른 집행정지로 목적달성할 수 있는 경우에는 허용되지 아니한다.

1. 집행정지(제30조)

(1) 요 건

적극적 요건으로 ① 집행정지대상인 처분의 존재, ② 심판청구계속 중, ③ 중대한 손해 발생, ④ 긴급한 필요, 소극적 요건으로 공공복리에 중대한 영향을 미칠 우려가 없을 것을 요건으로 한다. 이때 중대한 손해는 행정소송법 제23조 제2항 소정의 회복하기 어려운 손해보다 넓은 개념이다.

(2) 효 력

판례는 효력기간이 정해진 제재처분을 판결선고시까지 집행정지 결정한 경우, 판결선고된 때에 그 효력기간이 다시 진행되고, 그 시기와 종기가 집행정지기간 중 경과한 경우도 마찬가지이며, 이러한 법리는 행정심판법 제30조 집행정지결정에도 그대로 적용된다고 본다.

2. 임시처분(제31조)

적극적 요건으로 ① 적법한 행정심판 계속 중, ② 위법·부당이 심히 의심, ③ 중대한 불이익, 급박한 위험이 있을 것, ④ 임시지위를 정할 필요,

소극적 요건으로 ① 공공복리에 중대한 영향을 미칠 우려 없을 것, ② 집행정지로 목적달성할 수 없을 것(보충성)

153. 재결의 종류와 재결의 효력

취소 · 변경 · 변경명령 / 처분 · 처분명령
형성력 / 기속력 / 준VA(확인행위)

행정심판법 제43조(재결의 구분)
① 위원회는 심판청구가 적법하지 아니하면 각하한다.
② 위원회는 심판청구가 이유가 없다고 인정하면 기각한다.
③ 위원회는 취소심판의 청구가 이유있다고 인정하면 처분취소 또는 처분변경하거나 처분변경명령을 피청구인에게 명한다.
④ 위원회는 무효등확인심판의 청구가 이유있다고 인정하면 처분의 효력유무 또는 처분의 존재여부를 확인한다.
⑤ 위원회는 의무이행심판의 청구가 이유있다고 인정하면 지체 없이 신청에 따른 처분을 하거나 처분명령을 피청구인에게 명한다.

1. 인용재결의 종류

(1) 취소심판

형성재결인 ① 처분취소재결, ② 처분변경재결, 이행재결인 ③ 처분변경명령재결

(2) 의무이행심판

형성재결인 ① 처분재결, 이행재결인 ② 처분명령재결이 있다. 행정심판위원회는 처분재결과 처분명령재결의 선택에 재량권을 가지며, 실무상 처분명령재결을 주로 한다.

(3) 무효등확인재결

① 처분무효확인재결, ② 처분실효확인재결, ③ 처분유효확인재결, ④ 처분존재확인재결, ⑤ 처분부존재확인재결이 있다.

2. 재결의 효력

(1) 형성력

재결의 내용에 따라 법률관계를 직접 변동시키는 효력으로서, 그 내용은 ① 형성효, ② 소급효, ③ 대세효(제3자효)가 있다.

(2) 기속력(행정심판법 제49조 제1항)

재결의 기속력이란 처분청 및 관계행정청이 재결의 취지에 따르도록 구속하는 효력으로서, 그 내용은 ① 반복금지효, ② 원상회복의무, ③ (재)처분의무가 있다.

(3) 확정력(존속력)

① 제소기간이 도과하면 재결은 확정되고 그 효력을 다툴 수 없는 불가쟁력, ② 행정심판위원회 자신도 재결을 직권취소 · 변경할 수 없는 불가변력이 있다.

(4) 공정력(구성요건적 효력)

재결은 준법률행위적 행정행위인 확인행위로서 공정력(구성요건적 효력)이 발생한다.

154. 행정심판위원회의 일부취소재결 가능성

▶ 22년 변시

가분성 / 특정성 / 본질적·재량취지
행심위(합의제 행정기관) / 부당 심리可 / 적극적 변경 可

행정심판법 제5조(행정심판의 종류)
1. 취소심판: 행정청의 위법 또는 부당한 처분을 취소하거나 변경하는 행정심판

1. 일부취소의 인정기준

적극적 요건으로서 일부취소부분이 ① 가분성, ② 특정성이 있고, 소극적 요건으로서 전체의 본질적 구성부분이거나 일부취소가 재량권 행사 취지에 반하지 않을 것.

행정부 내부의 자율적 통제의 의미를 지니는 행정심판의 특성상 일부취소의 가분성은 행정소송보다 넓게 인정되고, 소극적 요건 내지 한계도 완화되어 해석된다.

2. 취소심판에서 취소 또는 변경의 의미

제5조 제1호의 '취소'는 처분의 소극적 변경인 일부취소를 포함하고, '변경'은 처분의 적극적 변경을 의미한다. 이때 적극적 변경이란 당초처분의 직권취소와 새로운 처분의 실질을 가지므로 취소소송과 달리 취소심판에서는 적극적 변경이 허용된다.

3. 취소심판에서 재량행위의 일부취소 가능성

행정심판위원회는 행정부 소속의 합의제 행정청이고, 본안판단에서 위법뿐만 아니라 부당까지 심리할 수 있으며, 처분의 적극적 변경도 가능하다는 점에서 취소소송과 달리 재량행위의 일부취소재결도 허용된다.

4. 사안의 경우

사안의 경우, 과징금 액수가 과하게 책정되었음을 이유로 과징금부과처분 취소심판을 제기하였다면 행정심판위원회는 비례원칙 위반을 이유로 일부취소재결을 할 수 있다.

155. 직접처분과 간접강제

(재)처분의무 / 직접적(50조) / 간접적(50조의2)

행정심판법 제50조(위원회의 직접 처분)
① 위원회는 피청구인이 제49조 제3항에도 불구하고 처분을 하지 아니하는 경우에는 당사자가 신청하면 기간을 정하여 서면으로 시정을 명하고 그 기간에 이행하지 아니하면 직접 처분을 할 수 있다. 다만, 그 처분의 성질이나 그 밖의 불가피한 사유로 위원회가 직접 처분을 할 수 없는 경우에는 그러하지 아니하다.

제50조의2(위원회의 간접강제)
① 위원회는 피청구인이 제49조제2항(제49조제4항에서 준용하는 경우를 포함) 또는 제3항에 따른 처분을 하지 아니하면 청구인의 신청에 의하여 결정으로 상당한 기간을 정하고 피청구인이 그 기간 내에 이행하지 아니하는 경우에는 그 지연기간에 따라 일정한 배상을 명하거나 즉시 배상을 할 것을 명할 수 있다.

1. 직접처분

(1) 의의 및 성질

직접처분이란 행정청이 재결의 취지에 따라 신청에 따른 처분을 하지 아니하는 때에 위원회가 처분을 직접 행하는 것을 말한다(행정심판법 제50조 제1항). 그 성질은 재결의 실효성 확보를 위한 행정심판작용이면서 동시에 처분의 성질을 갖는다.

(2) 요 건

① 처분명령재결, ② 위원회가 당사자 신청에 따라 기간을 정하여 시정명령, ③ 행정청의 시정명령 불이행, ④ 위원회가 직접처분을 할 수 없는 경우에 해당하지 않을 것. 판례는 행정청이 어떤 처분을 했다면 재결취지에 반해도 직접 처분을 할 수 없다고 판시하였다.

2. 간접강제

2017년 행정심판법 개정으로 행정청이 인용재결에 따른 일정한 처분을 하지 않은 경우 이행시까지 배상을 명하는 간접강제제도가 도입되어 재결의 기속력과 실효성을 확보하였다(행정심판법 제50조의2).

156. 인용재결과 실효성 확보수단

▶ 18년 5급 (부작위)

쟁송수단 / (재)처분의무 / 실효성확보수단(직접·간접)

행정심판법 제49조(재결의 기속력 등)
① 심판청구 인용재결은 피청구인과 그 밖의 관계 행정청을 기속한다.
② 재결에 의하여 취소되거나 무효·부존재로 확인되는 처분이 당사자의 신청을 거부하는 것을 내용으로 하는 경우에는 그 처분을 한 행정청은 재결의 취지에 따라 다시 이전의 신청에 대한 처분을 하여야 한다.
③ 당사자의 신청을 거부하거나 부작위로 방치한 처분이행을 명하는 재결이 있으면 행정청은 지체 없이 이전의 신청에 대하여 재결의 취지에 따라 처분을 하여야 한다.
④ 신청에 따른 처분이 절차의 위법·부당을 이유로 재결로써 취소된 경우에는 제2항을 준용한다.

제50조(위원회의 직접 처분)
① 위원회는 피청구인이 제49조 제3항에도 불구하고 처분을 하지 아니하는 경우에는 당사자가 신청하면 기간을 정하여 서면으로 시정을 명하고 그 기간에 이행하지 아니하면 직접 처분을 할 수 있다. 다만, 그 처분의 성질이나 그 밖의 불가피한 사유로 위원회가 직접 처분을 할 수 없는 경우에는 그러하지 아니하다.

제50조의2(위원회의 간접강제)
① 위원회는 피청구인이 제49조제2항(제49조제4항에서 준용하는 경우를 포함) 또는 제3항에 따른 처분을 하지 아니하면 청구인의 신청에 의하여 결정으로 상당한 기간을 정하고 피청구인이 그 기간 내에 이행하지 아니하는 경우에는 그 지연기간에 따라 일정한 배상을 명하거나 즉시 배상을 할 것을 명할 수 있다.

I. 거부처분에 대한 인용재결과 실효성 확보수단

1. 행정심판법상 쟁송수단

거부처분에 대하여 거부처분취소심판과 의무이행심판 제기가 가능하다.

2. 취소심판(무효등확인심판)을 제기하는 경우

(1) 재처분의무 인정 여부

거부처분 취소재결(무효등확인재결)의 재처분의무 신설(행정심판법 제49조 제2항)

(2) 재처분의무 불이행시 직접적인 실효성 확보수단

제50조 제1항 위원회의 직접처분은 제49조 제3항의 처분의무 불이행을 요건, 따라서 취소재결의 재처분의무 불이행시 위원회의 직접처분은 불가능

(3) 재처분의무 불이행시 간접적인 실효성 확보수단

신설된 제50조의2에 따라 위원회의 간접강제 신청이 가장 실효적인 권리구제수단

3. 의무이행심판을 제기하는 경우

   (1) 재처분의무 인정 여부

   거부처분에 대한 처분명령재결의 재처분의무 인정(행정심판법 제49조 제3항)

   (2) 재처분의무 불이행시 직접적인 실효성 확보수단

   제50조 제1항 위원회의 직접처분 신청 가능. 다만, 제50조 제1항 단서에 해당하여 위원회가 직접처분을 할 수 없는 경우 위원회의 간접강제가 문제된다.

   (3) 재처분의무 불이행시 간접적인 실효성 확보수단

   신설된 제50조의2에 따라 위원회의 간접강제를 신청할 수 있다.

II. 부작위에 대한 인용재결과 실효성 확보수단

1. 행정심판법상 쟁송수단

   부작위에 대해 의무이행심판 제기 가능(제5조 제3호).

2. 인용재결과 실효성 확보수단

   (1) 재처분의무 인정 여부

   부작위에 대한 처분명령재결의 재처분의무 인정(행정심판법 제49조 제3항)

   (2) 재처분의무 불이행시 직접적인 실효성 확보수단

   제50조 제1항 위원회의 직접처분 신청 가능, 다만 제50조 제1항 단서에 해당하여 위원회가 직접처분을 할 수 없는 경우 위원회의 간접강제가 문제된다.

   (3) 재처분의무 불이행시 간접적인 실효성 확보수단

   신설된 제50조의2에 따라 위원회의 간접강제를 신청할 수 있다.

157. 인용재결에 대한 행정청의 불복 가능성

부정설(判) / 제한긍정 / 내통·신·기

행정심판법 제6조(행정심판위원회의 설치)
② 다음 각 호의 행정청의 처분 또는 부작위에 대한 심판청구에 대하여는 「부패방지권익위법」에 따른 국민권익위원회에 두는 중앙행정심판위원회에서 심리·재결한다.
  1. 제1항에 따른 행정청 외의 국가행정기관의 장 또는 그 소속 행정청
  2. 특별시장·광역시장·특별자치시장·도지사(시·도 교육감 포함 이하 "시·도지사") 또는 시·도 의회(의장, 위원회의 위원장, 사무처장 등 의회 소속 모든 행정청을 포함)
③ 다음 각 호의 행정청의 처분 또는 부작위에 대한 심판청구에 대하여는 시·도지사 소속으로 두는 행정심판위원회에서 심리·재결한다.
  1. 시·도 소속 행정청
  2. 시·도의 관할구역에 있는 시·군·자치구의 장, 소속 행정청 또는 시·군·자치구의 의회(의장, 위원회의 위원장, 사무국장, 사무과장 등 의회 소속 모든 행정청을 포함)

Q. 서울특별시장 A의 처분에 대해 상대방인 주민 甲은 행정심판을 제기하여 중앙행정심판위원회의 취소인용재결이 내려진 경우 서울특별시장 A는 당해 인용재결이 자치사무에 대한 지방자치단체의 자치권을 침해했음을 이유로 항고소송으로 다툴 수 있는가?

1. 인용재결에 대한 행정청의 불복 가능성

(1) 문제점

인용재결의 기속력에 구속되는 처분청이 인용재결에 불복하여 행정소송을 제기할 수 있는지 문제된다.

(2) 학설 및 판례

학설은 ① 기속력 규정에 반한다고 보는 부정설, ② 원칙적으로 부정하나 자치사무와 관련하여 예외를 인정하는 제한적 긍정설이 대립한다.

판례는 행정심판법 제49조 제1항에 따라 처분청은 재결에 기속되어 재결취지에 따른 처분의무를 부담하므로 재결에 불복하여 행정소송을 제기할 수 없다고 본다.

(3) 검 토

생각건대 행정청의 불복 인정은 행정의 내부적 통제를 스스로 파기하고, 국민의 신속한 권리구제를 지연시키며, 행정심판법 제49조 제1항의 기속력에 반하므로 부정설이 타당하다고 본다.

(입법론으로는 처분청과 행정심판위원회가 별개의 법주체 소속이고, 재결로 주관적 공권인 자치권이 침해되는 경우 불복을 인정함이 타당하다고 본다)

A. 판례에 따르면 서울특별시장 A는 중앙행정심판위원회의 취소인용재결에 대하여 항고소송으로 다툴 수 없다.

158. 행정심판법상 고지의무 불이행의 효과

▶ 22년 5급 / 22년 변시 / 19년 입시

비권사 / 처분위법X / 불고지·오고지 효과
청구서·제출기관(23조) / 청구기간(27조)

행정심판법 제58조(행정심판의 고지)
① 행정청이 처분할 때에는 처분상대방에게 다음 각 호의 사항을 알려야 한다.
  2. 행정심판청구하는 경우의 심판청구절차 및 심판청구기간

제27조(심판청구의 기간)
⑤ 행정청이 심판청구 기간을 제1항에 규정된 기간보다 긴 기간으로 잘못 알린 경우 그 잘못 알린 기간에 심판청구가 있으면 그 행정심판은 제1항에 규정된 기간에 청구된 것으로 본다.
⑥ 행정청이 심판청구 기간을 알리지 아니한 경우 제3항(180일)에 규정된 기간에 심판청구 할 수 있다.

1. 행정심판법상 고지의무의 의의

행정심판의 고지제도는 행정청이 처분을 함에 있어서 상대방에게 그 처분에 대한 행정심판 제기가능성, 심판청구절차, 청구기간 등 필요사항을 미리 알려주는 제도를 말한다(제58조).

2. 법적 성질

고지는 불복청구에 필요한 사항을 알려 주는 비권력적 사실행위로서, 고지 그 자체로서는 아무런 법적 효과를 발생시키지 않는다.

3. 불고지 또는 오고지의 효과

(1) 심판청구서제출기관과 권리구제

행정청의 불고지 또는 오고지로 심판청구서를 다른 행정기관에 제출한 경우 심판청구기간은 그 행정기관에 심판청구서가 제출되었을 때에 행정심판이 청구된 것으로 본다(제23조).

(2) 청구기간

① 불고지의 경우 처분이 있은 날로부터 180일, ② 오고지의 경우 잘못 알린 기간에 심판청구가 있으면 그 행정심판은 적법한 기간 내에 청구된 것으로 본다(제27조).

(3) 불고지 또는 오고지와 처분의 효력

행정심판법상 고지의무는 처분의 절차요건이 아니므로 행정심판의 청구기간이 연장될 수 있을 뿐, 행정처분의 하자가 수반된다고 할 수 없다.

제 4 장

행정소송

- 159 의무이행소송
- 160 예방적 부작위(금지)소송
- 161 취소소송의 대상적격
- 162 거부처분 성립요건
- 163 행정청의 변경처분과 소의 대상
- 164 적극적 변경명령재결과 소의 대상
- 165 인용재결에 대한 항고소송
- 166 항고소송의 원고적격
- 167 제3자의 원고적격
- 168 국가 등의 원고적격 인정 여부
- 169 단체소송의 원고적격
- 170 협의의 소의 이익
- 171 협의의 소의 이익 구체적 검토
- 172 가중적 제재처분규정과 소이익 – 제재처분의 효력이 소멸한 경우
- 173 침해의 반복가능성과 단계적 행정결정의 소이익
- 174 경원자관계와 소이익
- 175 피고적격
- 176 제소기간
- 177 필요적 행정심판전치주의
- 178 관할법원
- 179 집행정지의 요건
- 180 거부처분의 집행정지 가능성
- 181 가처분의 인정 여부
- 182 증명책임
- 183 관련청구소송의 이송과 병합
- 184 소의 변경
- 185 제3자의 소송참가와 재심청구
- 186 행정청의 소송참가
- 187 처분사유의 추가·변경
- 188 사정판결
- 189 일부취소판결
- 190 취소소송의 위법판단 기준시
- 191 취소판결의 형성력
- 192 기속력
- 193 간접강제
- 194 기판력
- 195 취소소송과 무효확인소송 간의 기판력
- 196 취소소송과 국가배상청구소송 간의 기판력
- 197 무효등확인소송과 확인소송의 보충성
- 198 무효확인소송 심리결과 취소사유인 경우 법원의 조치
- 199 부작위위법확인소송의 소송요건
- 200 부작위위법확인소송의 심리와 기속력
- 201 당사자소송의 대상
- 202 당사자소송의 소송요건
- 203 공법상 당사자소송과 가구제
- 204 기관소송의 인정 범위

159. 의무이행소송 인정 여부

법정 외 / 실질적 법치주의 / 4조·예시

행정소송법 제4조(항고소송)
항고소송은 다음과 같이 구분한다.
 1. 취소소송: 행정청의 위법한 처분등을 취소·변경하는 소송
 2. 무효등확인소송: 행정청의 처분등의 효력유무·존재여부를 확인하는 소송
 3. 부작위위법확인소송: 행정청의 부작위가 위법하다는 것을 확인하는 소송

1. 의무이행소송 인정 여부

(1) 문제점

의무이행소송이란 신청에 대한 행정청의 거부 또는 부작위에 대해 일정한 작위의무이행을 청구하는 소송으로서, 그 인정 여부가 문제된다.

(2) 학설 및 판례

학설은 ① 행정의 제1차적 판단권을 존중하고 행정소송법 제4조를 제한적으로 해석하는 부정설, ② 제4조를 예시적 규정으로 보는 긍정설, ③ 다른 구제방법이 없는 경우에만 인정하는 절충설이 대립한다.

판례는 작위의무의 이행이나 확인을 구하는 행정소송은 허용될 수 없다고 하여 행정청에게 일정한 처분을 하도록 하는 의무이행소송을 부정한다.

(3) 검 토

권력분립원칙상 이행판결을 명하는 의무이행소송이 입법화되지 않았으므로, 입법론은 별론으로 하고 현행법의 해석상 부정설이 타당하다고 본다.
(행정소송법 법무부개정안에는 의무이행소송과 가처분이 규정되어 있다)

2. 사안의 경우

행정청의 작위의무 이행을 구하는 의무이행소송은 인정되지 않으므로 현행법상 인정되지 않으므로 부적법 각하될 것이다.

160. 예방적 부작위(금지)소송

▶ 25년 변시 / 23년 입시 / 19년 5급 / 12년 변시

법정 외 / 실질적 법치주의 / 4조·예시

1. 예방적 부작위소송 인정 여부

(1) 문제점

예방적 부작위소송이란 장래 행정청의 공권력 행사에 의해 국민의 권익침해가 예상되는 경우 행정권 발동을 방지하기 위한 소송으로서 그 인정 여부가 문제된다.

(2) 학설 및 판례

① 행정청의 제1차적 판단권을 존중하고 행정소송법 제4조를 제한적으로 해석하는 부정설, ② 제4조를 예시적 규정으로 보는 긍정설, ③ 실효성 있는 권익구제 기대가능성이 없는 경우 인정하는 절충설이 대립한다.

판례는 행정청이 일정한 처분을 하지 못하도록 그 부작위를 구하는 청구는 허용되지 않는다고 하여 부정설을 취한다.

(3) 검 토

권력분립원칙상 예방적 부작위소송은 입법화되지 않았고, 소송의 형식적 확실성을 중요시하는 판례도 일관되게 이러한 소송을 부정하고 있는 바, 입법론은 별론으로 하고 현행법의 해석상 예방적 부작위심판은 허용될 수 없다고 본다.

[보론 : 예방적 부작위심판 인정 여부]

(1) 학 설

행정심판은 행정내부의 자율적 통제로서 권력분립원칙에 반하지 않는다는 점, 처분재결 또는 처분의 적극적 변경도 가능하다는 점에서 처분의 발급 이후 행정쟁송과 가구제로서 실효적인 권리구제를 기대하기 어려운 예외적인 경우 예방적 부작위심판을 인정하자는 견해도 있다.

(2) 검 토

생각건대 헌법 제107조 제3항에 따라 사법절차가 준용되는 행정심판의 경우에 입법론은 별론으로 하고 현행법의 해석상 예방적 부작위심판은 허용될 수 없다. 입법론으로 회복하기 어려운 손해발생의 우려가 있는 특별한 경우 예방적 부작위심판을 인정하는 것이 바람직하다고 본다.

161. 취소소송의 대상적격

행정청 / 구·사·법 / 공권력 / 직접영향

행정소송법 제2조(정의)
1. "처분등"이란 행정청이 행하는 구체적 사실에 관한 법집행으로서의 공권력의 행사 또는 그 거부와 그 밖에 이에 준하는 행정작용 및 행정심판에 대한 재결을 말한다.

제19조(취소소송의 대상)
취소소송은 처분등을 대상으로 한다. 다만, 재결취소소송의 경우에는 재결 자체에 고유한 위법이 있음을 이유로 하는 경우에 한한다.

1. 취소소송의 대상적격 충족 여부

처분이란 행정청이 행하는 구체적 사실에 관한 법집행으로서 공권력의 행사 또는 거부와 이에 준하는 행정작용을 말한다(행정소송법 제19조, 제2조 제1항 제1호). 판례는 국민의 권리의무에 직접적인 영향을 미치는 행위로 본다.

최근 판례는 처분 여부가 불분명한 경우 불복방법 선택에 중대한 이해관계를 가지는 상대방의 인식가능성과 예측가능성을 고려하여 규범적으로 판단한다.

2. 행정청의 불복방법 안내와 처분성 여부

(1) 문제점

행정청이 "행정심판 또는 행정소송을 제기할 수 있음을 알려드립니다."라는 불복방법 안내한 이후 원고의 소제기 이후에 처분성을 부정할 수 있는지 문제된다.

(2) 판 례

판례는 그 행위와 이해관계인이 입는 불이익 사이의 실질적 견련성, 법치행정원칙 등을 고려하여 개별적으로 결정하고, 불분명하면 불복방법의 선택에 중대한 이해관계 있는 상대방의 인식가능성과 예측가능성을 고려하여 규범적으로 판단한다.

(3) 검 토

행정심판 또는 행정소송이 가능하다고 안내하여 그 상대방도 행정소송법이 적용되는 처분으로 인식하였음에도 불구하고, 이러한 불복방법을 안내한 피고가 항고소송 제기 후 처분성을 부정하는 것은 신의성실원칙에 반한다고 본다.

162. 거부처분 성립요건

▶ 21년 변시 / 16년 변시

신청·거부 / 내용·처분 / 직접영향 / 신청권
거부처분요건설 / 구·신·법·일·추·응

1. 거부처분 성립요건

① 처분의 신청에 대한 거부행위, ② 거부된 내용은 처분인 공권력 행사의 거부, ③ 거부행위가 신청인의 법률관계에 직접적 영향을 미쳐야 한다. 그 외에 신청권이 필요한지 문제된다.

2. 법규상·조리상 신청권 필요성 여부

(1) 문제점

행정소송법 제2조 제1항 제1호의 처분개념에는 신청권을 요건으로 하지 않는 바, 거부처분에 신청권이 필요한지 견해 다툼이 있다

(2) 학설 및 판례

학설은 ① 신청권을 본안문제로 보는 본안문제설, ② 원고적격의 법률상 이익으로 보는 원고적격설, ③ 거부처분의 요건으로 보는 대상적격설이 대립한다.

판례는 거부처분의 성립요건으로 보는 대상적격설을 취하고, 이때 신청권이란 구체적 사건에서 신청인이 누구인지를 고려하지 않고 관계법규의 해석을 통해 일반국민에게 추상적으로 인정되는 응답받을 권리로 본다.

(3) 검 토

원고적격설은 처분개념에 따라 거부처분의 성립 여부를 판단하고 신청권은 공권인 법률상 이익으로 본다. 이와 달리 대상적격설은 신청권을 원고적격의 주관적 공권이 아닌 객관적 공권으로 본다. 이하 판례에 따라 대상적격설로 검토한다.

3. 반복된 거부행위의 처분성

(1) 문제점

동일한 내용의 반복된 거부행위를 새로운 처분으로 보고, 별도로 항고소송의 대상이 되는 것으로 볼 수 있는지 문제된다. 이는 최초의 거부처분에 불가쟁력이 발생하는 경우에 특히 논의의 실익이 있다.

(2) 판 례

판례는 반복된 거부행위의 처분성을 부정하나, 거부처분 후 신청 제목에도 불구하고 새로운 신청의 취지라면 행정청이 다시 거절하는 것은 새로운 거부처분으로 본다.

(3) 검 토

논의의 실익은 최초의 거부처분에 불가쟁력이 발생하는 경우 반복된 거부행위를 별도로 다툴 수 있는지 여부에 있다.

생각건대 반복된 행위는 새롭게 국민의 권리의무를 규율하는 특별한 사정이 없는 한 원칙적으로 항고소송의 대상인 처분이 아니다. 다만, 예외적으로 새로운 신청에 따른 동일한 내용의 거부행위는 새로운 처분이므로 별도로 항고소송의 대상이 된다.

163. 행정청의 변경처분과 소의 대상

완전대체 / 주요부분 / 실질적 변경
유효전제 / 일부만 추·철·변 / 가분적

1. 변경처분의 의의

변경처분에는 소극적 변경처분으로서 일부취소와 적극적 변경처분이 있다. 이 경우 원처분인 당초처분과 변경처분 중 무엇이 항고소송의 대상인지 견해가 대립한다.

2. 변경처분과 소의 대상

(1) 문제점

변경처분이 있는 경우 소의 대상을 당초처분을 대체하는 변경처분으로 볼 것인지, 변경된 당초처분으로 볼 것인지 문제된다.

(2) 학설 및 판례

학설은 ① 변경된 당초처분설, ② 변경처분설, ③ 소극적 변경의 경우 남은 원처분, 적극적 변경인 경우 변경처분이 소의 대상이 된다는 구별설이 대립한다.

판례는 후속처분이 종전처분을 완전대체 또는 주요부분을 실질적으로 변경하면 후속처분, 종전처분의 유효를 전제로 일부만 추가·철회·변경하고 그것이 나머지 부분과 가분적이면 종전처분이 여전히 소의 대상이 된다고 본다.

(3) 검 토

후속처분이 당초처분을 질적으로 대체하는지 또는 동일성을 유지하며 일부만 변경하는지 여부로 소의 대상을 판단하는 견해가 타당하다고 본다.

(이때 질적 일부취소의 경우 처분의 상대방에게 유리한 변경인지 불리한 변경인지 여부는 동일성 판단의 고려요소가 될 것이다.)

164. 변경명령재결과 소의 대상

▶ 20년 5급 / 17년 변시 / 14년 변시

불변금 / 사실상 일부취소 / 남은 원처분(당초처분)

1. 적극적 변경명령재결의 의의

　　적극적 변경명령재결은 원처분을 대체하는 질적 변경으로 새로운 처분의 실질이 있는 반면, 행정심판법 제47조 제2항 불이익변경금지원칙에 따라 사실상 일부취소인 질적 일부취소인 경우도 있다.(전자에 따르면 후속처분이 소의 대상, 후자에 따르면 남은 원처분이 소의 대상이 된다)

2. 적극적 변경명령재결과 소의 대상

(1) 문제점

　　이행재결의 후속처분이 있는 경우 소의 대상인 변경된 원처분인지 후속처분인지 제소기간 기산점과 관련하여 소의 대상이 문제된다.

(2) 학설 및 판례

　　학설은 ① 원처분주의의 원칙상 변경된 당초처분이 소의 대상이라는 남은 원처분설, ② 원처분을 대체하는 후속처분이 소의 대상이라는 후속처분설이 대립한다.

　　판례는 취소소송의 대상은 변경된 내용의 당초처분이지 변경처분은 아니고, 제소기간도 변경된 당초처분을 기준으로 판단한다.

(3) 검 토

　　생각건대 적극적 변경명령재결에 따른 후속처분도 사실상 일부취소의 실질을 가지고, 행정심판법 제47조 제2항 불이익변경금지원칙에 따라 새로운 불이익이 없는 질적 일부취소이므로 변경된 당초처분설이 타당하다고 본다.

3. 제소기간

　　판례에 따라 변경명령재결에 따른 변경처분의 경우 소의 대상은 변경된 내용의 당초처분이며, 제소기간은 재결서 정본을 송달받은 날로부터 90일 이내이다.

　　이와 달리 후속처분설에 따르면 제소기간 기산점이 후속처분서 송달시가 되므로 국민의 권리구제에 유리한 측면이 있다.

165. 인용재결에 대한 항고소송

▶ 24-2 / 23-1

고유한 위법 / 내용상 위법 / 재결취소소송

행정소송법 제19조(취소소송의 대상)
취소소송은 처분등을 대상으로 한다. 다만, 재결취소소송의 경우에는 재결자체에 고유한 위법이 있음을 이유로 하는 경우에 한한다.

1. 원처분주의와 재결주의

(1) 의 의

행정소송법 제19조는 원칙적으로 원처분주의를 택하고, 예외적으로 행정심판위원회가 더 큰 권위와 전문성을 갖는 경우 개별법에서 재결주의를 택한다.

(2) 사안의 경우

이 사건 처분의 근거법률은 재결주의를 취하는 특별한 경우가 아니므로 원처분주의가 적용된다. 이때 원처분은 취소재결의 형성력으로 실효되었고, 인용재결에 의해 비로소 불이익이 발생하였으므로 제19조 단서의 재결취소소송이 문제된다.

2. 제19조 단서 '재결의 고유한 위법'의 의미

(1) 문제점

행정소송법 제19조 단서 '재결자체의 고유한 위법'에 재결의 주체·절차·형식 이외에 재결의 내용상 하자가 포함되는지 문제된다.

(2) 학설 및 판례

학설은 ① 재결의 내용상 하자도 포함된다고 보는 긍정설, ② 재결의 실체적 판단을 제외한 재결의 주체·절차·형식상 하자에 한한다고 보는 부정설이 대립한다.
판례는 재결 자체에 고유한 위법에 주체·절차·형식의 위법뿐만 아니라 재결의 내용상 위법을 포함한다고 본다.

(3) 검 토

재결자체의 고유한 위법에는 원처분에는 없고 재결에만 있는 주체·형식·절차 이외에 재결의 내용상 위법을 포함하는 긍정설이 타당하다고 본다.

3. 사안의 경우

재결의 고유한 위법에는 내용상 하자가 포함되므로 甲은 원처분과 내용을 달리하는 인용재결에 대하여 행정소송법 제19조 단서의 재결취소소송을 제기할 수 있다.

3-1. 제3자효 행정행위의 인용재결에 대한 항고소송 (생략 可)

(1) 문제점

재결의 고유한 위법에 내용상 하자가 포함되지 않는다면, 인용재결이 처분의 상대방에게 비로소 불이익을 발생시키는 새로운 원처분으로 볼 수 있는지 문제된다.

(2) 학설 및 판례

학설은 ① 인용재결을 새로운 원처분으로 보는 제19조 본문적용설, ② 인용재결의 내용상 하자를 고유한 위법으로 보는 제19조 단서적용설이 대립한다.

판례는 원처분과 내용을 달리하는 인용재결의 취소를 구하는 것은 재결에 고유한 하자를 주장하는 제19조 단서의 재결취소소송으로 본다.

(3) 검 토

재결의 고유한 하자에는 내용상 하자가 포함되므로, 원처분과 내용을 달리하는 인용재결은 행정소송법 제19조 단서의 재결취소소송의 대상이 된다.

166. 항고소송의 원고적격

▶ 21년 변시

법률상 이익 / 법률의 범위 / 근거+관련=개・직・구

행정소송법 제12조(원고적격)
취소소송은 처분등의 취소를 구할 법률상 이익이 있는 자가 제기할 수 있다. 처분등의 효과가 기간경과, 처분집행 그 밖의 사유로 인하여 소멸된 뒤에도 그 처분등의 취소로 인하여 회복되는 법률상 이익이 있는 자의 경우에는 또한 같다.

1. 원고적격의 의의

원고적격이란 원고로서 소송을 수행하여 본안판결을 받을 수 있는 자격을 의미하며, 행정소송법 제12조 전문에 '법률상 이익'의 의미가 문제된다.

2. 법률상 이익의 의미

(1) 학설 및 판례

학설은 ① 권리회복설, ② 법률에 의해 보호되는 이익침해의 구제로 보는 법률상 보호이익구제설, ③ 보호가치 있는 이익구제설, ④ 적법성보장설이 대립한다.

판례는 당해 처분의 근거법규 및 관련법규에 의해 보호되는 개별적, 직접적, 구체적 이익이 있는 경우를 의미한다고 본다.

(2) 검 토

주관소송을 취하는 현행법의 해석상 법률상보호이익구제설이 타당하다고 본다.

3. 법률의 범위

(1) 학설 및 판례

학설은 ① 처분의 근거법규로 보는 근거법규설, ② 근거법규에 관련법규를 포함하는 관련법규포함설, ③ 기본권규정 포함설, ④ 민법규정포함설이 대립한다.

판례는 이른바 새만금판례에서 환경영향평가법을 근거법규 내지 관련법규로 보고 법률상 이익을 판단하였고 추상적인 기본권인 환경권을 고려하지 않았으나 헌법재판소는 구체적 기본권인 경쟁의 자유를 근거로 법률상 이익을 판단하였다.

(2) 검 토

법률의 범위는 근거법규・관련법규에 구체적 기본권을 포함하는 견해가 타당하다고 본다. 따라서 추상적 기본권인 환경권은 제외되나, 구체적 기본권인 경쟁의 자유는 포함된다.

167. 제3자의 원고적격

▶ 24년 5급 / 24-3 / 20년 입시 / 19년 5급/ 17년 5급 / 16년 변시

인인 / 경업자 / 경원자

1. 항고소송의 원고적격

(1) 의 의

원고적격이란 원고로서 소송을 수행하여 본안판결을 받을 수 있는 자격을 의미하며, 행정소송법 제12조 전문에 '법률상 이익'의 의미가 문제된다.

(2) 법률상 이익의 의미

판례는 처분의 근거법규·관련법규에 의해 보호되는 개별적, 직접적, 구체적 이익을 의미하는 것으로 보고 환경권은 고려하지 않았으나, 헌법재판소는 구체적 기본권인 경쟁의 자유를 근거로 법률상 이익을 판단하였다.

경업자소송 / 근거법률 / 과당경쟁 / 경영의 불합리

2. 제3자의 원고적격 - 경업자소송

(1) 경업자소송인지

제3자 소송은 ① 인인소송, ② 경업자소송, ③ 경원자소송이 있는 바, 사안의 경우 경업관계에 있는 제3자가 타인에 대한 처분을 다투는 것이므로 경업자소송에 해당한다.

(2) 경업자소송의 의의

경업자소송이란 여러 영업자가 경쟁관계에 있는 경우 다른 영업자에 대한 처분 등을 경쟁관계에 있는 영업자가 다투는 소송을 말한다.

(3) 판 례

수익적 처분의 근거법률이 과당경쟁으로 인한 경영의 불합리를 방지하는 취지가 있는 경우 기존업자에게 경업자에 대한 처분의 취소를 구할 당사자적격을 인정하였다.

경원자 / 일방허가 / 타방불허가 / 귀결

3. 제3자의 원고적격 - 경원자소송

(1) 경원자소송인지

제3자 소송은 ① 인인소송, ② 경업자소송, ③ 경원자소송이 있는 바, 사안의 경우 경원관계에 있는 제3자가 타인에 대한 인용처분을 다투는 것이므로 경원자소송에 해당한다.

(2) 경원자소송의 의의

경원자소송이란 인허가 신청 등의 수익적 처분과 관련하여 경쟁관계에 있는 경우 허가를 받지 못한 자가 타방이 받은 허가를 다투는 소송을 말한다.

(3) 판 례

인·허가 등의 수익적 행정처분을 신청한 여러 사람이 경쟁관계에 있어 일방에 대한 허가처분이 타방에 대한 불허가로 귀결될 경우 처분을 받지 못한 사람은 처분의 상대방이 아닌 경우에도 당해 처분의 취소를 구할 당사자적격이 있다고 판시하였다.

▶ 23년 법행 / 23-2

인인 / 환경영향평가 / 內(사실상추정) / 外(스스로증명)

4. 제3자의 원고적격 - 인인소송

(1) 인인소송인지

제3자 소송은 ① 인인소송, ② 경업자소송, ③ 경원자소송이 있는 바, 사안의 경우 인근주민인 제3자가 타인에 대한 처분을 다투는 것이므로 인인소송에 해당한다.

(2) 인인소송의 의의

인인소송이란 행정청이 어떤 시설설치 허가처분에 대하여 특정인에 대한 수익적 처분이 인근주민에게 불이익이 되는 경우에 인근주민이 다투는 소송을 말한다.

(3) 판 례

환경영향평가 대상지역 안의 주민에게 환경상 이익 침해를 사실상 추정하고, 대상 지역 밖의 주민은 처분전과 비교하여 수인한도를 넘는 환경상 이익 침해 여부를 스스로 입증해야 한다고 판시하였다.

168. 국가 등의 원고적격 인정 여부

중대한 불이익 / 다툴 방법 / 유효·적절
내부조정 / 권한쟁의 / 기관소송

행정소송법 제8조(법적용예)
② 행정소송에 관하여 이 법에 특별한 규정이 없는 사항에 대하여는 법원조직법과 민사소송법 및 민사집행법의 규정을 준용한다.

민사소송법 제51조(당사자능력·소송능력 등에 대한 원칙)
당사자능력, 소송능력, 소송무능력자의 법정대리와 소송행위에 필요한 권한의 수여는 이 법에 특별한 규정이 없으면 민법, 그 밖의 법률에 따른다.

제52조(법인 아닌 사단 등의 당사자능력)
법인 아닌 사단·재단은 대표자·관리인이 있는 경우에는 그 사단·재단의 이름으로 당사자가 될 수 있다.

1. 행정소송법상 당사자능력

행정소송법 제8조 제2항에 의해 준용되는 민사소송법 제51조·제52조에 따라 자연인, 법인, 비법인 사단·재단을 포함한다. 국가나 지방자치단체도 공법인이므로 당사자능력이 인정된다.

2. 국가 등의 원고적격 인정 여부

(1) 문제점

항고소송은 국민의 권익구제를 위한 주관소송인 바, 제12조의 법률상 이익을 사익보호로 한정할 것인지 국가적 공권도 포함시킬 수 있는지 문제된다.

(2) 학설 및 판례

학설은 ① 법률상 이익을 사익보호로 한정하는 부정설, ② 공권을 개인적 공권으로 한정하지 않고 개별적 이익침해로 보는 긍정설이 대립한다.

판례는 다른 국가기관 일방의 조치로 중대한 불이익 발생, 조치를 다툴 별다른 방법이 없고, 항고소송 제기가 유효·적절한 수단인 경우 당사자능력 및 원고적격이 인정된다고 본다.

(3) 검토

국가와 지방자치단체는 공법인으로서 당사자능력을 가지므로 원고적격이 인정되나, 국가기관은 당사자능력이 없으므로 원고적격을 부정함이 타당하다고 본다. 판례는 국가기관도 예외적으로 원고적격을 긍정한다.

개정 「부패방지권익위법」은 일정한 경우 소속기관장 등에게 행정소송의 원고적격과 행정심판의 청구인적격을 명문으로 인정하고 있다(제62조의4 제1항,제2항).

169. 단체소송의 원고적격

▶ 25년 변시 / 20년 입시 / 19년 변시

진정단체소송 / 이타적 / 이기적
의사협회 / 수녀원사건 / 부정

1. 단체소송의 의의

단체소송이란 단체 자체의 법률상 이익 침해가 없이 단체가 목적으로 하는 일반적 이익 또는 집단적 이익의 보호를 위하여 제기하는 소송을 의미한다.

2. 단체소송 인정 여부

(1) 문제점

법률상 이익침해를 전제하지 않는 단체소송은 객관소송의 성격을 가지므로, 개별적 법적 근거가 없어도 일반적으로 단체소송이 인정될 수 있는지 문제된다.

(2) 학설 및 판례

학설은 ① 객관소송의 성질상 명문규정 없이 인정될 수 없다고 보는 부정설, ② 정관의 목적인 공익침해에 한하여 긍정하는 제한적 긍정설이 대립한다.

판례는 사단법인 대한의사협회의 보건복지부 고시로 인한 법률상 이익침해를 부정하였고, 재단법인 수녀원은 쾌적한 환경에서 생활할 환경상 이익의 향유주체가 아니므로 원고적격이 없다고 보았다.

(3) 검토

객관소송의 성격을 가지는 단체소송은 행정소송법 제45조 객관소송법정주의에 따라 명문규정이 없는 한 부정된다고 본다. 다만, 입법론으로 단체의 존립목적인 정관의 목적 범위 내에서의 공익소송을 인정함이 타당하다.

170. 협의의 소의 이익

▶ 23년 변시 / 22년 5급 / 20년 5급 / 15년 변시

12조후문 / 회복되는 법률상 이익 / 명예·신용
소멸 / 원상회복 / 사정변경 / 용이한(효율적인)

행정소송법 제12조(원고적격)
취소소송은 처분등의 취소를 구할 법률상 이익이 있는 자가 제기할 수 있다. 처분등의 효과가 기간경과, 처분집행 그 밖의 사유로 인하여 소멸된 뒤에도 그 처분등의 취소로 인하여 회복되는 법률상 이익이 있는 자의 경우에는 또한 같다.

제35조(무효등 확인소송의 원고적격)
무효등 확인소송은 처분등의 효력 유무 또는 존재 여부의 확인을 구할 법률상 이익이 있는 자가 제기할 수 있다.

1. 의의 및 근거

협의의 소이익이란 재판을 통한 권리보호필요 또는 이익을 말하며, 제12조 제2문에 근거한다. 판례는 행정소송법 제12조 제2문에서 정한 법률상 이익, 즉 행정처분을 다툴 협의의 소의 이익은 개별·구체적 사정을 고려하여 판단하여야 한다고 판시하여 협의의 소익 규정임을 명시하였다.

2. 제12조 후문 "회복되는 법률상 이익"의 의미

(1) 문제점

행정소송법 제12조 후문의 '회복되는 법률상 이익'이 전문의 법률상 이익과 동일한지, 명예·신용 등 부수적 이익도 포함되는지 문제된다.

(2) 학설 및 판례

학설은 ① 원고적격의 법률상 이익과 동일하게 보는 소극설, ② 명예·신용 등의 인격적 이익과 사회적 이익도 포함하는 적극설, ③ 정당한 이익설이 대립한다.

판례는 제12조의 법률상 이익을 근거법률에 의하여 보호되는 직접적 구체적인 이익으로 보고, 간접적·사실적·경제적 이익을 제외하였다. 다만, 고교퇴학사건에서 인격적·사회적 이익을 포함시킨 경우도 있다.

(3) 검 토

생각건대 소송요건은 가급적 넓게 해석하는 것이 국민의 재판청구권을 보장하는 헌법이념에 부합하므로 명예·신용 등의 인격적·사회적 법익을 포함시키는 적극설이 타당하다고 본다.

3. 협의의 소익이 없는 경우

(1) 원 칙

① 처분의 효력소멸, ② 원상회복 불가능, ③ 사정변경으로 불이익 해소, ④ 보다 효율적인 구제방법이 있는 경우 원칙적으로 소이익이 부정된다.

(2) 검 토

① 제재처분의 효력이 소멸할 경우 제재처분을 다툴 소이익이 있는지 문제된다.
② 건축완료된 경우 건축허가를 다툴 소이익이 있는지 문제된다.
③ 임기만료된 경우 제명결의(해임처분)을 다툴 소이익이 있는지 문제된다.
④ 기본행위의 하자를 내세워 인가처분을 다툴 소이익이 있는지 문제된다.
⑤ 거부처분취소재결의 후속처분이 있는 경우 취소재결을 다툴 소이익이 있는지 문제된다.

171. 협의의 소의 이익 구체적 검토

▶ 23년 입시 / 22년 5급

소멸 / 원상회복 / 사정변경 / 용이한(효율적인)

1. 처분의 효력이 소멸한 경우

(1) 처분이 직권취소되고 새로운 처분이 있는 경우

판례는 행정청이 새로운 직위해제사유에 기한 직위해제처분을 한 경우 종전의 직위해제처분은 묵시적으로 철회되어 그 소이익이 없어 부적법하다고 판시하였다.

생각건대 처분이 행정청에 의해 직권취소되면 원칙적으로 소이익이 소멸하여 부적법하고, 예외적으로 봉급 등 회복되는 법률상 이익이 남아 있는 경우 소이익이 인정될 수 있다.

(2) 장래의 가중적 제재처분기준이 규정된 경우

판례는 제재처분규정의 법적 성질과 상관없이 담당공무원은 준수의무가 있고, 규칙에 따른 처분이 당연히 예견되어 장래 가중적 제재처분의 위험은 구체적이고 현실적이므로 그 불이익을 제거할 필요가 있다고 판시하였다.

(3) 소멸한 계쟁처분의 일련의 후속행위가 있는 경우

취소소송의 계속 중 계쟁처분이 소멸된 경우 원칙상 소이익이 없지만, 당초처분을 기초로 일련의 후속행위가 이루어져 후속행위의 효력을 상실시킬 이익이 있는 경우 소이익이 있다.

(4) 직위해제 후 동일사유를 징계처분한 경우

직위해제 후 동일사유를 이유로 해임처분을 한 경우 선행 직위해제는 장래적으로 소멸하고 법령에 직위해제에 따른 불이익 규정이 있는 경우 실효된 직위해제를 다툴 소이익이 인정된다.

2. 처분 후의 사정변경에 의하여 이익침해가 해소된 경우

(1) 공익근무요원 소집해제처분이 있는 경우

공익근무요원 소집해제신청 거부 후 복무기간 만료를 이유로 소집해제처분을 한 경우, 권익침해는 소집해제처분으로 해소되었으므로 위 거부처분의 취소를 구할 소이익은 없다.

(2) 고교생 퇴학처분 후 검정고시에 합격한 경우

퇴학처분 후 고등학교졸업학력 검정고시에 합격했더라도 고등학교 학생으로서의 신분과 명예가 회복될 수 없는 것이므로 퇴학처분취소를 구할 소이익이 있다.

3. 원상회복이 불가능한 경우

(1) 해고기간 중의 임금을 지급받을 필요가 있는 경우

근로자가 부당해고의 효력을 다투던 중 정년에 이르거나 근로계약기간 만료 등의 사유로 복직이 불가능한 경우 해고기간 중의 임금 등을 지급받을 필요가 있다면 소이익이 있다.

(2) 건축이 완료된 경우

건축허가가 건축법 소정의 이격거리를 두지 아니하여 위법하더라도 건축이 완료된 경우 건축허가처분의 취소를 구할 소의 이익이 없다.

(3) 월정수당 등의 부수적인 이익이 있는 경우

지방의원 제명의결 취소소송 계속 중 임기만료로 지위회복은 불가능하더라도 제명의결시부터 임기만료일까지의 월정수당을 지급받을 수 있으므로 제명의결취소를 구할 소이익이 있다.

(4) 감액된 봉급의 부수적인 이익이 있는 경우

직위해제처분 취소소송 계속 중 정년초과로 공무원 신분회복은 불가능하더라도 직위해제일부터 직권면직일까지의 감액된 봉급을 구할 수 있으므로 직위해제처분을 다툴 소이익이 있다.

4. 보다 실효적인 권리구제절차가 있는 경우

(1) 기본행위 하자와 인가처분

인가는 기본행위의 효력을 완성하는 보충행위에 불과하므로 기본행위의 하자를 내세워 바로 인가처분의 취소를 구할 소의 이익이 없다.

(2) 지위승계신고수리의 무효확인을 구할 소이익

영업양도의 무효를 주장하는 양도자는 민사쟁송으로 양도·양수행위의 무효를 구함이 없이 막바로 행정소송으로 위 신고수리처분의 무효확인을 구할 소의 이익이 있다.

(3) 거부처분 취소재결에 따른 후속처분이 있는 경우

1) 판례는 거부처분취소재결의 경우 후속처분이 아닌 재결취소를 구하는 것은 분쟁해결의 유효적절한 수단이 아니므로 소의 이익이 없다고 판시하였다.

2) 생각건대 거부처분취소재결의 후속처분이 있기 전까지 제3자의 권익변동이 없으므로 후속처분을 다투는 것이 보다 실효적인 권리구제수단에 해당한다. 따라서 거부처분취소재결을 다투는 것은 소의 이익이 없다.

172. 가중적 제재처분규정과 소이익
- 제재처분의 효력이 소멸한 경우

▶ 15년 변시

성질불문 / 담당공무원 구속 / 구·현·위

1. 시행규칙에 의한 가중적 제재처분규정과 소이익 인정 여부

(1) 문제점

시행규칙에 가중적 제재처분기준이 있는 경우, 제재기간이 도과하여 제재처분의 효력이 소멸한 경우에도 장래 가중적 제재처분의 위험을 제거하기 위한 소의 이익이 인정되는지 문제된다.

(2) 학설 및 판례

학설은 ① 법령에 규정된 경우만 소이익을 긍정하는 부정설, ② 가중적 제재처분기준이 법령에 근거를 둔 경우에는 소이익을 긍정하는 제한적 긍정설, ③ 행정규칙에 규정된 경우에도 소이익을 긍정하는 긍정설이 대립한다.

판례는 가중적 제재처분규정의 법적 성질과 상관 없이 관할 행정청이나 담당공무원은 준수의무가 있고, 규칙에 따라 처분할 것이 당연히 예견되므로 장래에 가중적 제재의 구체적·현실적 위험을 제거할 소이익이 있다고 본다.

(3) 검 토

생각건대 행정규칙도 내부적 구속력에 의해 담당공무원을 구속하고, 장래에 가중적 제재처분이 예견되므로 이러한 구체적·현실적 위험을 제거할 소이익이 긍정된다고 본다.

2. 사안의 경우

시행규칙에 따른 장래 가중적 제재처분의 위험은 구체적이고 현실적인 위험에 해당하고, 이러한 위험을 제거할 현실적 필요 내지 이익이 인정되므로, 이미 소멸한 처분의 취소를 구할 회복되는 법률상 이익이 있다.

173. 침해의 반복가능성과 단계적 행정결정의 소이익

▶ 17년 5급

반복위험 방지 / 하자승계 / 소이익 인정

1. 위법한 침해의 반복가능성과 소이익

(1) 문제점

처분이 소멸한 경우에도 위법한 처분의 반복위험이 있는 경우에는 이러한 장래의 위험을 제거할 회복되는 법률상 이익이 인정되는지 문제된다.

(2) 판 례

판례는 처분이 소멸 또는 원상회복이 불가능한 경우에도 동일사유로 위법한 처분의 반복 위험이 있어 처분의 위법성 확인 내지 불분명한 법률문제의 해명이 필요한 경우 예외적으로 그 처분의 취소를 구할 소이익을 인정한다.

(3) 검 토

행정의 적법성 확보와 사법통제, 국민의 권리구제의 확대 측면에서 예외적으로 소멸한 처분의 취소를 구할 소이익을 긍정하는 견해가 타당하다고 본다. 이때 위법한 처분의 반복위험은 동일한 소송당사자에 한정되지 않는다는 것이 판례의 논지이다.

2. 단계적 행정결정과 소이익

(1) 문제점

선행처분을 전제로 후행처분이 단계적 절차로 연속한 경우 또는 일련의 후속행위가 있는 경우 이미 소멸한 선행처분을 다툴 소이익이 있는지 문제된다.

(2) 판 례

판례는 선행·후행처분이 단계적 절차로 연속하여 후행처분이 선행처분의 적법을 전제하여 선행처분의 하자가 후행처분에 승계되는 경우 소멸한 선행처분을 다툴 소이익을 긍정하였다.

(3) 검 토

선행처분의 위법성이 확인되는 경우 위법한 처분의 반복위험을 방지하고, 기판력에 의해 선행처분의 적법을 전제로 한 후행처분의 효력을 배제할 수 있으므로 소이익을 긍정함이 타당하다.

174. 경원자관계와 소이익

명백한 법적장애 / 인용가능성 / 처음부터 배제
기속력 / 재심사의무 / 인용가능성 / 처음부터 배제

1. 제3자가 경원자에 대한 인용처분을 다투는 경우

    판례는 명백한 법적장애로 인하여 원고 신청의 인용가능성이 처음부터 배제되어 있는 경우에는 당해 처분의 취소를 구할 정당한 이익이 없다고 판시하였다.

2. 제3자가 자신에 대한 거부처분을 다투는 경우

    판례는 거부처분 취소판결이 확정되는 경우 기속력에 따른 재심사의무와 그 결과 원고에 대한 수익적 처분의 가능성을 완전히 배제할 특별한 사정이 없는 한 소이익이 있다고 판시하였다.

175. 피고적격

▶ 24-2

13조 / 2조② / 공무수탁자

행정소송법 제13조(피고적격)
① 취소소송은 다른 법률에 특별한 규정이 없는 한 그 처분등을 행한 행정청을 피고로 한다. 다만, 처분등이 있은 뒤에 그 처분등에 관계되는 권한이 다른 행정청에 승계된 때에는 이를 승계한 행정청을 피고로 한다.

행정기본법 제2조(정의)
  2. "행정청"이란 다음 각 목의 자를 말한다.
     가. 행정에 관한 의사를 결정하여 표시하는 국가 또는 지방자치단체의 기관
     나. 그 밖에 법령등에 따라 행정에 관한 의사를 결정하여 표시하는 권한을 가지고 있거나 그 권한을 위임 또는 위탁받은 공공단체 또는 그 기관이나 사인(私人)

1. 취소소송의 피고적격

   (1) 의 의

      다른 법률에 특별한 규정이 없는 한 그 처분 등을 행한 행정청을 피고로 한다. 행정청은 본래의 행정청 이외에 공무수탁사인을 포함하고, 재결취소소송은 행정심판위원회가 피고가 된다.

   (2) 사안의 경우

      사안의 경우, 소의 대상이 남은 원처분이므로, 피고도 원처분청인 A시장이 된다. 다만, 재결의 고유한 위법을 이유로 한 재결취소소송은 행정심판위원회가 피고적격을 갖는다.

176. 제소기간

▶ 24-2 / 19년 변시

안날(90일) / 있은날(1년) / 정당한 사유 / 고시·공고

행정소송법 제20조(제소기간)
① 취소소송은 처분등이 있음을 안 날부터 90일 이내 제기하여야 한다. 다만, 제18조제1항단서, 그 밖에 행정심판청구할 수 있는 경우 또는 행정청이 행정심판청구를 할 수 있다고 잘못 알린 경우 행정심판청구가 있은 때의 기간은 재결서정본 송달받은 날부터 기산한다.
② 취소소송은 처분등이 있은 날부터 1년을 경과하면 제기하지 못한다. 다만, 정당한 사유가 있는 때에는 그러하지 아니하다.
③ 제1항의 규정에 의한 기간은 불변기간으로 한다.

행정기본법 제36조(처분에 대한 이의신청) [2023. 3. 24. 시행]
④ 이의신청에 대한 결과를 통지받은 후 행정심판 또는 행정소송을 제기하려는 자는 그 결과를 통지받은 날(제2항에 따른 통지기간 내에 결과를 통지받지 못한 경우에는 같은 항에 따른 통지기간이 만료되는 날의 다음 날)부터 90일 이내에 행정심판 또는 행정소송을 제기할 수 있다.

1. 행정소송법상 제소기간

취소소송은 처분 등이 있음을 안 날부터 90일, 처분이 있은 날로부터 1년 내에 소를 제기해야 한다. 다만, 행정심판청구가 있은 때의 기간은 재결서정본 송달시로부터 기산한다(제20조). 행정기본법 제35조 제1항에 따른 이의신청을 거친 경우에는 결과를 통지받은 날부터 90일 이내에 제기할 수 있다.

2. 처분이 있음을 안 경우

(1) 처분이 송달된 경우

처분이 있음을 안 날이란 당사자가 통지·공고 기타의 방법에 의하여 당해 처분이 있었다는 사실을 현실적으로 안 날을 의미한다.

(2) 처분이 공고 또는 고시된 경우

1) 원 칙

판례는 고시의 효력발생일에 처분이 있음을 알았다고 본다. 공고문서는 효력발생일이 명시되지 않으면 고시·공고가 있은 날부터 5일이 경과한 때에 효력이 발생한다.

2) 특정인에 대한 행정처분을 송달할 수 없는 경우

특정인에 대한 주소불명 등의 이유로 관보 등에 공고한 경우 상대방이 그 처분이 있음을 안 날은 상대방이 처분 등을 현실적으로 안 날이 된다.

3. 처분이 있음을 알지 못한 경우

(1) 원 칙

처분등이 있은 날부터 1년 이내 취소소송을 제기해야 한다. 처분이 있는 날이란 통지가 도달하여 처분의 효력이 발생한 날, 통지 없는 경우 외부에 표시되어 효력을 발생한 날을 의미한다.

(2) 예 외

정당한 사유가 있는 때에는 1년이 경과해도 제기할 수 있다. 정당한 사유 여부는 건전한 사회통념에 의해 판단하여야 한다. 처분의 제3자는 취소소송을 제기할 수 있었다고 볼 만한 특별한 사정이 없는 한 정당한 사유가 있는 때에 해당한다.

4. 구체적인 제소기간 기산점

(1) 위헌결정으로 취소소송의 제기가 가능하게 된 경우

위헌결정으로 인하여 비로소 취소소송 제기 가능한 경우 객관적으로는 위헌결정이 있은 날, 주관적으로는 위헌결정이 있음을 안 날이 제소기간의 기산점이 된다.

(2) 변경명령재결에 따라 변경처분이 있는 경우

변경명령재결에 따른 변경처분의 경우 취소소송의 대상은 변경된 내용의 당초처분이며, 제소기간은 행정심판재결서 정본을 송달받은 날로부터 90일 이내이다.

(3) 직권변경처분의 경우

직권변경처분이 종전처분을 완전대체 또는 주요부분을 실질적으로 변경하면 제소기간은 해당 변경처분이 있음을 안 날 또는 있은 때를 기산점으로 한다. (그 외에는 당초처분을 기준으로 한다)

(4) 이의신청을 거친 경우

이의신청에 대한 결과를 통지받은 날로부터 90일 이내에 행정심판 또는 행정소송을 제기할 수 있다. 이의신청의 결과통지를 받지 못한 경우 통지기간 만료일의 다음 날로부터 기산한다.

177. 필요적 행정심판전치주의

▶ 23년 변시 / 16년 5급

공무원 / 국세 / 도로

> 행정소송법 제18조(행정심판과의 관계)
> ① 취소소송은 법령규정에 의하여 당해 처분에 대한 행정심판을 제기할 수 있는 경우에도 이를 거치지 아니하고 제기할 수 있다. 다만, 다른 법률에 당해 처분에 대한 행정심판의 재결을 거치지 아니하면 취소소송을 제기할 수 없다는 규정이 있는 때에는 그러하지 아니하다.

1. 행정심판임의주의와 필요적 행정심판전치주의

법령상 행정심판 제기가 가능한 경우에도 이를 거치지 않고 취소소송 제기가 가능하다(행정소송법 제18조 제1항). 다만, 개별법에 필요적 행정심판전치주의가 규정된 경우가 있다.

2. 필요적 행정심판전치주의의 인정 예

①「국세기본법」상 심사청구 또는 심판청구, ②「지방세기본법」상 심판청구, ③「국가공무원법」및「교육공무원법」상 소청심사청구, ④「도로교통법」상 행정심판청구 등이 대표적이다.

3. 행정심판전치주의의 적용범위

취소소송과 부작위위법확인소송에서 인정되며, 무효확인소송에는 적용되지 않는다. 무효선언을 구하는 취소소송에는 행정심판전치주의가 적용된다.

4. 행정심판전치주의의 예외

(1) 재결 없이 행정소송을 제기할 수 있는 경우(제18조 제2항).

(2) 행정심판의 제기 없이 행정소송을 제기할 수 있는 경우(제18조 제3항)

판례는 행정소송법 제18조 제3항 제1호의 동종사건에 당해 사건뿐만 아니라 당해 사건과 기본적인 점에서 동질성이 인정되는 사건도 포함된다고 본다.

따라서 당해 사건과 기본적인 점에서 동질성이 인정되는 다른 사건에 대한 기각재결이 있을 때에도 행정심판을 제기함이 없이 취소소송을 제기할 수 있다.

178. 관할법원

피고소재지 / 대법원소재지 / 지방본원

행정소송법 제9조(재판관할)
① 취소소송의 제1심관할법원은 피고의 소재지를 관할하는 행정법원으로 한다.
② 제1항에도 불구하고 다음 각 호의 어느 하나에 해당하는 피고에 대하여 취소소송을 제기하는 경우 대법원소재지를 관할하는 행정법원에 제기할 수 있다.
　1. 중앙행정기관, 중앙행정기관의 부속기관과 합의제행정기관 또는 그 장

1. 항고소송의 관할법원

취소소송의 제1심 관할법원은 피고의 소재지를 관할하는 행정법원(제9조 제1항). 일정한 경우 대법원소재지를 관할하는 행정법원에도 제기할 수 있다(제9조 제2항). 행정법원이 설치되지 않은 지역은 해당 지방법원본원이 관할한다(법원조직법 부칙 제2조).

2. 행정소송 관할의 성격

행정소송의 관할은 행정법원의 전속관할이므로 민사법원은 계쟁사건의 관할이 행정법원인 경우 당해 사건을 행정법원으로 이송하여야 한다.

3. 관할위반의 효력

(1) 민사소송으로 제기할 것을 당사자소송으로 제기한 경우

판례는 피고가 관할위반이라고 항변하지 아니하고 본안에 대하여 변론을 한 경우 법원에 변론관할이 생겼다고 본다.

(2) 행정소송으로 제기할 것을 민사소송으로 제기한 경우

수소법원이 행정소송 관할도 동시에 가지고 있다면 원고로 하여금 항고소송으로 소 변경을 하도록 석명권을 행사하여 행정소송으로 심리·판단해야 하고, 수소법원이 행정소송 관할을 가지고 있지 않다면 원칙적으로 관할법원에 이송하여야 한다.

(3) 당사자소송으로 제기할 것을 민사소송으로 제기한 경우

관할위반의 항변이 없더라도 변론관할이 생겼다고 볼 수 없고, 대법원은 원심판결을 파기하고, 관할법원인 행정법원에 이송하여야 한다.

179. 집행정지의 요건

▶ 20년 입시 / 19년 5급

금전보상 / 참고 견딜 / 유형·무형

행정소송법 제23조(집행정지)
① 취소소송의 제기는 처분등의 효력이나 그 집행 또는 절차의 속행에 영향을 주지 아니한다.
② 취소소송이 제기된 경우에 처분등이나 그 집행 또는 절차속행으로 인하여 생길 회복하기 어려운 손해를 예방하기 위하여 긴급한 필요가 있다고 인정할 때에는 본안이 계속되고 있는 법원은 당사자의 신청 또는 직권에 의하여 처분등의 효력이나 그 집행 또는 절차속행의 전부 또는 일부의 정지를 결정할 수 있다. 다만, 처분의 효력정지는 처분등의 집행·절차속행을 정지함으로써 목적을 달성할 수 있는 경우에는 허용되지 아니한다.

1. 집행정지의 요건

① 대상인 처분의 존재, ② 적법한 본안소송 계속 중, ③ 신청인적격과 신청이익의 존재, ④ 회복하기 어려운 손해발생의 우려, ⑤ 긴급한 필요, ⑥ 공공복리에 중대한 영향을 미칠 우려가 없을 것과, 판례는 본안청구가 이유 없음이 명백하지 아니할 것을 요건으로 한다.

2. 회복하기 어려운 손해발생의 우려

특별한 사정이 없는 한 금전보상이 불가능하거나 금전보상으로는 사회관념상 당사자가 참고 견딜 수 없거나 참고 견디기가 현저히 곤란한 유형·무형의 손해를 말한다.

3. 금전부과처분과 회복하기 어려운 손해 여부

금전부과처분으로 인한 손해는 원칙적으로 본안소송에서 부과처분이 취소되면 반환받을 수 있으므로 '회복하기 어려운 손해'라고 볼 수 없지만, 예외적으로 금전부과처분이 사업자의 자금사정이나 경영전반에 미치는 파급효과가 매우 커서 중대한 경영상 위기를 야기하는 경우 회복하기 어려운 손해에 해당한다.

4. 집행정지결정의 효력

법원은 행정소송법 제23조 제2항에 따른 집행정지를 결정하는 경우 그 종기는 본안판결 선고일부터 30일 이내의 범위에서 정한다(행정소송규칙 제10조). 집행정지결정의 효력은 결정 주문에서 정한 종기가 도래하면 당연히 소멸한다.

판례는 효력기간이 정해져 있는 제재처분을 판결선고 시까지 집행정지한 경우, 처분의 효력기간은 판결선고된 때에 다시 진행하고, 그 시기와 종기가 집행정지기간 중에 모두 경과한 경우도 마찬가지이며, 이러한 법리는 행정심판위원회가 행정심판법 제30조에 따라 집행정지결정을 한 경우에도 그대로 적용된다고 본다.

180. 거부처분의 집행정지 가능성

▶ 23년 입시 / 20년 변시 / 13년 변시

신청이전 · 상태 / 신청이익 · 부정 / 예외 · 절충설

1. 집행정지의 요건(전술)

2. 거부처분의 집행정지대상 여부

 (1) 문제점

　소극적 처분인 거부처분도 집행정지의 대상인 처분에 해당하는지, 거부처분의 집행정지의 경우에도 집행정지의 신청이익이 인정되는지 문제된다.

 (2) 학설 및 판례

　학설은 ① 부정설, ② 잠재적인 재처분의무가 발생하여 신청이익을 긍정하는 긍정설, ③ 갱신거부 등 특별한 사정이 있는 경우에만 긍정하는 절충설이 대립한다.

　판례는 거부처분의 집행정지는 신청이전의 상태로 되돌아가는 데에 불과하므로 신청이익이 부정된다고 본다. 다만, 서울행정법원은 1차 불합격처분 또는 원서반려처분에 대한 집행정지 긍정한 바 있다.

 (3) 검 토

　현행 집행정지제도의 기능적 한계를 극복하고 권리구제의 실효성을 확보하기 위해 갱신허가거부 등의 경우 예외적으로 인정하는 절충설이 타당하다고 본다.

181. 가처분의 인정 여부

8조② / 23조② / 부정

행정소송법 제8조(법적용예)
② 행정소송에 관하여 이 법에 특별한 규정이 없는 사항에 대하여는 법원조직법과 민사소송법 및 민사집행법의 규정을 준용한다.
제23조(집행정지)

1. 항고소송에 민사집행법상 가처분 준용 여부

 (1) 문제점

  소극적 형성인 집행정지와 달리 적극적 형성인 가처분의 필요성에도 불구하고 명문규정이 없는 바, 행정소송법 제8조 제2항에 의해 민사집행법상 가처분을 준용할 수 있는지 문제된다.

 (2) 학설 및 판례

  학설은 ① 긍정설, ② 집행정지를 민사상 가처분의 특별규정으로 보는 부정설, ③ 집행정지로 실효적인 권리구제가 되지 않는 경우 긍정하는 절충설이 대립한다.
  판례는 민사소송법상 가처분으로써 행정청의 어떤 행정행위의 금지를 구하는 것은 허용될 수 없다고 하여 부정설을 취한다.

 (3) 검 토

  행정소송법 제23조 제2항의 집행정지는 민사집행법상 가처분의 특별규정이므로, 행정소송법 제8조 제2항에 의한 민사집행법상 가처분 준용을 부정하는 견해가 타당하다고 본다.

2. 공법상 당사자소송에 민사집행법상 가처분 준용 여부

 (1) 문제점

  항고소송과 달리 집행정지가 준용되지 않는 공법상 당사자소송에는 행정소송법 제8조 제2항에 따라 민사집행법상 가처분이 준용될 수 있는지 문제된다.

 (2) 판 례

  판례는 당사자소송에 집행정지규정이 준용되지 아니하므로, 행정소송법 제8조 제2항에 따라 민사집행법상 가처분규정이 준용되어야 한다고 판시하였다.

 (3) 검 토

  제44조 제1항에서 제23조 제2항 집행정지를 준용하지 않아, 제8조 제2항 '이 법에 특별한 규정'이 없는 경우이므로 민사집행법 제300조의 가처분이 준용된다.

182. 증명책임

법률요건분류설 / 적법(피고) / 무효(원고)

1. 의 의

증명책임이란 소송상 일정한 사실의 존부가 확정되지 않은 경우에 불리한 법적 판단을 받게 되는 일방 당사자의 불이익 또는 위험을 말한다.

2. 취소소송에서 증명책임의 분배

(1) 문제점

취소소송에서 증명책임의 분배는 민사소송과 동일한지, 행정통제적 기능도 있는 행정소송법의 특유한 증명책임의 법리가 적용되는지 문제된다.

(2) 학설 및 판례

학설은 ① 원고가 증명책임을 부담한다고 보는 원고책임설, ② 민사소송의 증명책임과 동일하게 보는 법률요건분류설, ③ 행정법독자분배설이 대립한다.

판례는 항고소송에서 처분의 적법성은 피고, 일응의 입증이 있는 경우 상반되는 주장·입증은 상대방인 원고에게 입증책임이 있다고 판시하였다. (특수한 위법인 무효사유는 원고가 증명책임을 진다)

(3) 검 토

행정소송에서의 증명책임은 원칙적으로 민사소송의 일반원칙에 따라 당사자 간에 분배되므로 법률요건분류설이 타당하다고 본다.

183. 관련청구소송의 이송과 병합

7조 / 10조 / 민소법 준용

행정소송법 제10조(관련청구소송의 이송 및 병합)
① 취소소송과 다음 각호의 1에 해당하는 관련청구소송이 각각 다른 법원에 계속되고 있는 경우에 관련청구소송이 계속된 법원이 상당하다고 인정하는 때에는 당사자의 신청 또는 직권에 의하여 이를 취소소송이 계속된 법원으로 이송할 수 있다.
  1. 당해 처분등과 관련되는 손해배상·부당이득반환·원상회복등 청구소송
  2. 당해 처분등과 관련되는 취소소송
② 취소소송에는 사실심의 변론종결시까지 관련청구소송을 병합하거나 피고외의 자를 상대로 한 관련청구소송을 취소소송이 계속된 법원에 병합하여 제기할 수 있다.

제38조(준용규정)
① 제9조, 제10조, 제13조 내지 제17조, 제19조, 제22조 내지 제26조, 제29조 내지 제31조 및 제33조의 규정은 무효등 확인소송의 경우에 준용한다.

1. 관련청구소송의 이송

소송의 이송이란 어느 법원에 일단 계속된 소송을 그 법원의 결정에 의하여 다른 법원으로 이전하는 것을 말한다(행정소송법 제10조 제1항).

요건은 ① 취소소송과 관련청구소송이 각각 다른 법원에 계속 중, ② 관련청구소송이 계속된 법원이 이송의 상당성 인정, ③ 당사자의 신청 또는 법원의 직권에 의할 것.

2. 관련청구소송의 병합

(1) 의의 및 취지

관련청구소송의 병합이란 취소소송 등과 관련 있는 청구소송을 병합하여 제기하는 것을 말한다(행정소송법 제10조 제2항, 제38조 제1항). 그 취지는 소송경제와 판결의 모순저촉 방지에 있다.

(2) 요 건

① 취소소송 등에 병합할 것, ② 각 청구소송이 적법할 것, ③ 관련청구소송이 병합될 것, ④ 후발적 병합의 경우 주된 취소소송이 사실심 계속 중일 것을 요한다.

(3) 판 례

① 주된 취소소송 등이 부적법 각하된 경우, 관련청구소송도 부적법 각하한다.
② 판례는 취소소송에 부당이득반환청구가 병합된 경우 그 청구가 인용되려면 그 소송절차에서 판결에 의해 처분이 취소되면 충분하고 취소확정되어야 하는 것은 아니라고 판시하였다.

184. 소의 변경

▶ 24년 노무사 / 13년 변시

소종류 · 변경(21조) / 처분변경 · 소변경(22조)

행정소송법 제21조(소의 변경)
① 법원은 취소소송을 당해 처분등에 관계되는 사무가 귀속하는 국가 또는 공공단체에 대한 당사자소송 또는 취소소송외의 항고소송으로 변경하는 것이 상당하다고 인정할 때에는 청구의 기초에 변경이 없는 한 사실심의 변론종결시까지 원고의 신청에 의하여 결정으로써 소의 변경을 허가할 수 있다.

제22조(처분변경으로 인한 소의 변경)
① 법원은 행정청이 소송의 대상인 처분을 소가 제기된 후 변경한 때에는 원고의 신청에 의하여 결정으로써 청구취지 또는 원인의 변경을 허가할 수 있다.

1. 소의 종류의 변경

(1) 의 의

소송종류 선택의 곤란을 구제하고 행정구제의 실효성을 높이기 위하여 행정소송 간의 소의 변경을 인정하고 있다(제21조, 제37조, 제42조).

(2) 요 건

① 청구기초에 변경이 없을 것, ② 소변경이 상당하다고 인정될 것, ③ 사실심 변론종결 전, ④ 새로운 소가 적법할 것, ⑤ 원고신청이 있을 것.

2. 처분변경으로 인한 소의 변경

(1) 의 의

처분변경으로 인한 소의 변경이란 행정청이 소송의 대상인 처분을 소가 제기된 후 변경한 때에 원고의 신청에 의하여 법원의 허가를 받아 소를 변경하는 것을 말한다(제22조 제3항).

(2) 요 건

① 처분변경이 있을 것, ② 처분변경이 있음을 안 날로부터 60일 이내, ③ 구소가 계속 중이고 사실심변론종결 전, 변경되는 신소가 적법할 것, ④ 새로운 처분에 대한 별도의 전심절차는 거칠 필요 없다.

3. 행정소송과 민사소송 사이의 소의 변경

(1) 문제점

행정소송법에는 항고소송과 민사소송 간의 소의 변경에 관한 규정이 없으므로 민사소송법상 소의 변경에 관한 제262조가 준용될 수 있는지 문제된다.

(2) 학설 및 판례

학설은 ① 민사소송과 행정소송은 당사자 동일성이 없다는 부정설, ② 양 당사자는 실질적으로 동일성을 유지한다는 긍정설이 대립한다.

판례는 원고가 고의 또는 중과실 없이 행정소송 사건을 민사소송으로 잘못 제기한 경우 석명권을 행사하여 민사소송의 행정소송으로의 소의 변경을 인정한다.

(3) 검 토

소의 변경이 피고에게 큰 불이익을 주지 않으므로 소송경제 및 원고의 권리구제를 위하여 행정소송과 민사소송의 소변경을 긍정하는 것이 타당하다고 본다.

185. 제3자의 소송참가와 재심청구

공·보·참 / 저촉 / 집행정지 / 독립상소

행정소송법 제29조(취소판결등의 효력)
① 처분등을 취소하는 확정판결은 제3자에 대하여도 효력이 있다.

제16조(제3자의 소송참가)
① 법원은 소송결과에 따라 권익침해를 받을 제3자가 있는 경우 당사자·제3자의 신청 또는 직권에 의하여 결정으로써 그 제3자를 소송에 참가시킬 수 있다.
④ 소송에 참가한 제3자에 대하여는 민사소송법 제67조의 규정을 준용한다.

제31조(제3자에 의한 재심청구)
① 처분등을 취소하는 판결에 의하여 권익의 침해를 받은 제3자는 자기에게 책임없는 사유로 소송참가 못함으로써 판결의 결과에 영향을 미칠 공격·방어방법을 제출하지 못한 때에는 이를 이유로 확정된 종국판결에 대하여 재심청구를 할 수 있다.

민사소송법 제67조(필수적 공동소송에 대한 특별규정)
① 소송목적이 공동소송인 모두에게 합일적으로 확정되어야 할 공동소송의 경우 공동소송인 가운데 한 사람의 소송행위는 모두의 이익을 위하여서만 효력을 가진다.

1. 제3자의 소송참가(제16조)

(1) 의 의

제3자의 소송참가란 소송결과에 의해 권익침해를 받을 제3자가 당사자 또는 제3자의 신청 또는 직권에 의하여 그 제3자를 소송에 참가시키는 제도를 말한다.

(2) 요 건

① 타인간의 취소소송 등의 계속 중일 것, ② 소송결과에 의해 권리 또는 이익의 침해를 받을 제3자일 것. ③ 당사자 또는 제3자의 신청 또는 직권에 의하여 결정.

(3) 판 례

판례는 '제3자'는 소송당사자 이외의 자, '이익'이란 법률상 이익을 의미하고 사실상·경제상 이익은 제외, 소송결과에 의해 권익침해는 판결의 형성력 또는 기속력에 따른 행정청의 새로운 처분에 의해 권익침해를 포함한다고 본다.

(4) 참가인의 지위

참가인은 공동소송적 보조참가인의 지위와 유사하다. 참가인은 유리하면 피참가인 행위에 저촉되는 행위를 할 수 있고, 집행정지결정의 취소청구, 독립상소가 가능하고 상소기간도 독립기산된다.

2. 제3자의 재심청구(제31조)

제31조의 해석상 소송참가를 한 제3자는 재심의 소를 제기할 수 없다.

186. 행정청의 소송참가

단순 보·참 / 일체의 소송행위 / 저촉·무효

행정소송법 제17조(행정청의 소송참가)
① 법원은 다른 행정청을 소송참가시킬 필요가 있다고 인정할 때에는 당사자·당해 행정청의 신청 또는 직권에 의하여 결정으로써 그 행정청을 소송에 참가시킬 수 있다.
② 법원은 결정을 하고자 할 때에는 당사자 및 당해 행정청의 의견을 들어야 한다.
③ 제1항의 규정에 의하여 소송에 참가한 행정청에 대하여는 민사소송법 제76조를 준용한다.

민사소송법 제76조(참가인의 소송행위)
① 참가인은 소송에 관하여 공격·방어·이의·상소, 그 밖의 모든 소송행위를 할 수 있다. 다만, 참가할 때의 소송의 진행정도에 따라 할 수 없는 소송행위는 그러하지 아니하다.
② 참가인의 소송행위가 피참가인의 소송행위에 어긋나는 경우에는 그 참가인의 소송행위는 효력을 가지지 아니한다.

1. 행정청의 소송참가(제17조)

(1) 의 의

행정청의 소송참가란 법원이 다른 행정청의 소송참가 필요성을 인정할 때 당사자·행정청의 신청 또는 직권에 의한 결정으로써 관계행정청을 소송에 참여시키는 것을 말한다.

(2) 요 건

① 타인간의 취소소송 등의 계속 중, ② 다른 행정청일 것, ③ 참가시킬 필요성이 있을 것, ④ 당사자 또는 당해 행정청의 신청 또는 직권에 의하여 결정

(3) 참가행정청의 법적 지위(제17조 제3항)

참가행정청은 보조참가인에 준하는 지위를 갖는다. 참가행정청은 공격·방어·이의·상소 기타 일체의 소송행위를 할 수 있지만, 피참가인의 소송행위와 저촉되는 소송행위는 효력이 없다.

187. 처분사유의 추가·변경

▶ 24년 입시 / 23년 변시 / 22-1 / 20년 입시 / 18년 5급

허용여부 / 허용기준 / 기·사·동
법률적 평가 / 구체적 사실 / 그 기초

행정소송규칙 제9조(처분사유의 추가·변경)
행정청은 사실심 변론을 종결할 때까지 당초의 처분사유와 기본적 사실관계가 동일한 범위 내에서 처분사유를 추가 또는 변경할 수 있다.

1. 의 의

처분사유의 추가·변경이란 처분시에 객관적으로 존재했으나 행정청이 처분사유로 제시하지 않은 사유를 사후에 행정소송절차에서 처분의 적법성 유지를 위해 새로이 추가·변경하는 것을 말한다.

2. 허용 여부 (종래의 논의)

(1) 문제점

종래 처분사유의 추가·변경에 대한 명문규정이 없으므로 이를 허용할 것인지, 허용한다면 어느 범위 내에서 허용할 것인지가 문제되었다.

(2) 학설 및 판례

학설은 ① 소송물을 개개의 위법사유로 보는 부정설, ② 기본적 사실관계 동일성이 인정되는 범위 내에서 인정하는 제한적 긍정설, ③ 행위유형, 소송유형에 따라 정하는 개별적 결정설이 대립한다.

판례는 기본적 사실관계 동일성이 유지되는 한도 내에서 처분사유의 추가 또는 변경을 인정하며, 이때 동일성은 처분사유의 법률적 평가 이전에 구체적 사실에 착안하여 그 기초가 되는 사회적 사실관계가 기본적으로 동일한지 여부로 판단한다.

(3) 검 토

소송경제, 분쟁의 일회적 해결 및 공익보장과 원고의 방어권보장 및 신뢰보호와 이유부기제도를 조화하는 제한적 긍정설이 타당하다고 본다. 행정소송규칙 제9조는 판례의 법리를 명문화하여 입법적으로 해결하였다.

3. 허용기준

① 처분시에 객관적으로 존재하던 사유, ② 소송물의 범위 내일 것, ③ 당초 처분사유와 기본적 사실관계의 동일성, ④ 사실심변론종결시까지 허용된다.

188. 사정판결

처분・위법 / 현저히 공공복리 / 기각
주문 / 비용 / 구제방법・병합

행정소송법 제28조(사정판결)
① 원고의 청구가 이유있다고 인정하는 경우에도 처분등을 취소하는 것이 현저히 공공복리에 적합하지 아니하다고 인정하는 때에는 법원은 원고의 청구를 기각할 수 있다. 이 경우 법원은 그 판결의 주문에서 그 처분등이 위법함을 명시하여야 한다.
② 법원이 제1항의 규정에 의한 판결을 함에 있어서는 미리 원고가 그로 인하여 입게 될 손해정도와 배상방법 그 밖의 사정을 조사하여야 한다.
③ 원고는 피고인 행정청이 속하는 국가 또는 공공단체를 상대로 손해배상, 제해시설설치 그 밖에 적당한 구제방법의 청구를 당해 취소소송등이 계속된 법원에 병합제기할 수 있다.

행정소송규칙 제14조(사정판결)
법원이 법 제28조제1항에 따른 판결을 할 때 그 처분등을 취소하는 것이 현저히 공공복리에 적합하지 아니한지 여부는 사실심 변론을 종결할 때를 기준으로 판단한다.

제32조(소송비용의 부담)
취소청구가 제28조의 규정에 의하여 기각되거나…소송비용은 피고의 부담으로 한다.

제38조(준용규정)
① 제9조, 제10조, 제13조 내지 제17조, 제19조, 제22조 내지 제26조, 제29조 내지 제31조 및 제33조의 규정은 무효등 확인소송의 경우에 준용한다.

> Q. 법원은 甲에 대한 시외버스 운송사업면허처분에 위법사유가 발견되어 甲에 대한 시외버스 운송사업면허처분을 취소하고자 한다. 그러나 이미 많은 시민들이 甲이 운영하는 버스를 이용하고 있다는 이유로 면허취소판결을 하지 아니할 수 있는가? [09년 행시(재경) 1문]

1. 의 의

사정판결이란 원고청구가 이유 있는 경우에도 처분 등의 취소가 현저히 공공복리에 적합하지 않은 때에 법원이 청구를 기각하는 판결을 말한다(행정소송법 제28조).

2. 요 건

① 처분 등이 위법, ② 처분 등을 취소함이 현저히 공익에 적합하지 않을 것, ③ 처분의 위법판단은 처분시, 사정판결의 필요성은 판결시를 기준으로 판단한다.

3. 효 과

당해 처분이 위법함에도 효력이 유지되고, 소송비용은 피고가 부담한다.

4. 원고의 권익구제

원고는 피고 행정청이 속한 국가 등을 상대로 손해배상, 제해시설의 설치 그 밖에 적당한 구제방법의 청구를 취소소송 등이 계속된 법원에 병합제기할 수 있다.

5. 무효등 확인소송에도 준용되는지 여부

(1) 문제점

사정판결은 법치주의의 중대한 예외가 된다는 점에서 무효등 확인소송에도 준용될 수 있는지 문제된다.

(2) 학설 및 판례

학설은 ① 준용규정도 없고 사정판결은 엄격해석해야 한다고 보는 부정설, ② 무효사유와 취소사유의 구별이 상대적이라고 보는 긍정설이 대립한다.

판례는 당연무효인 행정처분의 경우 존치시킬 효력이 있는 행정행위가 없기 때문에 사정판결을 할 수 없다고 본다.

(3) 검 토

법치주의원칙상 사정판결은 제한적으로 인정되어야 하므로, 사정판결에 관한 행정소송법 제28조를 준용하지 않는(행정소송법 제38조 제1항) 무효등확인판결에는 사정판결을 부정하는 것이 타당하다고 본다.

> A. 법원은 시외버스 운송사업면허처분을 취소하는 것이 甲이 운영하는 버스를 이용하고 있는 많은 시민에게 중대한 불이익을 발생시켜 현저히 공공복리에 적합하지 않다고 인정되는 경우 사정판결을 할 수 있다.

189. 일부취소판결

▶ 22년 변시(일부취소재결) / 14년 변시

가분성 / 특정성 / 재량취지

행정소송법 제4조(항고소송)
 1. 취소소송: 행정청의 위법한 처분등을 취소 또는 변경하는 소송

1. 취소소송에서 변경의 의미(행정소송법 제4조 제1호)

취소소송의 변경이란 의무이행소송을 입법화하지 않은 현행법의 취지와 권력분립원칙상 소극적 변경인 일부취소만을 의미한다.

2. 일부취소의 인정기준

적극적 요건으로서 일부취소부분이 ① 가분성, ② 특정성이 있고, 소극적 요건으로서 전체의 본질적 구성부분이거나 일부취소가 재량권 행사취지에 반하지 않을 것.

3. 금전부과처분의 일부취소 가능성

(1) 판 례

조세부과처분 등 기속행위이고 정당한 세액산출이 가능한 경우 긍정, 과징금부과처분 등 재량행위인 경우와 정당한 세액산출이 불가능한 경우 일부취소를 부정한다.

(2) 검 토

논의의 실익은 처분청의 재량권 존중과 분쟁의 일회적 해결 여부에 있다.

생각건대 금전부과처분이 기속행위로서 그 일부취소가 재량권 행사취지에 반하지 않고, 제출된 소송자료를 통해 정당한 금액산출이 가능하여 가분성과 특정성이 인정되는 경우에만 금전부과처분의 일부취소가 긍정된다고 본다.

[보론 : 취소심판에서 재량행위의 일부취소 가능성]

행정심판위원회는 행정부 소속의 합의제 행정청이고, 본안판단에서 위법뿐만 아니라 부당까지 심리할 수 있으며, 처분의 적극적 변경도 가능하다는 점에서 취소소송과 달리 재량행위의 일부취소재결도 허용된다.

190. 취소소송의 위법판단 기준시

▶ 20년 변시 / 13년 변시

처분시(判) / 판결시 / 절충설

1. 취소소송의 위법판단 기준시

(1) 문제점

처분 후 사실관계 또는 법률관계의 변경이 있는 경우 처분시와 판결시의 어느 시점을 기준으로 위법성을 판단해야 하는지 문제된다.

(2) 학설 및 판례

학설은 ① 처분당시를 기준으로 하는 처분시설, ② 취소소송의 본질을 위법상태의 배제로 보는 판결시설, ③ 원칙적으로 처분시이나, 예외적으로 계속효·미집행 처분의 경우 판결시로 보는 절충설이 대립한다.

판례는 처분의 적법 여부는 특별한 사정이 없는 한 그 처분당시를 기준으로 판단한다고 하여 처분시설을 취한다.

(3) 검 토

행정처분은 처분당시의 사실관계·법률관계를 기초로 행해지므로 행정의 적법성 통제와 국민의 권익구제를 위해 위법판단의 기준시는 처분시설을 취하는 것이 타당하다고 본다.

2. 거부처분취소소송의 위법판단 기준시

(1) 문제점

거부처분 취소소송에서 위법판단의 기준시가 통상의 취소소송과 동일하게 처분시인지 아니며 판결시인지 문제된다.

(2) 학설 및 판례

학설은 ① 통상의 취소소송과 동일하게 보는 처분시설, ② 실질적으로 의무이행소송과 유사하게 보는 판결시설, ③ 위법판단은 처분시, 인용 여부는 판결시를 기준으로 하는 절충설이 대립한다.

판례는 통상의 취소소송과 동일하게 거부처분 취소소송의 위법판단 기준시를 처분시로 본다

(3) 검 토

행정의 적법성 통제를 위하여 위법판단의 기준시를 처분시의 사실관계 및 법률관계를 기준으로 하는 처분시설이 타당하다고 본다. 따라서 처분 후 사실관계 또는 법률관계의 변동에 영향을 받지 않는다.

191. 취소판결의 형성력

형성력 / 기속력 / 기판력

행정소송법 제29조(취소판결등의 효력)
① 처분등을 취소하는 확정판결은 제3자에 대하여도 효력이 있다.

1. 형성력

(1) 의 의

형성력이란 취소판결이 확정되면 당해 처분은 처분청의 취소를 기다릴 것 없이 당연히 효력을 상실하는 효력을 말한다.

(2) 내 용

① 계쟁처분의 효력을 상실시키는 형성효, ② 취소의 효과가 처분시로 소급하는 소급효, ③ 이해관계 있는 제3자에 대하여도 미치는 제3자효(대세효)가 있다.

2. 사안의 경우

형사소송 계속 중 면허취소처분의 취소판결이 확정되는 경우 형성력인 소급효에 의해 처음부터 복종할 의무가 없으므로 형사법원은 무죄판결을 해야 한다.

192. 기속력

▶ 24년 5급 / 22년 변시 / 18년 입시 / 22년 법행 / 20년 변시

의의·성질 / 내용 / 범위 / 효력

행정소송법 제30조(취소판결등의 기속력)
① 처분등을 취소하는 확정판결은 그 사건에 관하여 당사자인 행정청과 그 밖의 관계행정청을 기속한다.
② 판결에 의하여 취소되는 처분이 당사자의 신청을 거부하는 것을 내용으로 하는 경우에는 그 처분을 행한 행정청은 판결의 취지에 따라 다시 이전의 신청에 대한 처분을 하여야 한다.
③ 제2항의 규정은 신청에 따른 처분이 절차의 위법을 이유로 취소되는 경우에 준용한다.

1. 기속력의 의의

인용판결의 기속력이란 소송당사자인 행정청 및 관계행정청이 판결의 취지에 따라 행동하도록 행정청과 관계행정청을 구속하는 효력을 말한다(제30조 제1항).

2. 법적 성질

(1) 문제점

기속력이 판결의 효력이라는 점에서 기판력과 동일한지, 기판력과 다른 행정소송법상 특수한 효력인지 문제된다.

(2) 학설 및 판례

학설은 ① 기속력을 기판력의 당연한 결과로 보는 기판력설, ② 취소판결의 실효성 확보를 위해 행정소송법이 부여한 특수효력으로 보는 특수효력설이 대립한다.

판례는 제30조 제1항의 기속력과 제8조 제2항에 의하여 준용되는 민사소송법 제216조, 제218조의 기판력을 구별하고 있다.

(3) 검 토

기속력은 행정청과 관계행정청에 판결의 취지에 따른 의무를 부과하는 실체법상 효력으로서 인용판결에만 발생하므로 특수효력설이 타당하다고 본다.

3. 기속력의 내용

소극적 효력으로서 ① 반복금지효, 적극적 효력으로서 ② 원상회복효, ③ 거부처분취소판결에 인정되는 재처분의무가 있다.

4. 기속력의 범위

① 주관적 범위는 행정청과 관계행정청, ② 객관적 범위는 판결주문과 그 전제가 되는 구체적 위법사유로서 판례는 기본적 사실관계 동일성을 기준으로 판단하고, ③ 시적 범위는 위법판단의 기준시인 처분시이다.

5. 기속력 위반의 효과

기속력에 위반한 처분은 그 하자가 중대·명백하므로 당연무효이다.

193. 간접강제

▶ 22년 5급 / 13년 변시

제재·손배 / 심리적 강제수단 / 이행·추심

행정소송법 제34조(거부처분취소판결의 간접강제)
① 행정청이 제30조 제2항의 규정에 의한 처분을 하지 아니하는 때에는 제1심수소법원은 당사자의 신청에 의하여 결정으로써 상당한 기간을 정하고 행정청이 그 기간내에 이행하지 아니하는 때에는 그 지연기간에 따라 일정한 배상을 할 것을 명하거나 즉시 손해배상을 할 것을 명할 수 있다.

제38조(준용규정)
① 제9조, 제10조, 제13조 내지 제17조, 제19조, 제22조 내지 제26조, 제29조 내지 제31조 및 제33조의 규정은 무효등 확인소송의 경우에 준용한다.
② 제9조, 제10조, 제13조 내지 제19조, 제20조, 제25조 내지 제27조, 제29조 내지 제31조, 제33조 및 제34조의 규정은 부작위법확인소송의 경우에 준용한다.

1. 의 의

행정청이 거부처분 취소판결의 재처분의무를 불이행하는 경우 당사자가 1심 수소법원에 신청하여 재처분의무의 실효성을 확보하는 수단이다(행정소송법 제34조 제1항).

2. 요 건

① 거부처분취소판결 확정, ② 행정청이 판결취지에 따른 재처분의무 불이행, 판례는 재처분의무를 전혀 하지 않은 경우뿐만 아니라 기속력에 위반되는 경우를 포함한다고 판시하였다.

3. 절 차

당사자가 제1심 수소법원에 간접강제를 신청하고, 법원은 결정으로써 상당한 기간을 정하여 그 기간 내 처분불이행시 지연기간에 따른 배상명령 또는 즉시 손해배상을 명할 수 있다(행정소송법 제34조 제1항).

4. 배상금의 성질과 배상금의 추심

배상금 추심은 재처분 지연에 대한 제재나 손해배상이 아니고, 심리적 강제수단에 불과하여 의무이행기간 경과 후라도 판결취지에 따른 재처분 이행이 있으면 더 이상 배상금의 추심은 허용되지 않는다.

194. 기판력

불가쟁 / 불가반 / 민소법 216조 · 218조

행정소송법 제8조(법적용예)
② 행정소송에 관하여 이 법에 특별한 규정이 없는 사항에 대하여는 법원조직법과 민사소송법 및 민사집행법의 규정을 준용한다.

민사소송법 제216조(기판력의 객관적 범위)
① 확정판결은 주문에 포함된 것에 한하여 기판력을 가진다.

민사소송법 제218조(기판력의 주관적 범위)
① 확정판결은 당사자, 변론종결 뒤의 승계인 또는 그를 위하여 청구의 목적물을 소지한 사람에 대하여 효력이 미친다.

1. 의의 및 근거

기판력은 재판확정시 소송당사자는 동일 소송물을 다시 다툴 수 없고, 후소법원은 선행법원의 확정판결과 모순되는 판단을 하지 못하는 효력이다. 그 근거는 행정소송법 제8조 제2항에 의해 준용되는 민사소송법 제216조, 제218조에 있다.

2. 기속력의 구별

기판력은 기각판결에도 인정되고, 당사자와 수소법원을 수범자로 하며, 소송법적 효력이라는 점에서 기속력과 구별된다. 판례는 제30조 제1항의 기속력과 제8조 제2항에 의하여 준용되는 민사소송법 제216조, 제218조의 기판력을 구별한다.

3. 범위

① 주관적 범위는 당사자 및 이와 동일시할 수 있는 자에게만 미친다. 제3자에게는 미치지 않는 것이 원칙이나 제16조 참가인은 공동소송인에 준하는 지위가 있으므로 기판력이 미친다. 판례는 기판력이 관계행정청에 미치는 것으로 본다.

② 객관적 범위는 판결의 주문에 한하며, ③ 시적 범위는 사실심 변론종결시.

4. 효력

기판력은 전소의 소송물과 동일한 후소를 허용하지 않고, 전소의 소송물이 후소의 선결문제 또는 모순관계일 때 후소에서 전소 판결의 판단과 다른 주장을 하는 것을 허용하지 않는 작용을 한다.

195. 취소소송과 무효확인소송 간의 기판력

취소기각O / 무효기각X

1. 취소소송에서의 기각판결의 무효확인소송에 대한 기판력

    취소소송 기각판결의 기판력은 무효확인소송에도 미친다. 처분의 무효확인청구가 기판력에 저촉되는 경우 당사자의 주장이 없더라도 직권으로 심리하여 청구를 기각하여야 한다.

2. 무효확인소송에서의 기각판결의 취소소송에 대한 기판력

    무효확인소송 기각판결의 기판력은 취소소송에는 미치지 않는다. 따라서 무효확인소송 기각판결의 경우에도 취소소송을 제기할 수 있다.

196. 취소소송과 국가배상청구소송 간의 기판력

▶ 23년 변시 2문 3.

위법성 의미 / 구별설 / 인용O / 기각X

1. 취소판결의 국가배상청구소송에 대한 기판력

    ① 결과불법설과 상대적 위법성설에 따르면 부정, ② 협의의 행위위법성설에 따르면 긍정, ③ 광의의 행위위법성설과, 법적 주장인 소송물 기준설에 따르면 기각판결은 부정되고 인용판결은 긍정된다.

    생각건대 국가배상청구소송에서 위법판단의 대상이 직무집행인 처분행위이면 취소판결의 기판력이 미치고, 일반적 손해방지의무이면 기판력이 미치지 않는다고 본다.

2. 국가배상판결의 취소소송에 대한 기판력

    국가배상청구소송에서 처분의 위법 여부는 소송물이 아니므로, 취소소송에 국가배상판결의 기판력이 미치지 않고, 후소법원에 유력한 증거가 될 뿐이므로, 합리적 이유설시 없이 배척할 수 없다.

197. 무효등확인소송과 확인소송의 보충성

▶ 16년 사시

확인의 이익 / 민·항·기·명·기능 / 부정

행정소송법 제35조(무효등 확인소송의 원고적격)
무효등 확인소송은 처분등의 효력 유무 또는 존재 여부의 확인을 구할 법률상 이익이 있는 자가 제기할 수 있다.

1. 의 의

무효등확인소송이란 행정청의 처분·재결의 효력 유무 또는 존재 여부의 확인을 구하는 소송을 말한다. 확인소송의 보충성이란 원고의 권리 또는 법률상 지위에 현존하는 불안·위험을 제거하기 위해 확인판결이 유효적절한 수단일 때 인정되는 즉시확정의 이익을 말한다.

2. 무효확인소송의 보충성 필요성 여부

(1) 문제점

무효확인소송은 항고소송이면서 확인소송의 성질을 가지므로 행정소송법 제35조의 '확인을 구할 법률상 이익'에 확인소송의 보충성이 요구되는지가 문제된다.

(2) 학설 및 판례

학설은 ① 민사소송과 같은 즉시확정의 이익이 필요하다는 긍정설, ② 민사소송과는 달리 무효확인소송은 기속력 규정이 준용되어 판결의 실효성을 확보할 수 있다고 보는 부정설이 대립한다.

판례는 무효확인소송은 민사소송과 목적·취지가 다르고, 항고소송의 일종이며, 기속력이 준용되고, 보충성의 명문규정이 없으며, 사법통제와 권익확대라는 행정소송의 기능을 고려하여 보충성이 요구되지 않는다고 판시하였다.

(3) 검 토

무효확인소송에는 기속력이 준용되어 판결의 실효성이 확보되고 사법통제와 국민의 권리구제 확대라는 행정소송의 특유한 기능을 고려할 때 부정설이 타당하다고 본다.

3. 사안의 경우

사안의 경우, 이행소송의 가능 여부를 불문하고 법률상 이익이 있으므로 협의의 소의 이익이 인정된다.

198. 무효확인소송 심리결과 취소사유인 경우 법원의 조치

원고 명백의사 / 취소포함(判) / 소변경필요(多)

행정소송규칙 제16조(무효확인소송에서 석명권의 행사)
재판장은 무효확인소송이 법 제20조에 따른 기간 내에 제기된 경우에는 원고에게 처분등의 취소를 구하지 아니하는 취지인지를 명확히 하도록 촉구할 수 있다. 다만, 원고가 처분등의 취소를 구하지 아니함을 밝힌 경우에는 그러하지 아니하다.

1. 무효사유에 대해 취소소송을 제기한 경우

법원은 당해 위법이 무효사유인지 취소사유인지 구분 없이 취소판결을 한다. 이 경우에도 취소소송의 제기요건을 충족하여야 한다.

2. 취소사유에 대해 무효확인소송을 제기한 경우

(1) 문제점

무효확인소송의 심리결과 그 하자가 취소사유에 불과한 경우 무효확인소송이 취소소송의 소송요건을 갖추었다면 법원이 어떤 판결을 해야 하는지 문제된다.

(2) 학설 및 판례

학설은 ① 무효확인청구에 취소청구가 당연히 포함된 것은 아니라는 기각설, ② 무효확인청구에 취소청구가 포함되어 있다는 취소판결설, ③ 법원의 석명권을 행사로 소변경이 필요하다는 소변경필요설이 대립한다.

판례는 무효확인소송에서 원고가 취소를 구하지 않는다고 명백히 밝히지 아니한 이상, 취소를 구하는 취지도 포함되어 있다고 본다.

(3) 검 토

법원은 석명권을 행사하여 소변경 후에 판단해야 한다는 소변경필요설이 타당하다고 본다. 행정소송규칙 제16조에 따르면, 재판장은 원고에게 처분 등의 취소를 구하지 아니하는 취지인지를 명확히 하도록 촉구하는 석명권을 행사할 수 있다.

199. 부작위위법확인소송의 소송요건

▶ 16년 5급

처분신청 / 일정한 처분의무 / 상당기간 / 불이행

행정소송법 제2조(정의)
2. "부작위"라 함은 행정청이 당사자의 신청에 대하여 상당한 기간내에 일정한 처분을 하여야 할 법률상 의무가 있음에도 불구하고 이를 하지 아니하는 것을 말한다.

제38조(준용규정)
② 제9조, 제10조, 제13조 내지 제19조, 제20조, 제25조 내지 제27조, 제29조 내지 제31조, 제33조 및 제34조의 규정은 부작위위법확인소송의 경우에 준용한다.

1. 대상적격 - 부작위의 성립요건

(1) 문제점

부작위의 요건으로 ① 당사자의 처분의 신청, ② 행정청의 일정한 처분의무 존재, ③ 상당한 기간경과, ④ 처분의 부존재를 요한다. 이때 신청권 필요성이 문제된다.

(2) 학설 및 판례

학설은 ① 신청권을 본안문제로 보는 본안문제설, ② 원고적격의 법률상 이익으로 보는 원고적격설, ③ 부작위의 요건으로 보는 대상적격설이 대립한다.

판례는 법규상·조리상 신청권을 부작위의 성립요건으로 보는 대상적격설을 취한다. 이때 신청권이란 구체적 사건에서 신청인이 누구인지를 고려하지 않고 관계법규의 해석을 통해 일반국민에게 추상적으로 인정되는 응답받을 권리로 본다.

(3) 검 토

행정소송법 제2조 제1항 제2호는 일정한 처분을 해야 할 법률상 의무를 규정하고 있으므로, 신청권을 부작위의 성립요건으로 보는 대상적격설이 타당하다고 본다.

2. 원고적격

신청권을 대상적격의 문제로 보면, 신청권이 존재하여 부작위가 성립하면 처분을 신청한 자에게 원고적격이 당연히 인정된다.

3. 소의 이익

사정변경으로 부작위 위법확인이 권익구제의 실효성이 없는 경우, 변론종결시까지 처분청이 처분을 한 경우 부작위상태가 해소되므로 소의 이익이 없게 된다.

4. 제소기간

부작위위법확인소송은 원칙적으로 제소기간이 적용되지 않는다. 예외적으로 행정심판을 거친 경우 행정소송법 제38조 제2항에 따라 같은 법 제20조가 준용된다.

판례는 행정심판을 거쳐 재결서 정본이 송달된 경우 행정소송법 제20조의 제소기간이 적용되는 것으로 본다.

200. 부작위위법확인소송의 심리와 기속력

절차적 심리설 / 응답의무설

행정소송법 제38조(준용규정)
② 제9조, 제10조, 제13조 내지 제19조, 제20조, 제25조 내지 제27조, 제29조 내지 제31조, 제33조 및 제34조의 규정은 부작위위법확인소송의 경우에 준용한다.

1. 부작위위법확인소송의 심리의 범위

(1) 문제점

부작위위법확인소송에서 심리범위가 부작위 자체의 위법만인지, 부작위의 위법 여부뿐만 아니라 신청에 따른 처분의무 유무에도 미치는지 문제된다.

(2) 학설 및 판례

학설은 ① 부작위의 위법만을 심판범위로 보는 절차적 심리설, ② 부작위의 위법뿐만 아니라 신청에 따른 처분의무도 심판범위로 보는 실체적 심리설이 대립한다.

판례는 부작위의 위법성을 확인함으로써 소극적 위법상태 제거를 목적으로 한다고 판시하여 절차적 심리설을 취한다.

(3) 검 토

의무이행소송 대신 부작위위법확인소송만을 인정한 입법 취지와 행정소송법 제2조 제1항 제2호 부작위의 개념에 비추어 볼 때 절차적 심리설이 타당하다고 본다.

2. 부작위위법확인판결의 효력(기속력)

(1) 학 설

학설은 ① 절차개시의무로 보는 응답의무설, ② 신청에 따른 처분을 하여 줄 의무를 포함한다고 보는 특정처분의무설이 대립한다.

(2) 검 토

부작위위법확인소송의 심리범위를 절차적 심리설로 보는 경우 인용판결의 기속력의 범위는 응답의무설이 타당하다고 본다.

201. 당사자소송의 대상

▶ 24년 변시

손실보상금 / 확정된 공법상 법률관계 / 처분의 절차적 요건 / 공법상 계약

행정소송규칙 제19조(당사자소송의 대상)
당사자소송은 다음 각 호의 소송을 포함한다.
 1. 다음 각 목의 손실보상금에 관한 소송
 2. 그 존부 또는 범위가 구체적으로 확정된 공법상 법률관계 자체에 관한 다음 각 목의 소송
 3. 처분에 이르는 절차적 요건의 존부나 효력 유무에 관한 다음 각 목의 소송
 4. 공법상 계약에 따른 권리·의무의 확인 또는 이행청구 소송

도시정비법 제35조(조합설립인가 등)
⑤ 제2항 및 제3항에 따라 설립된 조합이 인가받은 사항을 변경하고자 하는 때에는 총회에서 조합원의 3분의2 이상의 찬성으로 의결하고, 제2항 각호의 사항을 첨부하여 시장·군수등의 인가를 받아야 한다. 다만, 대통령령으로 정하는 경미한 사항… 신고하고 변경할 수 있다.

1. 손실보상금에 관한 소송(제19조 제1호)

    가. 「토지보상법」 제78조제1항·제6항 이주정착금, 주거이전비 등에 관한 소송

    나. 「토지보상법」 제85조제2항 보상금의 증감에 관한 소송

    다. 「하천편입토지보상법」 제2조 보상금에 관한 소송

2. 확정된 공법상 법률관계 자체에 관한 소송(제19조 제2호)

    가. 납세의무 존부의 확인

    나. 「부가가치세법」 제59조에 따른 환급청구

    다. 「석탄산업법」 제39조의3제1항·시행령 제41조 재해위로금 지급청구

    라. 「5·18 민주화보상법」에 따른 관련자 또는 유족의 보상금 등 지급청구

    마. 공무원의 보수·퇴직금·연금 등 지급청구

    바. 공법상 신분·지위의 확인

3. 처분에 이르는 절차적 요건의 존부·효력 유무에 관한 소송(제19조 제3호)

    가. 「도시정비법」 제35조제5항 인가 이전 조합설립변경에 대한 총회결의 소송
    나. 「도시정비법」 제50조제1항 인가 이전 사업시행계획에 대한 총회결의 소송
    다. 「도시정비법」 제74조제1항 인가 이전 관리처분계획에 대한 총회결의 소송

4. 공법상 계약에 따른 권리·의무의 확인 또는 이행청구 소송(제19조 제4호)

202. 당사자소송의 소송요건

공법상의 법률관계 / 권리주체 / 확인이익·보충성

행정소송법 제44조(준용규정)
① 제14조 내지 제17조, 제22조, 제25조, 제26조, 제30조제1항, 제32조 및 제33조의 규정은 당사자소송의 경우에 준용한다.
② 제10조의 규정은 당사자소송과 관련청구소송이 각각 다른 법원에 계속되고 있는 경우의 이송과 이들 소송의 병합의 경우에 준용한다.

1. 대상적격
처분 등을 원인으로 하는 법률관계와 그 밖에 공법상의 법률관계를 대상으로 한다.

2. 원고적격
민사소송의 원고적격에 관한 규정이 준용되고, 피고는 국가 또는 공공단체 등 권리주체가 된다(제8조 제2항, 제39조).

3. 소의 이익
행정소송법에 별도의 규정이 없으므로 「민사소송법」이 준용된다(제8조 제2항). 공법상 법률관계의 확인을 구하는 당사자소송의 경우 확인의 이익의 보충성이 요구된다.

4. 피고적격
당사자소송은 국가·공공단체 그 밖의 권리주체를 피고로 한다(제39조). 그 밖의 권리주체란 공권력을 수탁받은 행정주체인 사인, 즉 공무수탁사인 등을 의미한다.

5. 예외적 행정심판전치주의
당사자소송에는 취소소송에서의 행정심판전치제도가 적용되지 않는다.

6. 제소기간
당사자소송의 제기기간은 취소소송 규정을 준용하지 아니하며, 다만 제소기간이 법령에 정해져 있는 경우에는 그 기간은 불변기간으로 한다(제41조).

7. 관할법원
재판관할은 취소소송과 동일. 다만, 국가 등이 피고인 경우 관계행정청의 소재지를 피고의 소재지로 본다. 이때 관계행정청은 다음과 같다.
① 형식적 당사자소송의 경우 공법상 법률관계의 원인이 되는 처분을 행한 행정청,
② 실질적 당사자소송의 경우 공법상 법률관계에 직접적 관계있는 행정청.

203. 공법상 당사자소송과 가구제

▶ 23년 5급

44조① / 23조② 준용X / 8조②

행정소송법 제8조(법적용예)
② 행정소송에 관하여 이 법에 특별한 규정이 없는 사항에 대하여는 법원조직법과 민사소송법 및 민사집행법의 규정을 준용한다.

제23조(집행정지)

제44조(준용규정)
① 제14조 내지 제17조, 제22조, 제25조, 제26조, 제30조제1항, 제32조 및 제33조의 규정을 당사자소송의 경우에 준용한다.

민사집행법 제300조(가처분의 목적)
① 다툼의 대상에 관한 가처분은 현상이 바뀌면 당사자가 권리를 실행하지 못하거나 이를 실행하는 것이 매우 곤란할 염려가 있을 경우에 한다.
② 가처분은 다툼이 있는 권리관계에 대하여 임시의 지위를 정하기 위하여도 할 수 있다. 이 경우 가처분은 특히 계속하는 권리관계에 끼칠 현저한 손해를 피하거나 급박한 위험을 막기 위하여, 또는 그 밖의 필요한 이유가 있을 경우에 하여야 한다.

1. 당사자소송에서의 집행정지 인정 여부

행정소송법 제44조 제1항에서 제23조 제2항 집행정지를 준용하지 않고, 당사자소송은 원칙적으로 처분 등을 대상으로 하는 소송은 아니므로, 당사자소송에서 집행정지는 부정된다.

2. 당사자소송에서의 가처분

(1) 판 례

판례는 당사자소송에 집행정지규정이 준용되지 아니하므로 행정소송법 제8조 제2항에 따라 민사집행법상 가처분규정이 준용되어야 한다고 판시하였다.

(2) 검 토

행정소송법 제44조 제1항에서 제23조 제2항 집행정지를 준용하지 않으므로, 제8조 제2항 소정의 '이 법에 특별한 규정이 없는 경우'에 해당하므로 민사집행법 제300조의 가처분이 준용된다.

3. 당사자소송에서의 가집행선고

당사자소송에서 재산권의 청구인용 판결을 하는 경우 가집행선고를 할 수 있다. 행정소송법 제43조 국가를 상대로 하는 가집행선고 제한규정은 위헌결정이 선고되어, 이제는 국가를 상대로 하는 경우에도 가집행선고를 할 수 있게 되었다.

204. 기관소송의 인정 범위

적용범위 / 동일주체 / 상이한 주체

행정소송법 제3조(행정소송의 종류)
4. 기관소송: 국가·공공단체의 기관상호간에 있어서의 권한존부 또는 그 행사에 관한 다툼에 대하여 제기하는 소송. 다만, 헌법재판소법 제2조의 규정에 의하여 헌법재판소의 관장사항으로 되는 소송은 제외한다.

헌법재판소법 제2조(관장사항)
헌법재판소는 다음 각 호의 사항을 관장한다.
4. 국가기관 상호간, 국가기관과 지자체 간 및 지자체 상호간의 권한쟁의에 관한 심판

1. 의 의

기관소송이란 국가 또는 공공단체의 기관상호 간 권한 존부 또는 그 행사에 관한 다툼이 있을 때에 제기하는 소송으로서, 헌법재판소의 관장사항은 제외된다(행정소송법 제3조 제4호).

2. 기관소송의 인정 범위(관할문제)

(1) 학 설

학설은 ① 동일 행정주체의 기관 상호 간의 소송에 한정하는 견해, ② 상이한 행정주체 상호 간, 상이한 법주체에 속하는 기관 간의 소송도 포함한다는 견해가 대립한다.

(2) 검 토

생각건대 권한분쟁이 행정법적 차원의 것인가 헌법적 차원의 것인가에 따라 전자는 기관소송의 관할에 속하고 후자는 권한쟁의심판의 관할로 보는 견해가 타당하다고 본다.

제 4 편

개별 행정작용법

제 1 장 행정조직법
제 2 장 지방자치법
제 3 장 공무원법
제 4 장 경찰행정법
제 5 장 공적시설법
제 6 장 공용부담법
제 7 장 개발행정법
제 8 장 환경행정법
제 9 장 재무행정법(조세)
제 10 장 경제행정법

제 1 장
행정조직법

- 205 일반적 위임근거규정의 인정 여부
- 206 조례에 의한 재위임 인정 여부
- 207 내부위임받은 자가 자기명의로 처분한 경우
- 208 훈령에 대한 하급기관의 심사권
- 209 행정기관 상호 간의 협의와 동의

205. 일반적 위임근거규정의 인정 여부

▶ 24-1 / 17년 변시

정조법 6조 / 위임위탁규정 3조(위임) / 4조(재위임)

정부조직법 제6조(권한의 위임 또는 위탁)
① 행정기관은 법령으로 정하는 바에 따라 소관사무의 일부를 보조기관 또는 하급행정기관에 위임하거나 다른 행정기관·지방자치단체 또는 그 기관에 위탁·위임할 수 있다. 이 경우 위임·위탁을 받은 기관은 특히 필요한 경우 법령으로 정하는 바에 따라 위임·위탁을 받은 사무의 일부를 보조기관 또는 하급행정기관에 재위임할 수 있다.

행정위임위탁규정 제4조(재위임)
특별시장·광역시장·특별자치시장·도지사 또는 특별자치도지사나 시장·군수 또는 구청장은 행정의 능률향상과 주민편의를 위하여 필요하다고 인정될 때에는 수임사무의 일부를 그 위임기관의 장의 승인을 받아 규칙으로 정하는 바에 따라 시장·군수·구청장 또는 읍·면·동장, 그 밖의 소속기관의 장에게 다시 위임할 수 있다.

1. 권한의 위임의 의의

권한의 위임이란 행정청이 자신의 권한의 일부를 다른 기관에게 실질적으로 이전하여 수임기관의 권한으로 행사하게 하는 것으로서, 행정권한법정주의에 따라 법적 근거가 필요하다.

2. 일반적 (재)위임근거규정의 인정 여부

(1) 문제점

개별법에 (재)위임의 근거규정이 없는 정부조직법 제6조 제1항, 행정위임위탁규정 제3조·제4조가 일반적 근거가 될 수 있는지 문제된다.

(2) 학설 및 판례

학설은 ① 원칙규정에 불과하여 행정권한법정주의에 반한다는 부정설, ② 행정사무의 간소화 및 능률성 제고, 지방분권 취지를 근거로 하는 긍정설이 대립한다.

판례는 재위임의 개별적 근거규정이 없는 경우에도, 행정권한위임위탁규정 등 일반적 근거규정에 의하여 재위임할 수 있다고 판시하였다.

(3) 검 토

국민과 직접적 관련 없는 행정조직에 관한 사항이라는 점, 행정사무의 간소화와 능률성 제고와 지방분권의 입법적 배경을 고려할 때 긍정설이 타당하다고 본다.

206. 조례에 의한 재위임 인정 여부

▶ 24-1 / 17년 변시

위임위탁규정 4조 / 위임기관 장의 승인 / 규칙

1. 일반적 위임근거규정의 인정 여부(전술)

2. 법령상 위임방식에 위배된 조례의 효력

 (1) 재위임의 방식

　　수임청은 행정의 능률향상과 주민편의를 위해 필요하다고 인정될 때 수임사무의 일부를 그 위임기관 장의 승인을 받아 규칙으로 정하는 바에 따라 다시 위임할 수 있다(행정위임위탁규정 제4조).

 (2) 판 례

　　판례는 기관위임사무를 조례로 재위임할 수 없고, 행정위임위탁규정 제4조에 따라 위임기관 장의 승인과 단체장의 규칙으로 재위임하는 것만 가능하다고 판시하였다.

 (3) 검 토

　　법령의 구체적 위임 없이 기관위임사무에 대한 조례제정은 허용되지 않고, 행정위임위탁규정 제4조는 규칙에 의한 재위임만을 인정하므로, 재위임방식에 반하는 조례는 위법하다.

3. 위임방식에 위배된 조례에 근거한 처분의 효력

 (1) 문제점

　　행정위임위탁규정 제4조에 따른 법령상 재위임방식을 위배한 조례는 위법하고, 이러한 조례에 근거한 처분의 효력이 문제된다.

 (2) 학설 및 판례

　　학설은 ① 무권한자의 처분으로 보는 무효사유설, ② 권한위임의 하자는 행정부 내부사정이므로 그 하자의 명백성을 부정하는 취소사유설이 대립한다.

　　판례는 처분의 하자는 중대하나, 조례가 규칙보다 상위규범이고, 헌법 제107조 제2항의 규칙처럼 규칙개념이 상이하게 해석되는 등 위임과정의 하자가 객관적으로 명백하지 않으므로 당연무효는 아니라고 판시하였다.

 (3) 검 토

　　위임방식에 위배된 조례에 근거한 처분의 하자는 중대하나, 위임방식 위반의 하자가 객관적으로 명백하지 않으므로 취소사유에 해당한다.

207. 내부위임받은 자가 자기명의로 처분한 경우

무권한 행위 / 무효사유 / 피고 · 처분명의자

Q. 甲은 A시 청사의 지하층 일부에 대한 사용허가를 받아 식당을 운영하고 있다. A시의 시장은 청사의 사용허가에 관한 권한을 B국장에게 내부적으로 위임(위임전결)하였고, 이에 따라 B국장은 자신의 명의로 甲에 대한 청사의 사용허가를 취소하였다면 이러한 사용허가의 취소는 위법한가?

1. 내부위임의 의의

내부위임이란 행정청이 보조기관 또는 하급행정기관에게 내부적으로 일정사항의 결정권을 수임기관이 위임청의 이름으로 행사하도록 하는 것을 말한다.

2. 내부위임받은 자가 자기명의로 처분한 경우

(1) 문제점

내부위임의 수임기관이 자신의 이름으로 처분을 하는 경우 당해 처분의 위법성 정도가 무효사유인지 취소사유인지 문제된다.

(2) 학설 및 판례

학설은 ① 무권한자의 행위로 보는 무효설, ② 권한행사의 형식상 하자에 불과하다고 보는 취소설, ③ 수임기관이 보조기관이면 무효, 행정청이면 취소사유로 보는 예외적 취소설이 대립한다.

판례는 수임기관이 대외적으로는 처분권을 갖지 못하므로 무권한자의 행위로 보고 무효사유에 해당한다고 판시하였다.

(3) 검 토

무권한자의 처분은 그 하자가 중대하고, 행정권한법정주의에 따라 객관적으로 명백성이 인정되므로 무효사유에 해당하고, 이때 피고는 처분명의자인 수임기관이다.

A. 내부위임받은 자는 위임청의 명의로 처분해야 하는 바, 자기명의로 처분하는 경우 무권한자의 처분으로서 당연무효이다.

208. 훈령에 대한 하급기관의 심사권

복종의무 / 법령준수의무 / 명백위법

국가공무원법 제56조(성실 의무)
모든 공무원은 법령을 준수하며 성실히 직무를 수행하여야 한다.

제57조(복종의 의무)
공무원은 직무를 수행할 때 소속 상관의 직무상 명령에 복종하여야 한다.

1. 훈령의 의의

훈령이란 상급청이 하급기관의 권한행사를 지휘하기 위하여 발하는 명령을 말하고, 개별적·구체적 처분에 대하여 발령되기도 하고, 일반적·추상적 규범의 형식으로 발령되기도 한다.

2. 훈령의 요건

형식적 요건은 ① 훈령권이 있는 상급관청, ② 하급기관의 권한사항, ③ 독립성이 보장된 하급기관이 아닐 것, 실질적 요건은 ① 적법·타당하고, ② 가능·명백한 것이어야 한다.

3. 훈령에 대한 하급기관의 심사권(거부가능성)

(1) 문제점

훈령의 실질적 요건에 하자가 있는 경우 하급기관의 심사권이 인정되어 복종의무를 거부할 수 있는지 문제된다.

(2) 학설 및 판례

학설은 ① 실질적 요건에 대한 심사권이 없다는 부정설, ② 법령준수의무에 따른 긍정설, ③ 명백성으로 판단하는 절충설이 대립하고, 판례는 명백한 위법인 명령은 직무상 지시명령이 아니므로 이에 따라야 할 의무는 없다고 판시하였다.

(3) 검 토

법령준수의무와 복종의무를 종합적으로 고려하여 훈령의 하자가 명백한 경우 심사권을 인정하여 복종의무를 거부할 수 있다고 보는 명백설이 타당하다고 본다.

(따라서 훈령의 형식적 요건에 하자가 있는 경우 또는 실질적 요건의 하자가 명백한 경우 하급기관의 심사권이 인정되고 하급기관은 그 복종을 거부하여야 한다.)

209. 행정기관 상호 간의 협의와 동의
협의 / 동의 / 구속력

1. 협 의

(1) 의 의

행정업무가 둘 이상의 행정청과 관련되는 경우 주된 지위에 있는 주무행정청은 업무결정권, 부차적 지위에 있는 관계행정청은 협의권을 갖는다.

(2) 협의의견의 구속력

관계기관의 협의의견은 원칙상 주무행정청을 구속하지 않는다. 다만, 법령상 '협의'로 규정된 경우에도 해석상 동의에 해당하는 경우 그 협의의견은 법적 구속력을 갖는다.

(3) 협의절차의 하자

법령상 협의절차를 불이행한 처분은 협의의 중요성에 따라 무효 또는 취소사유가 된다. 판례는 협의를 거치지 않은 처분을 원칙상 취소사유로 본다.

2. 동 의

(1) 의 의

행정업무가 둘 이상 행정청과 관련되고 각 행정청이 모두 주된 지위에 있는 경우 업무관련성이 높은 행정청은 주무행정청으로서 업무결정권, 다른 행정청은 관계행정청으로서 동의권을 갖는다.

(2) 동의의견의 구속력

처분청은 동의기관의 동의의견 또는 부동의의견에 구속된다.

(3) 동의 없는 처분의 효력

법령에 명시적 규정이 있는 경우 동의 없는 처분은 무권한의 하자로 원칙상 무효로 본다.

(4) 부동의에 대한 권리구제

부동의는 행정부 내부행위로 처분이 아니므로, 주무행정청의 거부처분에 대한 취소소송에서 처분사유가 된 관계행정청의 부동의를 다투어야 한다.

제 2 장
지방자치법

- 210 재산 및 공공시설을 이용할 권리
- 211 주민감사
- 212 주민소송
- 213 사무의 성질
- 214 위임사무와 국가배상법상 배상책임자
- 215 조례의 한계 – 조례제정사무
- 216 조례의 한계 – 법률유보원칙
- 217 조례의 한계 – 법률우위원칙
- 218 지방자치단체장에 의한 조례의 통제
- 219 감독기관에 의한 조례의 통제
- 220 감독기관의 시정명령 및 취소·정지권
- 221 직무이행명령

210. 재산 및 공공시설을 이용할 권리

자치법 17조 / 자연인 / 법인

> 지방자치법 제17조(주민의 권리)
> ② 주민은 법령으로 정하는 바에 따라 소속 지방자치단체의 재산과 공공시설을 이용할 권리와 그 지방자치단체로부터 균등하게 행정의 혜택을 받을 권리를 가진다.

1. 이용권의 의의 및 대상

주민의 재산·공공시설이용권이란 지방자치단체의 재산 및 공공시설을 이용할 수 있는 권리로서, 지자체의 소유뿐만 아니라 사용권 등 권원을 갖는 경우를 포함한다(지방자치법 제17조).

2. 이용권의 주체

① 모든 주민에는 자연인뿐만 아니라 법인인 주민을 포함하고, ② 주민이 아닌 자는 「지방재정법」 또는 사법상 계약 등 별도의 근거에 의해 이용이 인정된다.

3. 이용의 조정

주민과 주민이 아닌 자의 이용이 경합하는 경우 복리증진을 위해 제공된 재산 또는 공공시설은 우선적으로 주민의 이용에 제공되나, 도로 등 일반 공중에 제공된 것은 이용에 차등을 둘 수 없다.

4. 이용권의 한계

① 공적 목적과 관리목적 또는 경찰행정목적상 제한 ② 수용능력의 한계에 의한 제한, ③ 경비부담의 재원인 지방세를 납부하는 주민과 주민 아닌 자 사이에 이용료 차등이 가능하다.

211. 주민감사

자치법 21조 / 조문

1. 의 의

주민감사제도란 18세 이상의 주민이 당해 지방자치단체와 그 장의 권한에 속하는 사무처리가 법령위반 또는 공익을 현저히 해하는 경우 감사를 청구할 수 있는 제도를 말한다(지방자치법 제21조).

2. 요 건

(1) 주 체

시·도는 300명, 「지방자치법」 제198조에 따른 인구 50만 이상 대도시는 200명, 그 밖의 시·군 및 자치구는 150명 이내에서 조례로 정하는 수 이상의 18세 이상의 주민이 연대 서명하여 청구하여야 한다.

(2) 대 상

지방자치단체와 그 장의 권한에 속하는 사무처리가 법령위반 또는 공익을 현저히 해하는 경우 감사를 청구할 수 있다(지방자치법 제21조 제1항).

판례는 주민감사 청구단계에서는 법령위반 또는 공익을 현저히 해친다고 인정될 가능성으로 족하고, 주민감사청구 또는 주민소송의 적법요건은 아니라고 본다.

(3) 감사기관

시·도에서는 주무부장관, 시·군 및 자치구에서는 시·도지사.

3. 범위와 한계

(1) 대상사무

당해 지방자치단체 또는 그 장이 행하는 일체의 사무(자치사무, 단체위임사무, 기관위임사무).

(2) 감사청구의 제외사유

① 수사·재판에 관여하게 되는 사항, ② 개인의 사생활 침해우려가 있는 사항, ③ 다른 기관에서 감사하였거나 감사 중인 사항, ④ 주민소송이 진행 중이거나 그 판결이 확정된 사항 등은 제외(지방자치법 제21조 제2항)

(3) 감사청구기간

사무처리가 있었던 날이나 끝난 날부터 3년이 지나면 제기할 수 없다(제21조 제3항).

212. 주민소송

▶ 21년 변시 / 17년 5급 / 16년 5급

자치법 22조 / 민중소송 / 객관소송

지방자치법 제22조(주민소송)
① 제21조제1항에 따라 공금의 지출에 관한 사항, 재산의 취득·관리·처분에 관한 사항, 해당 지방자치단체를 당사자로 하는 매매·임차·도급 계약이나 그 밖의 계약의 체결·이행에 관한 사항 또는 지방세·사용료·수수료·과태료 등 공금의 부과·징수를 게을리한 사항을 감사청구한 주민은 다음 각 호의 어느 하나에 해당하는 경우에 그 감사청구한 사항과 관련이 있는 위법한 행위나 업무를 게을리한 사실에 대하여 해당 지방자치단체의 장(해당 사항의 사무처리에 관한 권한을 소속 기관의 장에게 위임한 경우에는 그 소속 기관의 장)을 상대방으로 하여 소송을 제기할 수 있다.

1. 의의 및 취지

주민소송이란 주민이 지방자치단체의 위법한 재무회계행위를 시정하기 위하여 법원에 제기하는 소송을 말한다(지방자치법 제22조).

2. 성 질

주민소송은 지방자치단체의 위법한 재무회계행위를 시정하는 공익목적을 가진 민중소송이고, 적법성 통제를 목적으로 하는 객관소송이다.

3. 종 류

① 손해발생행위 중지청구소송, ② 처분취소 또는 무효 등 확인소송, ③ 해태사실 위법확인소송, ④ 손해배상 또는 부당이득반환청구소송 등이 있다(제22조 제2항).

4. 주민소송의 소송요건 충족 여부

(1) 감사청구 전치주의

주민소송은 감사청구를 한 후 그 처리에 대한 불복소송이므로 먼저 감사청구를 거쳐야 한다. 판례에 따르면, 감사기관이 부적법하다고 오인하여 위법한 각하결정을 하는 경우에도 주민소송을 제기할 수 있다.

(2) 대상적격(제22조 제1항)

1) 감사청구한 일정한 재무회계사항과 관련이 있는 위법한 행위나 게을리 한 사실. 판례는 감사청구사항과 반드시 동일할 필요는 없고, 기본적 사실관계의 동일성으로 결정하며, 파생 또는 후속하여 발생된 행위와 사실의 관련성을 인정한다.

2) 판례는 영구적 도로점용허가를 '재산의 취득·관리·처분에 관한 사항'에 해당한다고 보고, 이행강제금의 부과·징수를 게을리한 행위를 '공금의 부과·징수를 게을리한 사항'에 해당한다고 판시하였다.

(3) 원고적격

감사청구를 한 주민이 주민소송을 제기할 수 있다.

(4) 피고적격

피고는 해당 지방자치단체의 장. 당해 권한을 위임한 경우에는 그 소속 기관의 장이 피고.

(5) 제소사유

(지방자치법 제22조 제1항 각 호)

(6) 제소기간

지방자치법 제22조 제1항 각 호의 기간이 종료되거나 조치 등의 통지를 받은 날부터 90일 이내에 제기하여야 한다(지방자치법 제22조 제4항).

판례는 주민소송에는 행정소송법 제20조 제1항에서 정한 일반 취소소송의 제소기간이 적용되지 않는다고 본다.

(7) 관 할

지방자치단체의 사무소 소재지를 관할하는 행정법원 또는 지방법원 본원(지방자치법 제22조 제9항).

213. 사무의 성질

▶ 19년 5급

근거법령 / 성·경·책 / 보충적(13조·15조)

> 지방자치법 제13조(지방자치단체의 사무 범위)
> ① 지방자치단체는 관할 구역의 자치사무와 법령에 따라 지방자치단체에 속하는 사무를 처리한다.
> ② 제1항에 따른 지방자치단체의 사무를 예시하면 다음 각 호와 같다. 다만, 법률에 이와 다른 규정이 있으면 그러하지 아니하다. 〈각 호 생략〉
>
> 제15조(국가사무의 처리 제한)
> 지방자치단체는 다음 각 호의 국가사무를 처리할 수 없다. 다만, 법률에 이와 다른 규정이 있는 경우에는 국가사무를 처리할 수 있다. 〈각 호 생략〉

1. 자치사무와 국가사무의 구별기준

(1) 의 의

자치사무란 지방자치단체의 존립목적을 달성하기 위한 본래적 사무를 말하고, 위임사무란 법령에 의하여 국가 또는 다른 공공단체로부터 위임받아 시행하는 사무를 말한다.

(2) 구별기준

① 1차적으로 근거법령의 권한 규정, ② 불분명한 경우 사무의 성질, 경비부담, 최종적 책임귀속 주체 등을 고려, ③ 보충적으로「지방자치법」제13조 제2항과 제15조의 예시규정이 기준이 된다.

2. 단체위임사무와 기관위임사무의 구별

(1) 의 의

단체위임사무란 국가 등으로부터 지방자치단체에게 위임된 사무를 말하고, 기관위임사무란 국가 등으로부터 지방자치단체의 장에게 위임된 사무를 말한다.

(2) 구별기준

수임주체가 누구인지와, 비용부담자가 누구인지를 종합하여 판단한다. 수임자가 지방자치단체이면 단체위임사무이고, 수임자가 집행기관인 단체장이면 기관위임사무로 볼 수 있다.

214. 위임사무와 국가배상법상 배상책임자

▶ 19년 5급

사무성질 / 단체위임 / 기관위임
사무주체 / 형식적 비용부담자 / 실질적 비용부담자

국가배상법 제6조(비용부담자 등의 책임)
① 제2조·제3조 및 제5조에 따라 국가나 지방자치단체가 손해를 배상할 책임이 있는 경우에 공무원의 선임·감독 또는 영조물의 설치·관리를 맡은 자와 공무원의 봉급·급여, 그 밖의 비용 또는 영조물의 설치·관리 비용을 부담하는 자가 동일하지 아니하면 그 비용을 부담하는 자도 손해를 배상하여야 한다.

1. 단체위임사무의 경우 배상책임자

(1) 지방자치단체

사무귀속주체로서 국가배상법 제2조·제5조의 배상책임, 지방자치법 제158조 본문에 따라 필요경비의 대외적 지출자인 형식적 비용부담자로서 국가배상법 제6조 제1항의 배상책임.

(2) 위임한 국가 등

지방자치법 제158조 단서, 지방재정법 제21조 제2항에 따라 실질적 비용부담자로서 국가배상법 제6조 제1항의 배상책임.

2. 기관위임사무의 경우 배상책임자

(1) 지방자치단체

지방자치법 제158조 본문에 따라 필요경비의 대외적 지출자인 형식적 비용부담자로서 국가배상법 제6조 제1항의 배상책임.

(2) 위임한 국가 등

사무귀속주체로서 국가배상법 제2조·제5조의 배상책임, 지방자치법 제158조 단서와 지방재정법 제21조 제2항에 따라 실질적 비용부담자로서 국가배상법 제6조 제1항의 배상책임.

215. 조례의 한계 - 조례제정사무

▶ 18년 변시

대상 / 유보 / 우위

1. 자치사무인지 여부

① 1차적으로 근거법령의 권한 규정, ② 불분명한 경우 사무의 성질, 경비부담, 최종적 책임귀속 주체 등을 고려, ③ 보충적으로 「지방자치법」 제13조 제2항과 제15조의 예시규정이 기준이 된다.

2. 조례제정사무

지방자치단체는 법령의 범위에서 그 사무에 관하여 조례를 제정할 수 있다(지방자치법 제28조). 이때 사무는 자치사무와 단체위임사무를 의미하고, 기관위임사무는 법령위임에 의한 위임조례만 가능하다.

3. 사안의 경우

216. 조례의 한계 - 법률유보원칙

▶ 24-2 / 22년 변시

헌법 117조 / 자치법 28조 1항 단서 / 헌법 37조②

헌법 제117조
① 지방자치단체는 주민의 복리에 관한 사무를 처리하고 재산을 관리하며, 법령의 범위안에서 자치규정을 제정할 수 있다.

제37조
② 국민의 모든 자유와 권리는 국가안전보장·질서유지 또는 공공복리를 위하여 필요한 경우에 한하여 법률로써 제한할 수 있으며, 제한하는 경우에도 자유와 권리의 본질적인 내용을 침해할 수 없다.

지방자치법 제28조(조례)
① 지방자치단체는 법령의 범위에서 그 사무에 관하여 조례를 제정할 수 있다. 다만, 주민의 권리 제한 또는 의무 부과에 관한 사항이나 벌칙을 정할 때에는 법률의 위임이 있어야 한다.

1. 지방자치법 제28조 제1항 단서의 위헌 여부

(1) 문제점

헌법 제117조 제1항은 법률우위원칙만을 규정하고 있는데 반하여, 지방자치법 제28조 단서는 법률유보원칙도 규정하고 있는 바, 그 위헌성이 문제된다.

(2) 학설 및 판례

학설은 ① 헌법 제117조 제1항에 반한다는 위헌설, ② 헌법 제117조도 일반적 법률유보규정인 헌법 제37조 제2항이 적용된다고 보는 합헌설이 대립한다.

판례는 지방자치법 제28조 제1항 단서는 일반적 법률유보원칙을 선언한 헌법 제37조 제2항의 취지에 부합한다고 판시하여 합헌설을 취한다.

(3) 검 토

기본권 제한에 대하여 일반적 법률유보원칙을 선언한 헌법 제37조 제2항은 당연히 자치단체의 조례제정에도 적용되므로 합헌설이 타당하다고 본다.

2. 위임의 정도

① 자치사무와 단체위임사무는 원칙적으로 법령의 위임 없이 조례제정이 가능하고, 주민의 권리제한·의무부과·벌칙규정 등 침익적 조례의 경우에는 포괄적 수권을 요한다(지방자치법 제28조).

② 기관위임사무는 위임청이 속한 행정주체의 사무이므로 위임입법의 한계원리인 포괄위임금지원칙이 적용된다.

217. 조례의 한계 - 법률우위원칙

▶ 15년 변시

수정법률선점 / 별개목적 / 목적·효과
동일목적 / 전국·일률적 / 지방실정

1. 의 의

「지방자치법」 제28조 제1항 본문은 지방자치단체는 법령의 범위에서 그 사무에 관하여 조례를 제정할 수 있다고 규정하여 법률우위원칙을 규정하고 있다.

2. 지방의회 또는 지방자치단체의 장의 권한 제한

조례로 법령에 없는 새로운 견제장치를 만들거나, 지방의회가 집행기관의 고유한 권한행사에 사전적·적극적으로 개입하거나, 집행권을 본질적으로 침해하는 조례는 허용될 수 없다.

3. 추가조례 및 초과조례 인정 여부 - 법률선점이론

(1) 문제점

법령과 규율대상 내지 규율사항을 달리하는 추가조례와 법령이 정한 기준을 초과하여 보다 강화되거나 보다 약화된 기준을 정한 초과조례 제정이 가능한지 문제된다.

(2) 학설 및 판례

학설은 ① 법령이 정한 사항에 대한 조례제정은 위법하다는 엄격한 법률선점론, ② 지역적 특수성을 고려하여 법령과 달리 정할 수 있다는 완화된 법률선점론이 대립한다.

판례는 조례가 법령과 별도목적으로 규율하거나 동일목적이라도 법령이 전국에 걸쳐 일률적 규율취지가 아니고, 지방실정에 맞는 별도규율을 용인하는 취지인 경우 법령위반이 아니라고 판시하였다.

(3) 검 토

법령의 입법 취지를 고려하여 판단하는 수정법률선점론이 타당하다고 본다.
따라서 추가조례와 수익초과조례의 경우 법령의 규정취지가 전국적인 일률적 규제가 아닌 지역의 특수성을 고려하여 자율적 규제를 용인하는 취지라면 적법하다.

218. 지방자치단체장에 의한 조례의 통제

32조 · 120조 / 재의요구 · 제소 / 192조

지방자치법 제32조(조례와 규칙의 제정 절차 등)
① 조례안이 의결되면 의장은 의결된 날부터 5일 이내에 단체의 장에게 이송하여야 한다.
② 단체장은 제1항의 조례안을 이송받으면 20일 이내에 공포하여야 한다.
③ 단체장은 이송받은 조례안에 이의가 있으면 제2항의 기간에 이유를 붙여 지방의회로 환부하고, 재의를 요구할 수 있다. 이 경우 조례안의 일부 또는 수정하여 재의를 요구할 수 없다.
④ 제3항에 따른 재의요구를 받은 지방의회가 재적 과반수의 출석과 출석 3분의 2 이상의 찬성으로 전과 같은 의결을 하면 그 조례안은 조례로서 확정된다.

제120조(지방의회의 의결에 대한 재의 요구와 제소)
③ 지방자치단체의 장은 제2항에 따라 재의결된 사항이 법령에 위반된다고 인정되면 대법원에 소(訴)를 제기할 수 있다. 이 경우에는 제192조제4항을 준용한다.

제192조(지방의회 의결의 재의와 제소)
④ 지방자치단체의 장은 … 대법원에 소를 제기할 수 있다. 이 경우 필요하다고 인정되면 그 의결의 집행을 정지하게 하는 집행정지결정을 신청할 수 있다.

1. 지방자치법 제32조와 제120조의 관계

지방의회의 의결에 조례안 의결이 포함되므로 특별법적 성격인 「지방자치법」 제32조가 우선적으로 적용된다.

2. 지방자치단체장의 재의 요구 및 제소

(1) 재의요구

지방자치단체의 장은 이송받은 조례안에 대하여 이의가 있으면 지방의회로 환부하고, 재의 요구를 할 수 있다(지방자치법 제32조 제3항).

(2) 대법원에 제소

재의결 확정된 조례가 법령에 위반되면 지방의회의 의결에는 조례안의 의결도 포함되므로 단체장은 직권으로 대법원에 제소하고 집행정지결정을 신청할 수 있다(지방자치법 제120조 제3항, 제192조 제4항). 이때 소송은 기관소송의 성질을 갖는다.

3. 감독기관에 의한 지방자치단체장의 재의 요구 및 제소

(1) 감독기관의 지시에 의한 재의 요구

지방의회의 의결이 법령위반 또는 공익을 현저히 해한다고 판단될 때에는 감독기관은 재의를 요구하게 할 수 있다. 재의 요구를 받은 단체장은 이유를 붙여 재의를 요구하여야 한다(지방자치법 제192조 제1항).

(2) 지방자치단체장의 제소

단체장은 재의결 사항이 법령에 위반된다고 판단되는 때에는 재의결된 날부터 20일 이내에 대법원에 소를 제기할 수 있고, 필요한 경우 집행정지결정을 신청할 수 있다(지방자치법 제192조 제4항). 이때 소송은 기관소송의 성질을 갖는다.

219. 감독기관에 의한 조례의 통제

▶ 18년 변시

지방자치법 제192조(지방의회 의결의 재의와 제소)
① 지방의회의 의결이 법령위반 또는 공익을 현저히 해하면 시·도에 대하여는 주무부장관이, 시·군 및 자치구에 대하여는 시·도지사가 재의 요구 지시를 할 수 있고, 재의 요구 지시를 받은 단체장은 이송받은 날부터 20일 이내에 지방의회에 이유를 붙여 재의를 요구하여야 한다.
② 시·군 및 자치구의회의 의결이 법령에 위반된다고 판단됨에도 불구하고 시·도지사가 제1항에 따라 재의를 요구하게 하지 아니한 경우 주무부장관이 직접 시장·군수 및 자치구의 구청장에게 재의를 요구하게 할 수 있고, 재의 요구 지시를 받은 시장·군수 및 자치구의 구청장은 의결사항을 이송받은 날부터 20일 이내에 지방의회에 이유를 붙여 재의를 요구하여야 한다.
③ 제1항 또는 제2항의 요구에 대하여 재의 결과 재적 과반수 출석과 출석 3분의 2 이상 찬성으로 재의결하면 그 의결사항은 확정된다.
④ 단체장은 제3항에 따라 재의결사항이 법령위반으로 판단되면 재의결된 날부터 20일 이내에 대법원에 소를 제기할 수 있다. 이 경우 필요하면 집행정지결정을 신청할 수 있다.
⑤ 주무부장관이나 시·도지사는 재의결 사항이 법령위반으로 판단됨에도 불구하고 단체장이 제소하지 않으면 시·도에 대해서는 주무부장관이, 시·군 및 자치구에 대해서는 시·도지사 (제2항에 따라 주무부장관이 직접 재의요구 지시를 한 경우 주무부장관)가 그 단체장에게 제소지시하거나 직접제소 및 집행정지결정을 신청할 수 있다.
⑧ 제1항 또는 제2항에 따라 지방의회 의결이 법령위반으로 판단되어 감독기관으로부터 재의 요구 지시를 받은 단체장이 재의 요구를 아니하는 경우(법령위반의 조례안이 재의 요구 지시 전 공포된 경우 포함)에는 감독기관은 제1항 또는 제2항에 따른 기간이 지난 날부터 7일 이내에 대법원에 직접 제소 및 집행정지 결정을 신청할 수 있다.

Q. A도 B시 지방의회가 의결한 조례가 상위법령에 위반되는 경우에 이러한 위법한 조례에 대한 주무부장관 甲과 A도 도지사 乙의 통제수단을 설명하시오.

1. 지방의회에 대한 감독기관

원칙적으로 시·도에 대해서는 주무부장관이, 시·군 및 자치구에 대해서는 시·도지사가 감독권을 행사한다(지방자치법 제192조 제1항). 주무부장관은 시·도지사가 감독권을 행사하지 아니할 경우 예외적으로 기초자치단체에 대한 감독권을 행사할 수 있다(제192조 제2항, 제5항).

2. 감독기관의 재의 요구 지시

지방의회의 의결이 법령위반 또는 공익을 현저히 해한다고 판단될 때에는 감독기관은 재의를 요구하게 할 수 있다(제192조 제1항). 주무부장관은 시·도지사가 재의요구지시를 아니하는 경우 직접 기초 단체장에게 재의요구지시를 할 수 있다(제192조 제2항).

3. 감독기관의 제소 지시 및 직접 제소

(1) 의 의

1) 감독기관은 재의결 사항이 법령위반으로 판단됨에도 단체장이 제소하지 않는 경우 당해 단체장에게 제소 지시 또는 직접 제소 및 집행정지결정을 신청할 수 있다(지방자치법 제192조 제5항).

2) 의회의결이 법령위반으로 판단되어 감독기관으로부터 재의 요구 지시를 받은 단체장이 재의 요구를 아니하는 경우 감독기관은 대법원에 직접 제소 및 집행정지결정을 신청할 수 있다(지방자치법 제192조 제8항).

3) 주무부장관은 제192조 제2항에 따라 직접 재의요구지시를 한 경우 제192조 제5항에 따라 기초자치단체의 장에게 제소지시하거나 직접제소 및 집행정지결정을 신청할 수 있다.

(2) 제소권자

시·도에 대하여는 주무부장관, 시·군 및 자치구에 대하여는 시·도지사를 의미한다. 종래 판례는 시·군 및 자치구에 대한 주무부장관의 감독권을 부정하였으나, 개정된 「지방자치법」 제192조 제5항은 제192조 제2항에 따라 주무부장관이 직접 재의 요구 지시를 한 경우 주무부장관의 제소를 규정하고 있다.

(3) 소송의 성질

학설은 ① 특수소송설, ② 기관소송설이 대립한다. 생각건대 상이한 법주체 사이에 행정법적 문제인 경우 기관소송으로 보는 견해가 타당하다고 본다.

> 1) 甲은 A도 도지사가 재의요구하지 않는 경우 B시 시장에게 직접 재의요구지시를 하거나, 재의결 확정된 조례가 법령에 위반되는 경우 B시 시장에게 제소지시를 하거나 직접제소 및 집행정지결정을 신청할 수 있다.
>
> 2) 乙은 B시 시장에게 재의요구지시를 하고, 재의결 확정된 조례가 법령에 위반되는 경우 B시 시장에게 제소지시를 하거나 불이행하는 경우 직접제소와 집행정지결정을 신청할 수 있다.

220. 감독기관의 시정명령 및 취소·정지권

▶ 24년 변시 / 23-1 / 22년 5급

188조⑤ / 법령위반 / 재량 일탈남용(O)
188조⑥ / 시정명령X / 기관소송

지방자치법 제188조(위법·부당한 명령·처분의 시정)
① 지방자치단체의 사무에 관한 지방자치단체의 장의 명령이나 처분이 법령에 위반되거나 현저히 부당하여 공익을 해친다고 인정되면 시·도에 대해서는 주무부장관이, 시·군 및 자치구에 대해서는 시·도지사가 기간을 정하여 서면으로 시정할 것을 명하고, 그 기간에 이행하지 아니하면 이를 취소하거나 정지할 수 있다.
② 주무부장관은 지방자치단체의 사무에 관한 시장·군수 및 자치구의 구청장의 명령이나 처분이 법령에 위반되거나 현저히 부당하여 공익을 해침에도 불구하고 시·도지사가 제1항에 따른 시정명령을 하지 아니하면 시·도지사에게 기간을 정하여 시정명령을 하도록 명할 수 있다.
③ 주무부장관은 시·도지사가 제2항에 따른 기간에 시정명령을 하지 아니하면 제2항에 따른 기간이 지난 날부터 7일 이내에 직접 시장·군수 및 자치구의 구청장에게 기간을 정하여 서면으로 시정할 것을 명하고, 그 기간에 이행하지 아니하면 주무부장관이 시장·군수 및 자치구의 구청장의 명령이나 처분을 취소하거나 정지할 수 있다.
④ 주무부장관은 시·도지사가 시장·군수 및 자치구의 구청장에게 제1항에 따라 시정명령을 하였으나 이를 이행하지 아니한 데 따른 취소·정지를 하지 아니하는 경우에는 시·도지사에게 기간을 정하여 시장·군수 및 자치구의 구청장의 명령이나 처분을 취소하거나 정지할 것을 명하고, 그 기간에 이행하지 아니하면 주무부장관이 이를 직접 취소하거나 정지할 수 있다.
⑤ 제1항부터 제4항까지의 규정에 따른 자치사무에 관한 명령이나 처분에 대한 주무부장관 또는 시·도지사의 시정명령, 취소 또는 정지는 법령을 위반한 것에 한정한다.
⑥ 지방자치단체의 장은 제1항, 제3항 또는 제4항에 따른 자치사무에 관한 명령이나 처분의 취소 또는 정지에 대하여 이의가 있으면 그 취소처분 또는 정지처분을 통보받은 날부터 15일 이내에 대법원에 소를 제기할 수 있다.

1. 시정명령(취소·정지)의 의의 및 취지

시정명령 등이란 지방자치단체의 사무에 관한 단체장의 명령·처분이 위법·부당한 경우 감독청이 시정을 명하고, 기간 내에 이행하지 않는 경우 취소·정지하는 사후적인 감독수단이며, 그 취지는 국가법질서의 통일 및 공익보호목적에 있다(지방자치법 제188조 제1항).

2. 시정명령(취소·정지)의 대상 및 범위

1) 지방자치단체의 사무(자치사무와 단체위임사무)가 「지방자치법」 제188조에 의한 통제의 대상이 된다. 이때 단체장의 명령은 장의 규칙, 판례는 단체장의 처분은 행정소송법상의 처분보다는 넓은 개념이라고 판시하였다.

2) 「지방자치법」은 주관적 공권인 자치권 보호와 행정의 통일성 확보를 조화시켜, 자치사무에 대한 감독청의 통제는 합법성 통제로 제한하고, 위임사무는 합목적성 통제까지 가능하도록 규정하고 있다.

3) 최근 개정된 「지방자치법」은 제188조 제2항부터 제4항에서 주무부장관의 시장 · 군수 및 구청장에 대한 감독권을 규정하여 적법성 통제를 강화하고 있다.

3. 감독기관

원칙적으로 시 · 도에 대해서는 주무부장관이, 시 · 군 및 자치구에 대해서는 시 · 도지사가 감독권을 행사한다(제188조 제1항).

예외적으로 주무부장관은 시 · 도지사가 감독권을 행사하지 않을 때 시정명령 등을 할 것을 명하고, 이를 불이행하면 직접 기초 단체장에게 시정명령 등을 할 수 있다 (제188조 제2항, 제3항, 제4항).

4. 제188조 제5항 시정명령 등의 적법요건

① 자치사무일 것, ② 단체장의 명령 · 처분이 법령에 위반될 것, ③ 감독청은 적법한 이행기간을 정하여 ④ 서면으로 시정명령하고 ⑤ 그 기간 내에 시정명령을 불이행할 것을 요건으로 한다(제188조 제1항, 제5항).

5. 제188조 제5항 '법령위반'의 의미 – 재량권 일탈 · 남용 포함 여부

(1) 문제점

자치사무에 대한 시정명령 등은 법령위반에 한하여 인정되는 바, 지방자치법 제188조 제5항의 법령위반에 재량권의 일탈 · 남용이 포함되는지 문제된다.

(2) 학설 및 판례

학설은 ① 재량권 일탈 · 남용은 위법하므로 법령위반에 포함된다고 보는 긍정설, ② 제188조 제5항은 제1항과 달리 현저히 부당하여 공익을 해치는 재량권 일탈 · 남용을 포함하지 않는다고 보는 부정설이 대립한다. 판례는 긍정설을 취한다.

(3) 검 토

논의의 실익은 국가 등의 감독권을 강화하여 전국적인 행정의 통일성을 확보할 것인지, 주관적 공권의 자치권을 강화할 것이지 여부에 있다.

생각건대 일반적으로 법령위반은 재량권 일탈 · 남용을 포함하므로 긍정설이 타당하다고 본다.

6. 시정명령에 대한 불복

(1) 감독기관의 취소 또는 정지에 대한 이의의 소
   (지방자치법 제188조 제6항)

(2) 소송의 성질
   1) 학설은 ① 상이한 법주체의 기관 간 분쟁이라는 기관소송설, ② 권한쟁의설, ③ 자치권 침해의 처분성을 인정하는 특수한 항고소송설이 대립하고, 판례는 기관소송설을 취한다.
   2) 생각건대 당해 소송은 「지방자치법」상 행정법적 차원의 권한분쟁이므로 기관소송으로 보는 견해가 타당하다고 본다. 따라서 행정소송법 제45조에 규정된 기관소송법정주의가 적용된다.

(3) 소송의 대상
   자치사무에 관한 취소 또는 정지처분에 한한다. 판례는 명문규정이 없으므로 시정명령의 취소를 구하는 소송은 허용되지 않는다고 판시하였다.
   생각건대 소송의 성질을 기관소송으로 보면 기관소송법정주의에 따라 규정되지 않은 시정명령은 제외된다.

(4) 집행정지신청
   기관소송으로 보는 경우 집행정지규정이 준용된다(행정소송법 제46조 제1항). 만약 특수한 항고소송으로 보면 집행정지규정(행정소송법 제23조 제2항)이 직접 적용된다.

221. 직무이행명령

▶ 22-2 / 19년 5급

기관위임 / 직무이행명령 / 대집행 / 필요조치

지방자치법 제189조(지방자치단체의 장에 대한 직무이행명령)
① 지방자치단체의 장이 법령에 따라 그 의무에 속하는 국가위임사무나 시·도위임사무의 관리·집행을 명백히 게을리하고 있다고 인정되면 시·도에 대하여는 주무부장관이, 시·군 및 자치구에 대하여는 시·도지사가 기간을 정하여 서면으로 이행명령할 수 있다.
② 주무부장관이나 시·도지사는 해당 지방자치단체의 장이 제1항의 기간에 이행명령을 이행하지 아니하면 그 지방자치단체의 비용부담으로 대집행 또는 행정상·재정상 필요한 조치(이하 "대집행등")를 할 수 있다. 이 경우 행정대집행에 관하여는 「행정대집행법」을 준용한다.
③ 주무부장관은 시장·군수 및 자치구의 구청장이 법령에 따라 그 의무에 속하는 국가위임사무의 관리와 집행을 명백히 게을리하고 있다고 인정됨에도 불구하고 시·도지사가 제1항에 따른 이행명령을 하지 아니하는 경우 시·도지사에게 기간을 정하여 이행명령을 하도록 명할 수 있다.
④ 주무부장관은 시·도지사가 제3항에 따른 기간에 이행명령을 하지 아니하면 제3항에 따른 기간이 지난 날부터 7일 이내에 직접 시장·군수 및 구청장에게 기간을 정하여 이행명령을 하고, 그 기간에 이행하지 아니하면 주무부장관이 직접 대집행등을 할 수 있다.
⑤ 주무부장관은 시·도지사가 시장·군수 및 구청장에게 제1항에 따라 이행명령을 하였으나 이를 이행하지 아니한 데 따른 대집행등을 하지 아니하는 경우에는 시·도지사에게 기간을 정하여 대집행등을 하도록 명하고, 그 기간에 대집행등을 하지 아니하면 주무부장관이 직접 대집행등을 할 수 있다.
⑥ 지방자치단체의 장은 제1항 또는 제4항에 따른 이행명령에 이의가 있으면 이행명령서를 접수한 날부터 15일 이내에 대법원에 소를 제기할 수 있다. 이 경우 지방자치단체의 장은 이행명령의 집행을 정지하게 하는 집행정지결정을 신청할 수 있다.

제165조(지방자치단체 상호 간의 분쟁조정)
⑦ 행정안전부장관이나 시·도지사는 … 조정 결정 사항이 성실히 이행되지 아니하면 그 지방자치단체에 대하여 제189조를 준용하여 이행하게 할 수 있다.

1. 의 의

(지방자치법 제189조 제1항)

2. 대 상

법령에 따라 지방자치단체의 장의 의무에 속하는 국가위임사무 또는 시·도위임사무이다. 판례는 직무이행명령 제도의 취지에 비추어 기관위임사무로 본다.

3. 요건

① 법령상 단체장에게 특정 기관위임사무를 관리·집행할 의무가 있어야 한다.

판례는 '관리·집행할 의무'는 문언대로 그 법령상 의무의 존부이지, 관리·집행을 아니한 합리적 이유는 아니라고 본다.

② 단체장이 의무를 명백히 게을리할 것을 요한다.

판례는 위임사무는 이행이 원칙이므로 특별한 사정이 없는 한 불이행하면 요건이 충족되고, 이때 특별한 사정이란 법령상 또는 사실상 장애사유를 뜻하며, 감독청과 다른 견해를 취한 것은 해당되지 않는다고 본다..

③ 의무수행에 적합한 이행기간이 설정되어야 한다.

④ 서면의 형식으로 하여야 한다.

4. 주체 및 내용

① 주체는 시·도에 대하여 주무부장관, 시·군 및 자치구에 대하여 주무부장관 및 시·도지사, ② 내용은 이행사항 및 이행기간.

5. 직무이행명령에 대한 이의소송

(1) 지방자치단체의 장의 제소

(지방자치법 제189조 제6항)

(2) 소송의 성질

1) 학설은 ① 특수소송설, ② 기관소송설, ③ 권한쟁의심판설이 대립한다.
2) 생각건대 직무이행명령은 내부행위이고, 단체장은 국가기관의 지위를 가지므로 실질상 동일한 행정주체 내부의 기관 상호 간의 다툼인 기관소송으로 보는 것이 타당하다고 본다.

6. 대집행 등의 조치

(지방자치법 제189조 제2항)

제 3 장
공무원법

- 222 임명행위의 법적 성질
- 223 임용결격자에 대한 법적 쟁점
- 224 공무원의 퇴직급여 지급청구소송
- 225 전입·전출명령
- 226 직위해제
- 227 불이익처분에 대한 구제

222. 임명행위의 법적 성질

신청·동의 / 일방적 결정 / 쌍방적 행정행위

국가공무원법 제26조(임용의 원칙)
공무원의 임용은 시험성적·근무성적, 그 밖의 능력의 실증에 따라 행한다. 〈이하 생략〉

제28조(신규채용)
① 공무원은 공개경쟁 채용시험으로 채용한다.
② 제1항에도 불구하고 다음 각 호의 어느 하나에 해당하는 경우 경력 등 응시요건을 정하여 같은 사유에 해당하는 다수인을 대상으로 경쟁의 방법으로 채용하는 시험(이하 "경력경쟁채용시험")으로 공무원을 채용할 수 있다. 〈단서 생략〉

1. 임명의 의의

공무원 임명행위는 특정인에게 공무원 신분을 부여하는 임용권자의 형성적 행위로서 그 성질이 공법상 계약인지, 행정행위인지가 문제된다.

2. 임명행위의 법적 성질

(1) 문제점

공무원 임명행위는 특정인에게 공무원 신분을 부여하는 임용권자의 형성적 행위로서 그 성질이 공법상 계약인지, 행정행위인지가 문제된다.

(2) 학설 및 판례

학설은 ① 쌍방의 의사합치를 요한다는 공법상 계약설, ② 행정청의 일방적 결정으로 보는 단독행위설, ③ 일방적 결정이지만 상대방 신청·동의가 필요하다는 쌍방적 행정행위설이 대립한다.

판례는 통상의 공무원의 임명은 쌍방적 행정행위로 보고, 전문직·계약직 채용계약은 공법상 계약의 성격으로 판시하였다.

(3) 검 토

임명행위는 당사자의 신청이나 동의를 요하지만 그 내용은 임용권자가 우월적 지위에서 일방적으로 결정하므로 쌍방적 행정행위설이 타당하다고 본다.

223. 임용결격자에 대한 법적 쟁점

▶ 18년 5급 / 13년 변시

적극적 / 소극적 / 임용결격(무효)

국가공무원법 제33조(결격사유)
다음 각 호 … 해당하는 자는 공무원으로 임용될 수 없다.
  4. 금고 이상의 형을 선고받고 그 집행유예 기간이 끝난 날부터 2년이 지나지 아니한 자
  5. 금고 이상의 형의 선고유예를 받은 경우에 그 선고유예 기간 중에 있는 자
  6. 법원의 판결 또는 다른 법률에 따라 자격이 상실되거나 정지된 자

1. 임용의 요건

공무원으로 임명되기 위해서는 일정한 적극적 요건으로 자격요건과 성적요건을 갖추어야 하고, 소극적 요건으로 임용결격사유에 해당하지 않아야 한다.

2. 임용결격자에 대한 임용의 효력

(1) 문제점

공무원 임명의 소극적 요건인 임용결격사유를 간과한 임용의 효력이 취소사유인지 당연무효인지 문제된다.

(2) 학설 및 판례

학설은 ① 임용결격사유를 절대적·소극적 요건으로 보는 당연무효설, ② 하자가 중대하지만 명백한지는 의문이라는 취소사유설이 대립한다.

판례는 임용당시 시행법령을 기준으로 하고, 결격사유를 간과한 국가의 과실이 있는 경우에도 당연무효로 판시하였다.

(3) 검 토

임용결격사유는 절대적·소극적 요건으로서, 임용결격자에 대한 임용행위는 당연무효이다. 이와 달리 자격요건 또는 성적요건을 결여한 자에 대한 임명행위는 취소사유에 해당한다.

3. 임용결격자에 대한 퇴직발령통지의 법적 성질

임용결격자에 대한 임용행위는 당연무효이므로 임용권자의 퇴직발령통지는 단순히 사실행위로서 통지에 불과하여 처분성이 부정된다.

이와 달리 적극적 요건이 결여된 임명은 취소사유로서 공정력에 의해 유효하므로, 이때의 퇴직발령통지는 직권취소로서 항고소송의 대상인 처분이다.

4. 임용결격자의 퇴직급여청구권 인정 여부

(1) 문제점

임용결격자에 대한 임용이 당연무효라고 하더라도 오랫동안 사실상 근로고용관계를 유지하며 노동력을 제공한 자의 퇴직급여청구가 가능한지 문제된다.

(2) 학설 및 판례

학설은 ① 사실상 공무원으로 근무한 자의 신뢰이익을 인정하는 신뢰보호설, ② 임명행위의 치유를 긍정하는 하자치유설, ③ 임금후불적 성격의 반환을 인정하는 자기 기여분설이 대립한다.

판례는 임용결격자가 공무원으로 임용되어 사실상 근무하여 왔어도 적법한 공무원의 신분을 취득하지 못하므로 공무원연금법상 퇴직금을 청구할 수 없다고 본다.

(3) 검 토

임용결격자의 귀책사유로 보호가치 있는 신뢰가 부정되고 무효행위의 하자치유가 부정된다는 점에서 근로의 대가인 임금후불적 성격의 반환을 인정하는 자기 기여분설이 타당하다고 본다.

5. 봉급의 반환 여부

임용결격자가 사실상 근무를 한 경우에 당해 공무원이 받은 봉급은 이미 제공된 근로에 대한 대가이므로 부당이득이 아니므로 그 봉급을 반환할 의무가 없다.

6. 임용결격자의 대외적 행위의 효력

임용결격자가 사실상 공무원으로서 행한 대외적 행위는 사실상 공무원이론에 의해 유효하다. 이는 임용결격자의 대외적 행위에 대한 국민의 신뢰보호를 위해 인정된다.

224. 공무원의 퇴직급여 지급청구소송

▶ 24 변시 / 13년 변시

퇴직급여 / 부정(判) / 기여분설(多)

공무원연금법 제5조(법인격)
공단은 법인으로 한다.

제43조(퇴직연금 또는 퇴직연금일시금 등)
① 공무원이 10년 이상 재직하고 퇴직한 경우 다음 각 호의 어느 하나에 해당하는 때부터 사망할 때까지 퇴직연금을 지급한다.

제90조(기관장의 확인)
① 기관장은 이 법에 따른 급여 사유의 발생, 기여금 납부, 재직기간 계산에 필요한 이력사항과 그 밖에 공무원이거나 공무원이었던 사람의 신분에 관한 사항을 확인하여야 한다.

행정소송규칙 제19조(당사자소송의 대상)
2. 그 존부 또는 범위가 구체적으로 확정된 공법상 법률관계 그 자체에 관한 소송
 마. 공무원의 보수·퇴직금·연금 등 지급청구

1. 공무원연금법상 퇴직연금청구권의 법적 성질 – 공권인지 여부

(1) 문제점

공단의 퇴직연금지급을 구하는 소송이 민사소송의 대상인지 공법상 당사자소송의 대상인지 퇴직연금청구권의 법적 성질이 문제된다.

(2) 공무원연금법상 퇴직연금청구권의 법적 성질 – 공권인지

공무원연금법상 연금청구권은 공권이다. 공무원연금공단의 급여결정은 국민의 권리의무에 직접 영향을 미치므로 처분이나, 지급결정된 연금의 지급청구권은 공권이므로 당사자소송의 대상이 된다(행정소송규칙 제19조 제2호 마목).

2. 이 사건 퇴직연금지급거부가 처분인지 여부

(1) 공무원연금공단의 법적 지위

공무원연금공단은 협의의 공공단체로서 행정주체이며, 대외적으로 처분을 발령하는 경우 행정소송법 제2조 제2항의 행정청에 해당하는 이중적 지위를 가진다.

(2) 이 사건 퇴직연금지급거부의 처분성

판례는 개정된 공무원연금법으로 퇴직연금 중 일부 지급정지된 경우, 이는 개정법에 따라 구체적으로 확정되는 것이지, 공단의 결정에 의하여 비로소 금액확정된 것이 아니므로, 공단의 연금의 지급거부 의사표시는 처분이 아니라고 본다.

3. 공단의 지급거부 취소소송에 대한 법원의 조치 - 소 변경

(1) 의 의

소송종류 선택의 곤란을 구제하고 행정구제의 실효성을 높이기 위하여 행정소송 간의 소의 변경을 인정하고 있다(제21조, 제37조, 제42조).

(2) 요 건

① 청구기초에 변경이 없을 것, ② 소변경이 상당하다고 인정될 것, ③ 사실심 변론종결 전, ④ 새로운 소가 적법할 것, ⑤ 원고신청이 있을 것.

(3) 사안의 경우

취소소송 계속 중 청구기초인 연금지급 관련 사실심변론종결 전 당사자소송으로 소변경을 신청할 수 있고, 소변경이 없으면 각하할 사안이므로 소송경제상 상당성이 인정되고 당사자소송의 요건 구비한 경우 법원은 소의 변경을 허가할 수 있다.

225. 전입·전출명령

동의전제 / 동의없는 / 위법(취소사유)
위법전출 불응 / 징계양정 / 재량일탈

> **지방공무원법 제29조의3(전입)**
> 지방자치단체의 장 또는 지방의회의 의장은 공무원을 전입시키려고 할 때에는 해당 공무원이 소속된 지방자치단체의 장 또는 지방의회의 의장의 동의를 받아야 한다.

1. 전입·전출의 의의

전입이란 임명권자를 달리하는 국가기관 상호 간에 다른 소속 공무원을 받아들이는 것을 말한다. 지방자치단체 간에는 전출명령과 전입명령으로 행해진다(지방공무원법 제29조의3).

2. 전출명령의 처분성

(1) 판 례

대법원은 공무원의 동의 없는 지방공무원법에 의한 전출명령은 위법하여 취소되어야 한다고 판시하여, 전출명령의 처분성을 긍정하고 있다.

(2) 검 토

전출명령은 공무원의 권리·의무에 직접적 영향을 미치므로 항고소송의 대상이 되는 처분에 해당한다고 본다.

3. 공무원의 동의 없는 전출명령과 불이행시 징계처분의 위법성

(1) 판 례

공무원의 동의없는 전출명령은 위법하고, 취소사유에 해당하여 공정력에 의해 유효하더라도 위법한 전출명령 불이행에 따른 징계처분은 징계양정에 있어 재량권을 일탈하여 위법하다.

(2) 검 토

「지방공무원법」 제29조의3의 규정은 전출시 당해 공무원의 동의를 전제하는 규정으로 해석되며, 동의 없는 전출명령은 위법하고, 위법성 정도는 취소사유에 해당한다.

226. 직위해제

▶ 23년 입시

신분보유 / 직무박탈 / 재량

국가공무원법 제73조의3(직위해제)
① 임용권자는 다음 각 호의 어느 하나에 해당하는 자에게 직위를 부여하지 아니할 수 있다.
  2. 직무수행 능력이 부족하거나 근무성적이 극히 나쁜 자
  3. 파면·해임·강등·정직에 해당하는 징계 의결이 요구 중인 자
  4. 형사 사건으로 기소된 자(약식명령 제외)

1. 의의 및 성질

(1) 의 의

직위해제란 공무원의 직위보유에 장애사유가 있는 경우 공무원 신분을 보유하게 하면서 직무를 잠정적으로 박탈하는 행위이다.

(2) 법적 성질

보수와 승진 등 공무원의 권리의무에 직접적인 영향을 미치므로 항고소송의 대상인 처분에 해당하고, 직위해제 여부는 임용권자의 재량에 속한다.

2. 직위해제시 행정절차법의 적용 여부

(1) 국가공무원법상 직위해제의 절차

직위해제는 처분사유를 적은 설명서 교부, 소청심사청구를 통해 충분한 의견진술 및 자료제출 기회보장 등 국가공무원법에 행정절차법에 준하는 절차규정이 존재한다.

(2) 판 례

판례는 직위해제처분은 성질상 행정절차를 거치기 곤란하거나 불필요한 사항 또는 행정절차에 준하는 절차를 거친 사항에 해당하므로, 행정절차법이 별도로 적용되지 않는다고 판시하였다.

3. 해임처분이 직위해제처분에 미치는 영향

(1) 양자의 관계

해임처분과 직위해제처분은 동일사유에 의해 행해지는 선·후행처분의 관계에 있으므로, 직위해제처분은 해임처분에 앞선 잠정적 조치에 해당한다.

(2) 직위해제처분의 효력

판례는 동일사유에 대하여 해임처분이 있으면 잠정적 조치인 직위해제처분의 효력은 사후적으로 소멸한다고 판시하였다.

(3) 일사부재리원칙 위배 여부

　　판례는 직위해제처분은 징계와 그 목적·성질이 다른 별개의 독립된 처분이므로 직위해제처분 후 동일사유로 다시 징계처분을 하여도 일사부재리의 원칙에 반하지 않는다고 판시하였다.

(4) 하자의 승계

　　판례는 직권면직처분과 앞선 직위해제처분은 별개의 독립된 처분이므로 하자승계를 부정하였고, 판례의 논리에 따르면 직위해제와 징계처분인 해임처분의 하자승계도 부정될 것이다.

(5) 직위해제처분 소멸 후의 소이익

　　직위해제처분의 소급적 취소로 봉급청구, 승진소요연수의 산입 등 회복되는 법률상 이익이 있으므로 당해 직위해제처분의 취소를 구할 소이익이 긍정된다. 판례도 동일한 입장이다.

227. 불이익처분에 대한 구제

▶ 16년 5급

필요적 소청 / 징계사유·판단재량 / 명백 · 요구의무

국가공무원법 제16조(행정소송과의 관계)
① 제75조에 따른 처분, 그 밖에 본인의 의사에 반한 불리한 처분이나 부작위에 관한 행정소송은 소청심사위원회의 심사·결정을 거치지 아니하면 제기할 수 없다.

제78조(징계 사유)
① 공무원이 다음 각 호의 어느 하나에 해당하면 징계 의결을 요구하여야 하고 그 징계 의결의 결과에 따라 징계처분을 하여야 한다.
　1. 이 법 및 이 법에 따른 명령을 위반한 경우
　2. 직무상의 의무(다른 법령에서 공무원의 신분으로 인하여 부과된 의무 포함)를 위반하거나 직무를 태만히 한 때
　3. 직무의 내외를 불문하고 그 체면 또는 위신을 손상하는 행위를 한 때

1. 징 계

(1) 징계의 의의

　　징계란 공무원의 의무위반에 대하여 공무원관계의 질서유지를 위하여 국가 또는 지방자치단체가 사용자의 지위에서 가하는 제재를 말한다.

(2) 징계의결요구

　　판례는 징계사유에 해당함이 명백한 경우에는 징계권자에게 징계를 요구할 의무가 있지만, 징계권자는 징계사유에 해당하는지 여부를 판단할 재량이 있다고 판시하였다.

2. 소 청

(1) 의 의

소청이란 행정기관소속 공무원의 징계처분 기타 의사에 반하는 불리한 처분이나 부작위에 대하여 소청심사위원회에 제기하는 불복신청으로서, 행정심판의 일종이다 (국가공무원법 제16조 제1항).

(2) 소청심사위원회의 법적 지위

소청절차는 준사법절차로서 특별행정심판의 성격을 가지고, 소청심사위원회는 합의제 행정기관으로서 행정심판위원회의 지위를 갖는다.

3. 소청에 대한 불복(항고소송)

(1) 소청 전치주의

(국가공무원법 제16조 제1항)

(2) 대상적격

원처분주의 원칙상 남은 원처분을 대상으로 처분청을 피고로 하여 항고소송을 제기해야 한다.

(3) 교직원의 경우

① 교육공무원의 경우 교원소청심사위원회의 소청결정을 거쳐 원처분을 대상으로 항고소송을 제기할 수 있다. 소청결정(재결)의 고유한 하자가 있으면 재결취소소송도 가능하다.

② 사립학교교원의 경우 교원소청심사위원회를 피고로 위원회의 결정(원처분)을 대상으로 항고소송을 제기할 수 있고, 학교법인을 피고로 민사소송을 제기할 수도 있다.

제 4 장
경찰행정법

- **228** 일반수권조항 인정 여부
- **229** 경찰공공의 원칙
- **230** 경찰책임의 원칙
- **231** 행정기관의 경찰책임의 주체 여부

228. 일반수권조항 인정 여부

경직법 2조 7호 / 일반수권 / 긍정(判)

경찰관 직무집행법 제2조(직무의 범위)
7. 그 밖에 공공의 안녕과 질서 유지

제5조(위험 발생의 방지 등)
① 경찰관은 사람의 생명·신체에 위해를 끼치거나 재산에 중대한 손해를 끼칠 우려가 있는 천재, 사변, 인공구조물의 파손이나 붕괴, 교통사고, 위험물의 폭발, 위험한 동물 등의 출현, 극도의 혼잡, 그 밖의 위험한 사태가 있을 때에는 다음 각 호의 조치를 할 수 있다.
3. 그 장소에 있는 사람, 사물의 관리자, 그 밖의 관계인에게 위해방지를 위하여 필요하다고 인정되는 조치를 하게 하거나 직접 그 조치를 하는 것

1. 법률유보의 원칙

경찰작용은 대부분 권력적이고 침익적 작용에 해당하므로 법률의 근거가 있어야 한다. 이때 경찰행정의 특수성에 비추어 개괄적 수권에 의한 일반조항의 인정 여부가 문제된다.

2. 일반수권조항 인정 여부

(1) 문제점

개별적 수권조항이 없는 경우 조직법상 일반적 직무규정인 경찰관 직무집행법 제2조 제7호를 작용법적 일반적 수권조항으로 보고 경찰권 발동이 가능한지 문제된다.

(2) 학설 및 판례

학설은 ① 입법화 전까지 작용법상 수권조항의 성격도 인정하자는 긍정설, ② 작용법상 유추적용하자는 유추적용설, ③ 조직법상 수권조항에 불과하다는 부정설이 대립한다.

판례는 조직법상 일반적 수권조항인 경찰관 직무집행법 제2조 제7호에 근거한 경찰권 발동을 긍정하였다.

(3) 검 토

경찰관 직무집행법 제2조 제7호는 조직법상 직무규정일 뿐 작용법상 수권규정은 아니나, 경찰상 위해제거의 현실적 필요성에 의해 엄격한 요건하에 유추적용하는 유추적용설이 타당하다고 본다.

229. 경찰공공의 원칙

사생활 / 사주소 / 민사관계

> Q. 甲은 이웃집 주민 乙의 심야 악기 연습으로 신경쇠약에 걸려 정신과 치료를 받기에 이르렀다. 甲은 여러 차례 인근 경찰관서에 신고하고 단속을 요청하였으나 경찰관서에서는 사생활 및 사주소에 대하여는 개입할 수 없다고 주장한다면 이러한 주장은 타당한가?

1. 경찰권 행사의 한계

경찰권의 발동은 법률적 근거를 두어야 하고, ① 경찰비례의 원칙, ② 경찰소극의 원칙, ③ 경찰공공의 원칙, ④ 경찰평등의 원칙, ⑤ 경찰책임의 원칙을 준수해야 한다.

2. 경찰공공의 원칙

(1) 의 의

경찰은 사적인 생활관계에는 관여할 수 없고 오로지 공공의 안녕과 질서유지의 범위 내에서만 경찰권을 발동할 수 있다.

(2) 내 용

경찰공공의 원칙은 ① 사생활불가침의 원칙, ② 사주소불가침의 원칙, ③ 민사관계불간섭의 원칙이 있다. 다만, 공공의 안녕·질서유지에 위해를 주는 경우 경찰권 발동의 대상이 된다.

> A. 이웃집 주민 乙의 심야 악기 연습으로 인해 사회 공공의 안녕 질서에 위해를 야기시키는 경우 경찰공공의 원칙의 예외로서 경찰권 발동의 대상이 된다.

230. 경찰책임의 원칙

행위책임 / 고의·과실불문 / 행위능력·책임능력 불문
상태책임 / 정당한 권원 불문 / 사실상 지배

경찰관 직무집행법 제11조의2(손실보상)
① 국가는 경찰관의 적법한 직무집행으로 인하여 다음 각 호의 어느 하나에 해당하는 손실을 입은 자에 대하여 정당한 보상을 하여야 한다.
1. 손실발생의 원인에 대하여 책임이 없는 자가 생명·신체 또는 재산상의 손실을 입은 경우 (경찰관의 직무집행에 자발적으로 협조하거나 물건을 제공하여 손실 입은 경우를 포함)
2. 손실발생의 원인에 대하여 책임이 있는 자가 자신의 책임에 상응하는 정도를 초과하는 생명·신체 또는 재산상의 손실을 입은 경우

1. 의 의

경찰책임의 원칙이란 원칙적으로 경찰위반의 상태에 책임이 있는 경찰책임자에 대해서만 경찰권이 발동될 수 있다는 원칙으로서, 경찰책임은 성질에 따라 행위책임과 상태책임이 있다.

2. 행위책임

(1) 의의 및 성질

자기의 행위 또는 자기의 보호·감독 하에 있는 자의 행위로 인해 경찰위해가 발생한 경우의 책임으로 고의·과실 유무를 불문한다.

(2) 인과관계

학설은 ① 조건설, ② 상당인과관계설, ③ 직접원인설이 대립하는 바, 경찰책임에 특유한 인과관계론으로서 직접적인 원인제공자만 경찰책임을 진다는 직접원인설이 타당하다고 본다.

3. 상태책임

(1) 의 의

상태책임이란 물건의 소유자 및 물건을 사실상 지배하는 자가 그의 지배범위 내에서 물건으로부터 경찰상 위해가 발생한 경우에 지는 책임을 말하며, 정당한 권원을 불문한다.

(2) 요 건

① 물건상태가 경찰상 위해를 야기하고, ② 소유자 등의 귀책사유와 위해 발생원인은 불문하며, ③ 불가항력사유나 제3자의 행위개입 등 위험영역을 넘는 비정형적 사건이 아니어야 한다.

4. 책임의 경합

(1) 의 의

하나의 경찰위반 상태가 다수인의 행위 또는 다수인 물건의 상태에 기인하는 등 경찰책임자가 다수인 경우 누구에게 경찰권을 발동할 것인가의 문제이다.

(2) 경찰권발동 대상자의 결정

① 일차적으로 경찰상 위해제거의 효율성과 비례원칙을 고려하고, ② 이차적으로 중요한 원인의 제공자에게 경찰권이 행사되어야 한다. (상태책임보다 행위책임, 단일책임보다 복합책임)

5. 긴급시 제3자 경찰책임

(1) 의 의

경찰책임자가 불분명하거나 위해제거가 불가능한 경우 경찰책임 없는 제3자에게 예외적으로 경찰상 위해제거의 책임을 지울 수 있다.

(2) 요 건

① 경찰상 긴급상태, ② 경찰상 위해제거 불가능, 경찰상 위해제거 필요성이 제3자의 불이익보다 크며(비례성), ③ 법적 근거가 있어야 한다. 다만, 일반적 근거도 인정될 수 있다.

(3) 보 상

① 책임이 없는 자의 재산상 손실, ② 책임이 있는 자가 책임에 상응하는 정도를 초과한 재산상 손실을 입은 경우 국가는 정당한 보상을 하여야 한다(경찰관 직무집행법 제11조의2).

231. 행정기관의 경찰책임의 주체 여부

행정기관 / 경찰책임 / 제한적 긍정

> Q. A시는 지역주민들을 위한 대규모 행사를 진행하는 과정에서 참석인원의 시설 수용인원 초과와 안전요원의 부족에도 불구하고 이를 강행하였다. 참석자들의 안전에 대한 위험이 존재한다고 판단한 관할 경찰서장이 A시 시장에 대하여 행사중지명령을 발하였다면 A시 시장에 대한 경찰서장의 경찰처분은 적법한가?

1. 실질적 경찰책임과 형식적 경찰책임

실질적 경찰책임이란 경찰법규를 준수해야 할 의무를 의미하고, 형식적 경찰책임이란 경찰상 위해제거를 위한 경찰권 발동의 대상이 되는 책임을 말한다.

2. 행정기관의 경찰책임 주체 여부

(1) 문제점

공법인 및 행정기관은 법률우위원칙에 따라 실질적 경찰책임은 인정되나, 경찰권 발동의 대상이 되는 형식적 경찰책임이 인정될 수 있는지 문제된다.

(2) 학설 및 판례

학설은 ① 경찰관청의 우위를 인정할 수 없다는 부정설, ② 다른 행정기관의 적법한 임무수행을 방해하지 않는 범위 안에서만 인정하는 제한적 긍정설이 대립한다.

(3) 검 토

경찰권 발동으로 달성하려는 공익이 다른 국가기관의 임무수행으로 인한 공익보다 훨씬 더 큰 경우에는 국가기관에 제한적으로 형식적 경찰책임을 인정하는 것이 타당하다고 본다.

> A. 경찰서장의 행사중지명령은 「경찰관 직무집행법」 제5조 제1항 제3호에 근거하여 법률유보원칙을 준수했고, 참석자들의 안전 확보의 공익이 A시의 행사 강행으로 인한 공익보다 훨씬 큰 경우에는 제한적으로 형식상 경찰책임을 인정하여 적법하다고 본다.

제 5 장
공적시설법

232 공물의 소멸
233 공물의 시효취득
234 공물의 강제집행과 공용수용의 제한
235 공물에 의한 변상금부과
236 공물의 일반사용과 고양된 일반사용
237 특별사용과 일반사용과의 병존 가능성
238 도로점용허가의 성질과 한계
239 행정재산의 목적 외 사용

232. 공물의 소멸

형체+의사 / 공용개시행위 / 명시적・묵시적

1. 인공공물의 성립요건

　일반 공중의 사용에 제공될 수 있는 형태 요소, 공공용물로서 일반 공중의 사용에 제공한다는 의사를 표시하는 공용개시행위를 요한다.

2. 형태요건 소멸만으로 공물이 소멸하는지 여부

(1) 문제점

　공물의 형태요소가 소멸되고 사회통념상 회복불가능한 경우 의사요건인 공용폐지행위 없이 공물로서의 성질을 상실하는지 문제된다.

(2) 학설 및 판례

　학설은 ① 공용폐지사유가 되지만 그것만으로 공물소멸사유는 아니라는 부정설, ② 형태가 소멸되어 회복불가능한 경우 공물이 소멸한다는 긍정설이 대립한다.

　판례는 인공공물뿐만 아니라 자연공물도 공용폐지가 없는 한 공물의 성질을 유지하고, 이때 의사표시는 명시적뿐만 아니라 묵시적 의사표시도 무방하다고 본다.

(3) 검 토

　공물의 공시기능의 불완전성에 비추어 적어도 묵시적 공용폐지의사표시가 필요하다는 견해가 타당하다고 본다.

233. 공물의 시효취득

공용폐지 / 시효취득 / 부정

국유재산법 제7조(국유재산의 보호)
② 행정재산은 「민법」 제245조에도 불구하고 시효취득의 대상이 되지 아니한다.

공유재산법 제6조(공유재산의 보호)
② 행정재산은 「민법」 제245조에도 불구하고 시효취득의 대상이 되지 아니한다.

> Q. 甲은 아무런 하자 없이 乙로부터 토지와 가옥을 매수하여 소유권이전등기를 마쳐 평온히 소유하여 왔으나, 30여 년이 지난 시점에서 A시는 토지의 일부가 A시 소유의 도로인 토지라고 주장하고 있다. 甲은 어떻게 항변할 수 있겠는가?

1. 공물의 시효취득 인정 여부

(1) 문제점

행정재산 등 공물에도 민법 제245조의 시효취득에 관한 규정이 적용되어 공물이 시효취득의 대상이 되는지 문제된다.

(2) 학설 및 판례

학설은 ① 공적 목적에 따른 부정설, ② 시효취득 대상이나 공적 제한을 받는다는 제한적 시효취득설, ③ 묵시적 공용폐지로 보는 완전시효취득설이 대립한다.

판례는 행정재산은 공용폐지가 되지 않는 한 사법상 거래의 대상이 될 수 없으므로 취득시효의 대상이 될 수 없다고 본다.

(3) 검 토

현행법인 「국유재산법」과 「공유재산법」은 행정재산의 시효취득을 명문으로 부정하고 있으므로 부정설이 타당하다고 본다(다만, 사유공물에는 제한적 긍정설 타당).

> A. 甲이 도로의 일부에 대한 시효취득 항변을 주장하는 경우, 공물의 시효취득은 부정되므로 甲의 항변은 배척될 것이다.

234. 공물의 강제집행과 공용수용의 제한

사권설정 부정 / 강제집행X / 사유공물O
공물수용 / 긍정(判) / 지방문화재(토지)

1. 공물에 대한 강제집행의 제한

(1) 문제점

실정법상 공물의 융통성의 인정 여부와 관련하여, 공물이 이론상 민사상 강제집행의 대상이 될 수 있는지 문제된다.

(2) 학설 및 판례

학설은 ① 공적 목적에 반한다고 보는 부정설, ② 융통성이 인정되는 한도 내에서 강제집행의 대상이 되고, 소유권 취득 이후에도 공물로서의 성질을 유지한다는 긍정설이 대립한다.

(3) 검 토

「국유재산법」과 「공유재산법」은 국·공유공물에 대한 사권설정을 부정하므로 국·공유공물은 강제집행의 대상이 되지 않고, 사유공물만이 강제집행의 대상이 된다.

2. 공물의 공용수용

(1) 문제점

토지보상법 제19조 제2항의 특별히 필요한 경우 수용 또는 사용할 수 있다는 조문해석과 관련하여 그 대상에 공물이 포함될 수 있는지, 공물도 수용의 대상이 될 수 있는지 문제된다.

(2) 학설 및 판례

학설은 ① 공용폐지가 되지 않는 한 부정하는 부정설, ② 토지보상법상 수용대상에 특별한 제한이 없다는 긍정설이 대립한다.
판례는 국가지정문화재의 관리청인 지방자치단체의 장이 문화재보호법에 따라 국가지정문화재나 그 보호구역에 있는 토지 등을 수용할 수 있다고 본다.

(3) 검 토

토지보상법상 수용대상 토지에 아무런 제한이 없으므로, 원칙적으로 공물도 수용대상이 되고, 다만 공물의 공적 목적과 수용목적의 비교형량이 필요하다고 본다. 부정설에 따르면, 특별한 필요가 있는 경우 공용폐지 후 수용해야 할 것이다.

235. 공물에 의한 변상금부과

▶ 17년 5급

무단점유자 / 소유권X · 관리권O / 부당이득(별개)

국유재산법 제2조(정의)
9. "변상금"이란 사용허가나 대부계약 없이 국유재산을 사용·수익하거나 점유한 무단점유자에게 부과하는 금액을 말한다.

제72조(변상금의 징수)
① 중앙관서의 장등은 무단점유자에 대하여 대통령령으로 정하는 바에 따라 그 재산에 대한 사용료나 대부료의 100분의 120에 상당하는 변상금을 징수한다. 〈단서 생략〉

1. 의 의

변상금이란 사용허가나 대부계약 없이 국유재산 또는 공유재산을 사용·수익하거나 점유한 자에게 부과하는 금액을 말한다(국유재산법 제2조 제9호).

2. 부과대상

변상금은 무단점유자에게 부과된다. 무단점유자란 사용허가나 대부계약 없이 사용·수익·점유한 자뿐만 아니라 기간경과 후 권한 없이 계속 사용·수익·점유한 자를 포함한다.

3. 부과권자

변상금부과처분은 소유자가 아니라 국·공유재산의 관리청이 부과한다. 판례는 도로의 관리청은 소유권 취득과 관계없이 도로 무단점유자에게 변상금을 부과할 수 있다고 판시하였다.

4. 변상금 부과·징수권행사와 별도로 민사상 부당이득반환청구 가능 여부

판례는 양자의 요건·성질이 다르므로 국가는 무단점유자를 상대로 변상금 부과·징수권의 행사와 별도로 국유재산의 소유자로서 부당이득반환청구의 소를 제기할 수 있다고 판시하였다.

236. 공물의 일반사용과 고양된 일반사용

특별요건無 / 본래목적 / 법률상이익X
인접주민 / 생·경·밀 / 구체적 사용 / 법률상이익O

1. 공물의 일반사용의 법적 성질

(1) 문제점

공물의 일반사용이란 특별한 요건을 충족할 필요 없이 그 본래목적에 따라 자유롭게 사용하는 경우로서, 원고적격과 관련 법률상 이익으로 볼 수 있는지 문제된다.

(2) 학설 및 판례

학설은 ① 일반사용의 이익은 반사적 이익에 불과하다고 보는 반사적 이익설, ② 일정한 경우 구체적 이익이 인정될 수 있다고 보는 법률상 이익설이 대립한다.

판례는 도로의 일반이용자는 원칙적으로 도로의 공용폐지처분을 다툴 법률상 이익이 없으나, 도로가 특정개인의 생활에 직접적 구체적 이익을 부여하는 경우 도로의 용도폐지처분을 다툴 법률상 이익이 있다고 판시하였다.

(3) 검 토

공물의 일반사용으로 얻는 이익은 원칙적으로 반사적 이익이지만, 일정한 경우 공물의 변경·폐지 등으로 인해 사용자의 구체적인 이익이 직접 침해된다면 법률상 이익이 인정된다.

2. 인접주민의 고양된 일반사용

(1) 의의 및 취지

인접주민에게는 일반인의 일반사용보다 고양된 일반사용이 인정될 수 있다. 그 취지는 인접주민은 생활·경제상 공물에 밀접한 관련을 갖기 때문이다.

(2) 내용 및 한계

내용은 양적으로 고양된 일반사용은 일반인에 비해 강화된 사용이 가능하고, 질적으로 고양된 일반사용은 일반사용에서는 인정되지 않는 사용도 인정될 수 있다.

한계는 ① 일상생활이나 경제활동에 필요한 한도 내에서만 인정, ② 일반인의 일반사용을 심히 제한할 수 없고, ③ 판례는 구체적으로 공물을 사용할 것을 요건으로 본다.

(3) 권리구제

고양된 일반사용이 침해된 경우 일정한 경우 항고쟁송이 가능하고, 민사상 방해배제청구권 및 손해배상청구권이 인정될 수 있다.

237. 특별사용과 일반사용과의 병존 가능성

▶ 17년 5급

특정부분 / 특정목적 / 배타적·계속적
병존가능 / 주된 용도·기능

1. 특별사용

(1) 의 의

공물의 특별사용이란 공물의 일반사용과는 별도로 공물의 특정부분을 특정목적을 위하여 어느 정도 배타적·계속적으로 사용하는 것을 말한다.

(2) 법적 성질

공물의 특허사용은 쌍방적 행정행위이고, 특정인에게 특별한 사용권을 창설하여 주는 설권행위이며, 행정청이 특별사용의 필요성 및 공익상의 영향 등을 참작할 수 있는 재량행위이다.

2. 공물의 특별사용과 일반사용과의 병존 가능성

(1) 문제점

공물의 일반사용이 가능한 경우에는 특별사용이 부정되는지, 특별사용과 일반사용이 병존가능한지 문제된다.

(2) 학설 및 판례

판례는 도로의 특별사용은 반드시 독점적·배타적이 아니라 도로의 일반사용과 병존가능하고, 특별사용인지 일반사용인지는 그 도로점용의 주된 용도와 기능으로 결정된다고 판시하였다.

(3) 검 토

논의의 실익은 이는 무단점유에 대한 변상금부과처분 가능 여부에 있다.

공물의 주된 용도와 기능이 일반사용이면 특별사용은 부정되고, 주된 용도와 기능이 특별사용이면 일반사용과 병존이 가능하다.

3. 사안의 경우

공물의 주된 용도와 기능이 일반사용이면 특별사용은 부정되어 무단점유자가 아니므로, 이에 대한 변상금부과처분은 위법하다.

공물의 주된 용도와 기능이 특별사용이면 일반사용과 병존이 가능하고, 특별사용의 허가 없는 무단점유자에 대한 변상금부과처분은 적법하다.

238. 도로점용허가의 성질과 한계

특별사용 / 설권행위 / 재량행위

도로법 제61조(도로의 점용 허가)
① 공작물·물건, 그 밖의 시설을 신설·개축·변경 또는 제거하거나 그 밖의 사유로 도로를 점용하려는 자는 도로관리청의 허가를 받아야 한다. 〈이하 생략〉

Q. 주유소를 경영하는 甲은 도로에서 자신의 주유소로 들어가는 진입로를 확보하기 위하여 도로관리청인 A시의 시장 乙에게 도로점용허가를 신청하여 도로점용허가를 받았다. 이러한 도로점용허가의 법적 성질을 설명하시오.

1. 도로점용허가의 법적 성질 - 재량행위인지

도로점용허가는 도로의 특정부분에 대하여 특별사용권을 설정하는 설권행위이고, 도로관리청이 점용목적, 특별사용 필요성 및 공익상 영향 등을 참작하여 정할 수 있는 재량행위이다. 판례도 도로점용허가를 설정행위이자 재량행위로 본다.

2. 한 계

판례는 도로점용허가의 범위는 점용목적 달성에 필요한 한도로 제한되어야 하고, 특별사용의 필요 없는 부분은 재량권 행사의 기초에 사실오인이 있는 경우로서 위법하다고 본다.

3. 행정청의 조치

판례는 도로관리청은 특별사용의 필요없는 위법부분을 직권취소할 수 있으며, 소급적 직권취소의 경우 취소된 부분의 점용료를 반환해야 한다고 본다.

이때 소제기 이후에도 관리청은 당초 점용료처분을 취소하고 흠을 보완하여 새로운 부과처분을 하거나, 하자 부분에 해당하는 점용료 감액처분을 할 수 있다고 본다.

A. 도로점용허가는 공물의 특별사용 중 특허사용에 해당하고, 이러한 도로점용허가는 공익적 판단이 필요한 재량행위이다.

239. 행정재산의 목적 외 사용

▶ 20년 5급

목적외 사용 / 특허 / 재량

국유재산법 제30조(사용허가)
① 중앙관서의 장은 다음 각 호의 범위에서만 행정재산의 사용허가를 할 수 있다.
  1. 공용·공공용·기업용재산: 용도나 목적에 장애가 되지 아니하는 범위

제35조(사용허가기간)
① 행정재산의 사용허가기간은 5년 이내로 한다. 다만, 제34조제1항제1호의 경우 사용료의 총액이 기부를 받은 재산의 가액에 이르는 기간 이내로 한다.

제36조(사용허가의 취소와 철회)
② 중앙관서의 장은 사용허가한 행정재산을 … 직접 공용이나 공공용으로 사용할 필요 있는 경우 그 허가를 철회할 수 있다.
③ 제2항의 경우 그 철회로 인하여 해당 사용허가를 받은 자에게 손실이 발생하면 그 재산을 사용할 기관은 대통령령으로 정하는 바에 따라 보상한다.

1. 행정재산인지 여부

① 청사·관사는 성립과정상 인공공물, 사용목적상 공용물로서 「국유재산법」 제6조 제2항 제1호 공용재산(공유재산법 제5조 제2항 제1호)으로서 행정재산에 해당한다.

② 국립공원·국립의료원은 성립과정상 인공공물, 사용목적상 공공용물로서 「국유재산법」 제6조 제2항 제2호 공공용재산(공유재산법 제5조 제2항 제2호)으로서 행정재산에 해당한다.

2. 행정재산의 목적 외 사용의 법적 성질

(1) 문제점

행정재산은 그 목적에 장해가 되지 않는 한 행정재산의 목적 외로 사용 또는 수익할 수 있는 바, 이러한 행정재산의 목적 외 사용의 법적 성질이 문제된다.

(2) 학설 및 판례

학설은 ① 사적이익을 목적으로 하는 대등한 관계로 보는 사법관계설, ② 공익적 목적으로 공법적 규율의 대상으로 보는 공법관계설, ③ 사용관계의 발생·소멸·사용료징수는 공법관계, 사용·수익은 사법관계로 보는 이원적 법률관계설이 대립한다.

판례는 관리청이 공권력을 가진 우월적 지위에서 행하는 처분으로서 특정인에게 행정재산을 사용할 수 있는 권리를 설정하여 주는 강학상 특허에 해당한다고 본다.

(3) 검 토

논의의 실익은 그 법적 성질에 따른 분쟁에 대한 소송형태에 있다. 즉 사법관계설에 따르면 사용허가는 사법계약이므로 민사소송의 대상이 되고, 공법관계설은 처분성 여부에 따라 당사자소송 또는 항고소송의 대상이 된다.

생각건대 직접적인 행정목적에 필요한 경우 귀책사유 없는 취소·철회가 가능하고 사용료징수 역시 강제징수에 의한다는 점에서 공법관계 중 특허에 해당한다고 본다.

3. 기부채납받은 국·공유재산의 사용허가의 법적 성질

(1) 문제점

사인이 공공시설을 건설하여 국가 등에 기부채납하고, 투하자본 회수를 위해 일정 기간 무상사용을 허가받는 경우 그 허가의 법적 성질이 문제된다.

(2) 학설 및 판례

학설은 ① 기부채납과 사용허가는 일체로 보는 사법상계약설, ② 기부채납된 재산은 행정재산의 목적 외 사용허가와 동일하다고 보는 행정행위설이 대립한다.

판례는 기부채납된 국·공유재산의 사용허가를 일반 사용·수익허가와 동일하게 강학상 특허에 해당한다고 판시하였다.

(3) 검 토

기부채납 받은 국·공유재산의 사용허가는 설권성과 행정재산의 공익관련성을 고려할 때 강학상 특허로서 형성적 행정행위에 해당한다고 본다.

제 6 장
공용부담법

- 240 공용수용
- 241 수용재결에 대한 불복방법
- 242 환매권 - 토지보상법 제91조
- 243 공익사업의 변환제도
- 244 조합의 법적 지위
- 245 조합설립 추진위원회의 구성승인
- 246 조합의 설립인가
- 247 사업시행계획인가
- 248 관리처분계획인가

240. 공용수용

수용권창설 / 특허 / 재량

토지보상법 제2조(정의)
7. "사업인정"이란 공익사업을 토지등을 수용하거나 사용할 사업으로 결정하는 것을 말한다.

제20조(사업인정)
① 사업시행자는 제19조에 따라 토지등을 수용·사용하려면 대통령령으로 정하는 바에 따라 국토교통부장관의 사업인정을 받아야 한다.

1. 사업인정

(1) 의 의

(토지보상법 제2조 제7호)

(2) 사업인정의 법적 성질

1) 형성적 행정행위

사업인정은 일정한 절차를 거칠 것을 조건으로 하여 일정한 내용의 수용권을 설정해 주는 행정처분의 성격을 갖는다.

2) 재량행위

사업인정에 있어서 공공필요성의 판단에 있어서는 관련이익의 형량을 포함하는 전문기술적이고 정책적인 판단이 행해지므로 행정청의 재량행위이다.

2. 협의취득의 법적 성질

(1) 학설 및 판례

학설은 ① 협의의 결과를 수용계약으로 보는 공법상 계약설, ② 대등한 관계에서 임의적 합의에 의한 재산권 행사로 보는 사법상 계약설이 대립하고, 판례는 공익사업법상 협의취득을 사법상 계약으로 판시하였다.

(2) 검 토

협의는 수용할 토지의 범위, 수용시기, 손실보상 등에 관한 당사자 간의 교섭행위로서 공법상 계약의 성질을 갖는다고 본다.

241. 수용재결에 대한 불복방법

▶ 20년 변시

이의신청 / 항고소송 / 보상금증감

토지보상법 제83조(이의의 신청)
① 중앙토지수용위원회의 제34조에 따른 재결에 이의가 있는 자는 중앙토지수용위원회에 이의를 신청할 수 있다.

제85조(행정소송의 제기)
① 사업시행자, 토지소유자 또는 관계인은 제34조에 따른 재결에 불복할 때에는 재결서를 받은 날부터 90일 이내에, 이의신청을 거쳤을 때에는 이의신청에 대한 재결서를 받은 날부터 60일 이내에 각각 행정소송을 제기할 수 있다. 이 경우 사업시행자는 행정소송을 제기하기 전에 제84조에 따라 늘어난 보상금을 공탁하여야 하며, 보상금을 받을 자는 공탁된 보상금을 소송이 종결될 때까지 수령할 수 없다.
② 제1항에 따라 제기하려는 행정소송이 보상금의 증감에 관한 소송인 경우 그 소송을 제기하는 자가 토지소유자 등일 때에는 사업시행자를, 사업시행자일 때에는 토지소유자 등을 각각 피고로 한다.

1. 이의신청

이의신청은 행정심판으로서의 성질을 가지며, 「토지보상법」 제83조 제1항의 이의신청에 관한 규정은 행정심판법에 대한 특별규정이다.

2. 행정소송

(1) 취소소송

토지수용위원회의 재결에 대한 불복이 수용자체인 경우에는 이의재결을 거쳐 취소소송 등을 제기하거나 이의재결을 제기함이 없이 직접 취소소송 등을 제기할 수 있다(토지보상법 제85조 제1항).

(2) 대 상

원처분인 수용재결을 대상으로 하여야 하고, 다만, 이의재결에 고유한 위법이 있는 경우에는 이의재결 취소소송을 제기할 수 있다.

(3) 제소기간

이의신청을 제기함이 없이 취소소송을 제기하는 경우 재결서를 받은 날로부터 90일 이내, 이의신청을 거친 경우 이의재결서를 받은 날로부터 60일 이내에 제기해야 한다(제85조 제1항).

(4) 집행부정지

수용재결에 대한 취소소송제기는 사업진행 및 토지수용, 사용을 정지시키지 아니한다(제88조).

3. 보상금증감청구소송

(1) 의의 및 근거

보상금증감청구소송이란 토지수용위원회의 재결내용 중 보상금에 대해서만 이의가 있는 경우 보상금의 증감을 청구하는 소송을 말한다(토지보상법 제85조 제2항).

(2) 취 지

재결의 취소판결에 따라 토지수용위원회가 다시 보상액을 결정해도 이의가 있을 수 있어 소송경제와 분쟁의 일회적 해결을 위해 도입되었다.

(3) 성 질

1) 형식적 당사자소송

당사자는 보상금에 대한 법률관계를 직접 다투고 그 전제로서 원처분인 수용재결의 효력이 심판대상이 되므로 형식적 당사자소송에 해당한다.

2) 확인소송인지 여부

학설은 ① 법원이 보상금을 직접 결정하는 형성소송설, ② 보상이란 법에서 구체적으로 정해져 있고 법원은 객관적으로 확인한다는 확인소송설이 대립한다.

생각건대 증액청구는 보상액을 확인하고 이행을 명하는 점에서 확인·급부소송, 감액청구는 확인소송의 성질을 가진다.

242. 환매권 - 토지보상법 제91조

▶ 17년 사시

환매권 / 형성권 / 사권

토지보상법 제91조(환매권)
① 공익사업의 폐지·변경 또는 그 밖의 사유로 취득한 토지의 전부 또는 일부가 필요 없게 된 경우 토지의 협의취득일 또는 수용의 개시일(이하 "취득일") 당시의 토지소유자 또는 그 포괄승계인(이하 "환매권자")은 다음 각 호의 구분에 따른 날부터 10년 이내에 그 토지에 대하여 받은 보상금에 상당하는 금액을 사업시행자에게 지급하고 그 토지를 환매할 수 있다.
  1. 사업의 폐지·변경으로 취득한 토지의 전부 또는 일부가 필요 없게 된 경우: 관계 법률에 따라 사업이 폐지·변경된 날 또는 제24조에 따른 사업의 폐지·변경 고시가 있는 날
  2. 그 밖의 사유로 취득한 토지의 전부 또는 일부가 필요 없게 된 경우: 사업완료일
② 취득일부터 5년 이내에 취득한 토지의 전부를 해당 사업에 이용하지 아니하였을 때에는 제1항을 준용한다. 이 경우 환매권은 취득일부터 6년 이내에 행사하여야 한다.
[헌법불합치, 2020.11.26. 2019헌바131, 제91조 제1항 중 '토지의 협의취득일 또는 수용의 개시일부터 10년 이내에' 부분은 헌법에 합치되지 아니한다.]
[2021. 8. 10. 법률 제18386호에 의하여 2020. 11. 26. 헌법재판소에서 헌법불합치 결정된 이 조 제1항을 개정함.]

1. 의 의

공익사업을 위해 취득된 토지가 당해 사업에 필요 없게 되거나 일정기간 사업에 이용되지 않는 경우 원소유자 등이 일정한 요건 하에 토지를 회복할 수 있는 권리를 말한다.

2. 법적 성질

(1) 문제점

환매권이라 수용토지가 당해 공익사업에 필요 없게 되거나 일정기간 이용되지 않는 경우 원소유자 토지를 회복할 수 있는 권리로서, 그 법적 성질이 문제된다.

(2) 학설 및 판례

학설은 ① 수용처분이 원인이고 공익사업 필요성에 대한 공익판단이 필요하다고 보는 공권설 ② 피수용자의 사익을 위한 재산권 행사로 보는 사권설이 대립한다. 판례는 환매 사건을 민사사건으로 다루어 원칙상 환매권을 사권으로 본다. 다만 헌법재판소는 환매권을 헌법상 재산권으로 보고, 대법원은 법률상 권리로 본다.

(3) 검 토

환매권은 헌법상 재산권 보장조항에서 직접 도출되는 권리로서 공권설이 타당하다고 본다. 따라서 환매권과 관련된 분쟁은 공법상 당사자소송의 대상이 된다.

3. 환매권의 행사요건

(1) 요 건

① 토지의 전부 또는 일부가 당해 사업에 필요 없게 된 경우 사업이 폐지·변경된 날 또는 사업완료일로부터 10년 이내에 환매권을 행사 가능.

② 토지의 취득일로부터 5년 이내에 토지 전부를 당해 사업에 이용하지 아니한 때 (토지보상법 제91조 제1항, 제2항)

(2) 판 례

판례는 '당해 사업'이란 구체적인 특정 공익사업, '필요 없게 된 때'란 사업폐지·변경으로 더 이상 직접 이용될 필요가 없다고 볼 만한 객관적 사정이 발생한 때.

4. 환매권 행사의 효과

환매권자의 일방적인 의사표시에 의해 사업시행자의 의사와 관계없이 법률효과가 발생하므로 형성권이다. 판례도 행사의 결과 사법상 매매계약의 효력이 발생한다고 판시하여 형성권으로 본다.

5. 환매대금

환매대금은 지급받은 보상금 상당액이다. 사업시행자 및 환매권자는 환매금액을 협의하되, 협의 불성립 시 환매금액의 증감을 청구하는 소송을 민사소송으로 제기할 수 있다.

243. 공익사업의 변환제도

▶ 17년 사시

4조 1호~5호 / 사업시행자 동일성X / 환매권X

토지보상법 제91조(환매권)
⑥ 국가, 지방자치단체 또는 「공공기관운영법」 제4조에 따른 공공기관 중 대통령령으로 정하는 공공기관이 사업인정을 받아 공익사업에 필요한 토지를 협의취득하거나 수용한 후 해당 공익사업이 제4조제1호부터 제5호까지에 규정된 다른 공익사업으로 변경된 경우 제1항 및 제2항에 따른 환매권 행사기간은 관보에 해당 공익사업의 변경을 고시한 날부터 기산한다. 〈이하 생략〉

1. 의 의

공익사업을 위하여 취득한 토지를 공익사업이 다른 공익사업으로 변경된 경우 별도의 협의취득 또는 수용 없이 변경된 다른 공익사업에 이용하도록 하는 제도를 말한다.

2. 법적 근거

「토지보상법」 제91조 제6항은 공익성이 강한 공익사업으로 변경된 경우에 한하여 예외적으로 공익사업의 변환을 인정하고 있다.

3. 공익사업의 변환요건

(1) 요 건

① 수용주체는 국가·지방자치단체 또는 정부투자기관, ② 토지보상법 제4조 제1호부터 제5호의 공익사업으로 변경된 경우. ③ 판례에 따르면, 사업시행자 동일성은 요건에 해당하지 않는다.

(2) 판 례

수용주체는 국가, 지방자치단체, 공공기관운영법 제4조 대통령령으로 정하는 공공기관에 한하지만, 변경된 공익사업의 시행자는 민간기업을 포함한다고 본다.

4. 공익사업의 변환의 효과

공익사업의 변환이 인정되는 경우 원래의 공익사업의 폐지·변경으로 협의취득 또는 수용한 토지가 원래의 공익사업에 필요 없게 된 때에도 환매권을 행사할 수 없다.

244. 조합의 법적 지위

공법상 사단(공법인) / 당사자소송

행정소송규칙 제19조
2. 그 존부 또는 범위가 구체적으로 확정된 공법상 법률관계 그 자체에 관한 소송
　바. 공법상 신분·지위의 확인

1. 조합의 법적 지위

조합은 협의의 공공단체로서 공법상 사단이며 공법인이다. 조합은 공행정업무를 수행하는데 있어서 행정주체, 대외적 처분을 발령하는 경우 행정청의 이중적 지위를 갖는다.

조합의 정관은 자치법규로서 조합과 조합원에 대해 구속력을 가지나, 원칙적으로 조합 외부의 제3자를 보호하는 규정으로 볼 수는 없다.

2. 조합과 조합원의 관계

공공조합은 특별행정법관계 중에서 공법상 사단관계에 해당한다.

판례는 조합원이 조합을 상대로 조합원자격의 확인을 구하는 소송을 당시자소송의 대상으로 보았다. 행정소송규칙 제19조 제2호 바목은 이러한 판례의 법리를 명문화하였다.

245. 조합설립 추진위원회의 구성승인

▶ 17년 5급

구성승인 / 인가 / 기속

도시정비법 제31조(조합설립추진위원회의 구성·승인)
① 조합을 설립하려는 경우 제16조에 따른 정비구역 지정·고시 후 다음 각 호의 사항에 대하여 토지등소유자 과반수의 동의를 받아 조합설립을 위한 추진위원회를 구성하여 국토교통부령으로 정하는 방법과 절차에 따라 시장·군수등의 승인을 받아야 한다.

1. 의 의

(도시정비법 제31조 제1항)

2. 추진위원회의 구성승인의 법적 성질 - 강학상 인가인지

(1) 문제점

조합설립을 위한 추진위원회의 구성승인이 강학상 인가인지 특허인지 그 법적 성질이 문제된다.

(2) 학설 및 판례

학설은 ① 추진위원회 구성의 효력을 완성시켜 주는 보충행위라고 보는 인가설, ② 설권적 처분인 조합설립인가가의 사전과정의 성격을 강조하는 특허설이 대립한다. 판례는 추진위원회 구성승인은 조합설립을 위한 추진위원회의 구성행위를 보충·효력을 부여하는 처분이라고 하여 강학상 인가설을 취한다.

(3) 검 토

추진위원회와 토지 등 소유자들 사이의 구체적인 권리·의무 등은 기본행위인 추진위원회 설립행위 내용에서 나오는 것이므로 강학상 인가로 봄이 타당하다고 본다.

3. 재량행위인지 여부

판례는 도시정비법상 요건을 갖춘 경우 추진위원회 설립을 승인하여야 하고, 이에 반하여 승인요건 이외의 사유를 들어 승인을 거부할 수 없다고 하여 기속행위로 판시하였다.

246. 조합의 설립인가

▶ 17년 5급

설권적 처분 / 특허 / 재량
인가전(민사) / 인가후(항고)

도시정비법 제35조(조합설립인가 등)
① 시장·군수등, 토지주택공사등 또는 지정개발자가 아닌 자가 정비사업을 시행하려는 경우 토지등소유자로 구성된 조합을 설립하여야 한다. 〈단서 생략〉
② 재개발사업의 추진위원회가 조합을 설립하려면 토지등소유자의 4분의 3 이상 및 토지면적의 2분의 1 이상의 토지소유자의 동의를 받아 다음 각 호의 사항을 첨부하여 시장·군수등의 인가를 받아야 한다.
  1. 정관

행정소송규칙 제19조
  3. 처분에 이르는 절차적 요건의 존부나 효력 유무에 관한 다음 각 목의 소송
    가. 「도시정비법」 제35조제5항에 따른 인가 이전 조합설립변경에 대한 총회결의의 효력 등을 다투는 소송

1. 추진위원회의 조합설립총회의 법적 성질

판례는 추진위원회의 창립총회 결의는 주택재개발사업조합의 결의가 아니라 주민총회 또는 토지 등 소유자 총회의 결의에 불과하다고 판시하였다.

생각건대 추진위원회를 민사상 비법인사단으로 보면 추진위원회의 총회의결은 사법상 합동행위의 성질을 가지므로 민사소송의 대상이 된다.

2. 조합설립인가의 법적 성질 – 강학상 특허인지

(1) 문제점

추진위원회의 조합설립 총회결의에 대한 관계행정청의 조합설립인가처분이 강학상 특허인지 인가인지 그 법적 성질이 문제된다.

(2) 학설 및 판례

학설은 ① 조합설립결의 효력을 보충·완성한다고 보는 인가설, ② 행정주체로서 포괄적 지위를 창설하는 설권적 행위로 보는 특허설, ③ 특허와 인가의 성격을 동시에 갖는 것으로 보는 특허·인가 복합체설이 대립한다.

판례는 조합설립인가는 행정주체의 지위를 부여하는 일종의 설권적 처분이라고 판시하여 특허설을 취한다.

(3) 검 토

조합설립인가와 등기로 조합이 성립하면 조합은 도시정비법상 사업시행주체가 되어 공법상 사단인 공공조합으로서 행정주체가 되므로 원칙적으로 특허설이 타당하다고 본다. 따라서 항고소송의 대상은 조합설립인가가 되고 피고는 인가청이 된다.

3. 조합설립결의를 다투는 방법

(1) 조합설립인가 전 쟁송방법

조합설립결의의 무효확인을 구하는 민사소송의 방법으로 다투어야 한다. 이 경우 조합설립결의의 효력을 다투는 확인의 이익이 인정된다.

(2) 조합설립인가 후 쟁송방법

행정청을 상대로 조합설립 인가처분의 취소 또는 무효확인을 구하는 항고소송의 방법으로 다투어야 한다.

조합설립결의는 처분의 사전절차로 처분에 흡수되므로 별도쟁송 대상이 아니므로, 조합설립결의의 효력을 다투는 확인의 소는 확인의 이익이 부정된다.

4. 조합설립변경인가 총회결의를 다투는 방법

(1) 조 문

설립된 조합이 인가받은 사항을 변경하고자 하는 때에는 일정 정족수의 총회의결을 거쳐 시장·군수 등의 인가를 받아야 한다(도시정비법 제35조 제5항).

(2) 소송형태

조합설립변경 인가 이전 조합설립변경에 대한 총회결의의 효력 등을 다투는 소송는 공법상 당사자소송이 된다(행정소송규칙 제19조 제3호 가목). 이때 피고는 권리주체인 조합이 된다.

247. 사업시행계획인가

구속적 행정계획 / 보충·완성 / 인가
인가전(공당사) / 인가후(항고)

도시정비법 제50조(사업시행계획인가)
① 사업시행자는 정비사업을 시행하려는 경우 제52조에 따른 사업시행계획서에 정관등과 그 밖에 국토교통부령으로 정하는 서류를 첨부하여 시장·군수등에게 제출하고 사업시행계획인가를 받아야 하고, ….

행정소송규칙 제19조
3. 처분에 이르는 절차적 요건의 존부나 효력 유무에 관한 다음 각 목의 소송
  나. 「도시정비법」 제50조제1항에 따른 인가 이전 사업시행계획에 대한 총회결의의 효력 등을 다투는 소송

1. 사업시행계획과 총회의결의 법적 성질

사업시행계획은 조합의 조합원애 대한 구속적 행정계획으로서 조합이 행하는 독립된 처분이고, 총회의결은 복수의 의사표시 합치에 따른 공법상 합동행위에 해당한다.

2. 사업시행계획인가의 법적 성질 - 강학상 인가인지

(1) 문제점

사업시행자는 사업시행계획인가를 신청하기 전에 미리 총회의결을 거쳐 사업시행인가를 받은 경우 그 사업시행계획인가의 법적 성질인 문제된다.

(2) 학설 및 판례

학설은 ① 조합설립결의의 효력을 보충·완성한다고 보는 인가설, ② 사업시행자의 법적 지위를 설정하는 설권적 처분으로 보는 특허설, ③ 양자의 성격을 겸유한다고 보는 특허·인가 복합체설이 대립한다.

판례는 사업시행계획의 인가는 강학상 인가로 보고, 토지 등 소유자들이 조합설립 없이 직접 시행하는 사업시행인가는 설권적 처분의 성격을 가진다고 본다.

(3) 검 토

사업시행계획인가는 조합총회에서 의결된 사업시행계획의 효력을 보충·완성하여 조합이 조합원에 대하여 구속력을 발생시키므로 강학상 인가로 보는 것이 타당하다고 본다.

3. 사업시행계획결의를 다투는 방법

(1) 사업시행계획인가 전 쟁송방법

공법상 합동행위에 해당하는 총회결의의 효력 등을 다투는 당사자소송을 제기해야 한다(행정소송규칙 제19조 제3호 나목). 피고는 권리주체인 조합이 된다.

(2) 사업시행계획인가 후 쟁송방법

구속적 행정계획인 시행계획을 다투는 항고소송을 제기해야 한다. 피고는 행정청의 지위로서 조합이고, 절차적 요건에 불과한 총회결의 부분만을 다투는 것은 허용되지 아니한다.

248. 관리처분계획인가

▶ 23-2 / 22-3 / 22년 5급

구속적 행정계획(처분) / 인가
인가전(당사자소송) / 인가후(항고)

도시정비법 제74조(관리처분계획의 인가 등)
① 사업시행자는 제72조에 따른 분양신청기간이 종료된 때에는 분양신청의 현황을 기초로 다음 각 호의 사항이 포함된 관리처분계획을 수립하여 시장·군수등의 인가를 받아야 하며, ….

행정소송규칙 제19조
3. 처분에 이르는 절차적 요건의 존부나 효력 유무에 관한 다음 각 목의 소송
다. 「도시정비법」 제74조제1항에 따른 인가 이전 관리처분계획에 대한 총회결의의 효력 등을 다투는 소송

1. 관리처분계획과 총회의결의 법적 성질

관리처분계획은 조합의 조합원에 대한 구속적 행정계획으로서 조합이 행하는 독립된 처분이고, 총회의결은 복수의 의사표시 합치에 따른 공법상 합동행위에 해당한다.

2. 관리처분계획인가의 법적 성질

시장·군수의 관리처분계획인가는 사업시행자의 관리처분계획의 효력을 완성시키는 보충행위로서 강학상 인가에 해당하다.

따라서 기본행위인 관리처분계획이 인가·고시를 통해 확정되면 이해관계인에 대한 구속적 행정계획으로서 항고소송의 대상인 처분이 된다.

3. 관리처분계획결의를 다투는 방법

(1) 관리처분계획인가 전 쟁송방법

공법상 합동행위에 해당하는 총회결의의 효력 등을 다투는 당사자소송을 제기해야 한다(행정소송규칙 제19조 제3호 다목). 피고는 권리주체인 조합이 된다.

(2) 관리처분계획인가 후 쟁송방법

구속적 행정계획인 관리처분계획을 다투는 항고소송을 제기해야 한다. 피고는 행정청의 지위로서 조합이고, 절차적 요건에 불과한 총회결의 부분만을 다투는 것은 허용되지 아니한다.

제 7 장
개발행정법

- **249** 개발행위허가
- **250** 건축허가의 법적 성질
- **251** 토지거래허가
- **252** 표준지공시지가의 법적 성질
- **253** 개별공시지가의 법적 성질

249. 개발행위허가

▶ 23-3

토지형질변경허가 / 재량행위 / 개별적 결정설

국토계획법 제56조(개발행위의 허가)
① 다음 각 호의 어느 하나에 해당하는 행위로서 대통령령으로 정하는 행위를 하려는 자는 특별시장·광역시장·특별자치시장·특별자치도지사·시장 또는 군수의 허가를 받아야 한다. 다만, 도시·군계획사업에 의한 행위는 그러하지 아니하다.

1. 개발행위허가의 법적 성질

(1) 문제점

개발행위허가란 일정한 개발행위에 대해 사전에 허가를 받도록 하는 제도로서, 기속행위인지 또는 재량행위인지 그 법적 성질이 문제된다.

(2) 학설 및 판례

학설은 ① 자연적 자유의 회복인 허가로 보는 기속행위설, ② 원칙적으로 기속이지만 예외를 인정하는 기속재량행위설, ③ 원칙적 금지의 해제인 예외적 승인으로 보는 재량행위설, ④ 개별적 결정설이 대립한다.

판례는 개발행위허가는 허가기준 및 금지요건이 불확정개념으로 규정된 부분이 많아 그 요건해당 여부는 행정청의 재량판단의 영역에 속한다고 본다.

(3) 검 토

토지의 합리적 이용, 도시계획사업 지장 여부, 이해관계인 보호필요성 등 재량판단이 필요한 불확정개념을 다수 포함하므로 재량행위에 해당하다고 본다.

2. 개발제한구역 내에서의 개발행위허가의 성질

(1) 예외적 승인인지 여부

개발제한구역 내에서의 개발행위허가는 원칙적 금지, 예외적 금지해제하여 당해 개발행위를 적법하게 할 수 있도록 해주는 허가로서 예외적 승인에 해당한다.

(2) 법적 성질

예외적 승인은 수익적 행정행위에 해당하며, 행정청에 독자적 판단권이 인정되므로 일반적으로 재량행위의 성질을 갖는다. 판례도 개발제한구역 내의 건축허가를 재량행위로 판시하였다.

250. 건축허가의 법적 성질

원칙 : 기속 / 예외 : 재량 / 공익상 필요 or 토지형질변경 수반

건축법 제11조(건축허가)
① 건축물을 건축하거나 대수선하려는 자는 특별자치시장 또는 시장·군수·구청장의 허가를 받아야 한다. 〈단서 생략〉
④ 허가권자는 제1항에 따른 건축허가를 하고자 하는 때에「건축기본법」제25조에 따른 한국건축규정의 준수 여부를 확인하여야 한다. 다만, 다음 각 호의 어느 하나에 해당하는 경우에는 이 법이나 다른 법률에도 불구하고 건축위원회의 심의를 거쳐 건축허가를 하지 아니할 수 있다.
  1. 위락시설이나 숙박시설에 해당하는 건축물의 건축을 허가하는 경우 해당 대지에 건축하려는 건축물의 용도·규모 또는 형태가 주거환경이나 교육환경 등 주변 환경을 고려할 때 부적합하다고 인정되는 경우
⑤ 제1항에 따른 건축허가를 받으면 다음 각 호의 허가 등을 받거나 신고를 한 것으로 보며, 공장건축물의 경우에는 「산업집적활성화 및 공장설립에 관한 법률」제13조의2와 제14조에 따라 관련 법률의 인·허가등이나 허가등을 받은 것으로 본다.
  3.「국토계획법」제56조에 따른 개발행위허가

1. 건축허가의 법적 성질

(1) 문제점

건축허가는 건축의 자유와 재산권 행사라는 기본권 관련성과 난개발 방지 등 공익적 규제의 필요성이 있으므로 기속행위인지 재량행위인지 문제된다.

(2) 학설 및 판례

학설은 ① 강학상 허가로 보는 기속행위설, ② 원칙적으로 기속행위이나 공익적 판단이 필요한 한도에서 재량을 인정하는 기속재량설, ③ 재량행위설이 대립한다.

판례는 건축허가를 원칙상 기속행위로 보고, 공익상 필요가 있는 경우 예외적으로 재량행위로 보며, 토지형질변경을 수반하는 건축허가는 재량행위로 판시하였다.

(3) 검 토

건축허가의 법적요건과 관련하여 개별적으로 결정하는 개별적 결정설이 타당하다고 본다. 따라서 원칙상 기속행위이나 공익상 필요가 있는 경우 또는 인·허가의제 건축허가의 경우 의제되는 인·허가의 공익관련성과 관련하여 재량행위로 판단된다.

251. 토지거래허가

▶ 17년 입시

개별적 결정설 / 유동적 무효 / 인가

부동산거래신고법 제11조(허가구역 내 토지거래에 대한 허가)
① 허가구역에 있는 토지에 관한 소유권·지상권(소유권·지상권의 취득목적 권리 포함)을 이전·설정 계약을 체결하려는 당사자는 공동으로 대통령령으로 정하는 바에 따라 시장·군수 또는 구청장의 허가를 받아야 한다. 허가받은 사항을 변경하려는 경우에도 또한 같다.

1. 토지거래허가의 법적 성질 - 강학상 인가인지

(1) 문제점

토지거래계약허가제는 투기거래로 인한 급격한 지가상승을 억제하기 위해 허가구역 내에 토지거래계약에 허가를 받도록 하는 제도로서 그 법적 성질이 문제된다.

(2) 학설 및 판례

학설은 ① 허가설, ② 인가설, ③ 허가·인가복합체설이 대립한다.

판례는 토지거래의 자유가 인정되나, 허가 전의 유동적 무효 상태에 있는 법률행위의 효력을 완성시켜 주는 인가적 성질을 갖는다고 판시하였다.

(3) 검 토

토지거래허가구역에서 토지거래의 자유는 인정되나 허가 전에는 유동적 무효상태로서 허가에 의해 소급적으로 유효한 행위가 되므로 인가설이 타당하다고 본다.

따라서 예외적 승인과 달리, 기본행위인 토지거래는 자유롭게 인정된다.

252. 표준지공시지가의 법적 성질

단위면적당 가격 / 직접영향 / 처분

> 부동산공시법 제3조(표준지공시지가의 조사·평가 및 공시 등)
> ① 국토교통부장관은 토지이용상황이나 주변 환경, 그 밖의 자연적·사회적 조건이 일반적으로 유사하다고 인정되는 일단의 토지 중에서 선정한 표준지에 대하여 매년 공시기준일 현재의 단위면적당 적정가격을 조사·평가하고, 제24조에 따른 중앙부동산가격공시위원회의 심의를 거쳐 이를 공시하여야 한다.

1. 표준지공시지가의 법적 성질

(1) 문제점

표준지공시지가란 부동산공시법에 따라 국토교통부장관이 조사·평가하여 공시한 표준지의 단위면적당 가격으로서, 그 법적 성질이 문제된다.

(2) 학설 및 판례

학설은 ① 입법행위설, ② 행정내부 구속력만 인정되는 행정계획설, ③ 지가정보 제공의 사실행위설, ④ 법규명령의 성질을 가지는 고시로서 행정행위설이 대립한다. 판례는 표준지공시지가결정의 취소를 구하는 소송에서 이를 다투어야 한다고 판시하여 그 처분성을 인정하고 있다.

(3) 검 토

표준지공시지가는 법률의 수권에 의해 정해지며 개별공시지가결정 등 행정처분의 구속력 있는 기준이 되며 국민의 권리의무에 직접 영향을 미치므로 행정행위설(처분)이 타당하다고 본다.

2. 하자 승계

판례는 표준지공시지가와 (수용)재결 간의 하자 승계를 긍정한다.

253. 개별공시지가의 법적 성질

단위면적당 가격 / 직접영향 / 처분

부동산공시법 제10조(개별공시지가의 결정·공시 등)
① 시장·군수 또는 구청장은 국세·지방세 등 각종 세금부과, 그 밖의 다른 법령에서 정하는 목적을 위한 지가산정에 사용되도록 하기 위하여 제25조에 따른 시·군·구 부동산가격공시위원회의 심의를 거쳐 매년 공시지가의 공시기준일 현재 관할 구역 안의 개별토지의 단위면적당 가격을 결정·공시하고, 관계 행정기관 등에 제공하여야 한다.

제11조(개별공시지가에 대한 이의신청)
① 개별공시지가에 이의가 있는 자는 그 결정·공시일부터 30일 이내에 서면으로 시장·군수 또는 구청장에게 이의를 신청할 수 있다.

1. 개별공시지가의 의의

개별공시지가란 시장 등이 다른 법령이 정하는 목적을 위한 지가산정에 사용하기 위해 매년 공시지가의 공시기준일 현재 기준으로 결정·공시한 관할 구역 안의 단위면적당 가격을 말한다.

2. 개별공시지가의 법적 성질

(1) 문제점

개별공시지가란 시장 등이 지가산정에 사용하기 위해 매년 결정·공시한 관할 구역 안의 단위면적당 가격을 말하며, 그 법적 성질이 문제된다.

(2) 학설 및 판례

학설은 ① 입법행위설, ② 행정내부 구속력만 인정되는 행정계획설, ③ 지가정보 제공의 사실행위설, ④ 법규명령의 성질을 가지는 고시로서 행정행위설이 대립한다. 판례는 개별공시지가결정은 국민의 권리의무에 직접적으로 관계되므로 항고소송의 대상인 처분에 해당한다고 판시하였다.

(3) 검 토

개별공시지가결정은 각종 과세처분의 산정 근거가 되므로 국민의 권리의무에 직접 영향을 미치므로 행정행위설(처분)이 타당하다고 본다.

3. 하자 승계

판례는 표준지공시지가와 개별공시지가 간의 하자 승계를 부정한다.

제 8 장

환경행정법

254 환경영향평가와 사업계획승인처분
255 환경영향평가의 하자와 사업계획승인처분의 효력

254. 환경영향평가와 사업계획승인처분

환경부장관 / 협의내용 반영 / 조정요청

환경영향평가법 제27조(환경영향평가서의 작성 및 협의 요청 등)
① 승인기관장등은 환경영향평가 대상사업에 대한 승인등을 하거나 환경영향평가 대상사업을 확정하기 전에 환경부장관에게 협의를 요청하여야 한다. 〈이하 생략〉

제30조(협의 내용의 반영 등)
① 사업자나 승인기관의 장은 제29조에 따라 협의 내용을 통보받았을 때 그 내용을 해당 사업계획 등에 반영하기 위하여 필요한 조치를 하여야 한다.

제31조(조정 요청 등)
① 사업자나 승인기관의 장은 제29조에 따라 통보받은 협의내용에 대하여 이의가 있으면 환경부장관에게 협의 내용을 조정하여 줄 것을 요청할 수 있다. 〈이하 생략〉

1. 환경영향평가의 의의

환경영향평가제도란 환경에 중대한 영향을 미칠 사업의 실시 전에 환경영향을 조사하여 그 영향을 최소화 또는 영향이 심히 중대한 경우 사업실시를 제한하도록 하는 제도이다.

2. 환경부장관의 협의내용 반영

(1) 환경영향평가법

사업자나 승인기관의 장은 협의 내용을 통보받았을 때에는 그 내용을 해당 사업계획 등에 반영하기 위하여 필요한 조치를 하여야 하고(제30조), 통보받은 합의 내용에 이의가 있으면 협의 내용 조정을 요청할 수 있다(제31조).

(2) 판 례

판례는 승인기관의 장이 환경부장관과의 협의를 거친 이상 승인기관의 장이 환경부장관의 환경영향평가 의견에 반하는 처분을 하여도 위법하다고 할 수 없다고 판시하였다.

255. 환경영향평가의 하자와 사업계획승인처분의 효력

▶ 20년 입시 / 15년 사시

전혀 / 실체상 하자 / 절차상 하자
내용부실 / 입법취지 / 일탈남용 판단요소

1. 환경영향평가 하자의 종류와 성질

① 환경영향평가를 전혀 거치지 않은 경우, ② 환경영향평가의 내용이 부실한 실체상 하자, ③ 절차상 하자가 있고, 이러한 환경영향평가의 하자는 사업계획승인처분의 절차상 하자의 성질을 갖는다.

2. 환경영향평가 결여의 하자와 사업계획승인처분의 효력

법령상 요구되는 환경영향평가를 거치지 않은 사업계획승인처분은 그 하자가 중대하고 대상 사업이 명확히 열거되어 있다는 점에서 객관적으로 명백하므로 당연무효에 해당한다.

3. 환경영향평가의 실체상 하자와 사업계획승인처분의 효력

(1) 판 례

판례는 부실정도가 입법 취지를 달성할 수 없을 정도여서 환경영향평가를 하지 아니한 정도에 이르는 경우 사업계획승인의 위법사유가 되고, 그 정도에 이르지 않으면 재량권 일탈·남용의 판단요소에 그친다고 판시하였다.

(2) 검 토

환경영향평가의 내용상 부실이 경미하지 않고 중대한 경우에는 환경영향평가의 하자가 있고, 이는 사업계획승인처분의 절차상 하자가 되어 독자적 위법사유가 있는 것으로 본다.

4. 환경영향평가의 절차상 하자와 사업계획승인처분의 효력

환경영향평가의 절차상 하자가 중요한 경우에 한하여 환경영향평가의 절차상 위법이 인정되고, 사업계획승인처분의 독립된 취소사유가 인정된다고 본다. (판례 無)

제 9 장
재무행정법(조세)

- 256 조세부과처분과 행정심판전치주의
- 257 경정처분과 소의 대상
- 258 조세과오납금환급소송

256. 조세부과처분과 행정심판전치주의

심사청구(국세청장) / 심판청구(조세심판원) / 필요적 전치

국세기본법 제55조(불복)
③ 제1항과 제2항에 따른 처분이 국세청장이 조사·결정 또는 처리하거나 하였어야 할 것인 경우를 제외하고는 그 처분에 대하여 심사청구 또는 심판청구에 앞서 이 장의 규정에 따른 이의신청을 할 수 있다.
⑨ 동일한 처분에 대해서 심사청구와 심판청구를 중복하여 제기할 수 없다.

제56조(다른 법률과의 관계)
② 제55조에 규정된 위법한 처분에 대한 행정소송은 「행정소송법」 제18조제1항 본문, 제2항 및 제3항에도 불구하고 이 법에 따른 심사청구 또는 심판청구와 그에 대한 결정을 거치지 아니하면 제기할 수 없다. 〈단서 생략〉

제62조(청구 절차)
① 심사청구는 대통령령으로 정하는 바에 따라 불복의 사유를 갖추어 해당 처분을 하였거나 하였어야 할 세무서장을 거쳐 국세청장에게 하여야 한다.

제67조(조세심판원)
① 심판청구에 대한 결정을 하기 위하여 국무총리 소속으로 조세심판원을 둔다.

제69조(청구 절차)
① 심판청구를 하려는 자는 대통령령으로 정하는 바에 따라 불복 사유 등이 기재된 심판청구서를 그 처분을 하였거나 하였어야 할 세무서장이나 조세심판원장에게 제출하여야 한다. 이 경우 심판청구서를 받은 세무서장은 이를 지체 없이 조세심판원장에게 송부하여야 한다.

1. 국세기본법

조세행정사건에 관하여 행정소송을 제기하기 위하여는 「국세기본법」에 따른 심사청구 또는 심판청구와 그에 대한 결정을 거쳐야 한다(제56조 제2항).

2. 지방세기본법

조세행정사건에 관하여 행정소송을 제기하기 위하여는 「지방세기본법」에 따른 심판청구와 그에 대한 결정을 거쳐야 한다(제98조 제3항).

257. 경정처분과 소의 대상

감액경정(역흡수) / 증액경정(흡수) / 소대상·기산점

국세기본법 제22조의3(경정 등의 효력)
① 세법에 따라 당초 확정된 세액을 증가시키는 경정은 당초 확정된 세액에 관한 이 법 또는 세법에서 규정하는 권리·의무관계에 영향을 미치지 아니한다.
② 세법에 따라 당초 확정된 세액을 감소시키는 경정은 그 경정으로 감소되는 세액 외의 세액에 관한 이 법 또는 세법에서 규정하는 권리·의무관계에 영향을 미치지 아니한다.

1. 경정처분의 의의

과세관청이 과세처분을 한 후에 당초처분을 감액 또는 증액하는 경정처분을 한 경우로서 그 효력과 소의 대상이 문제된다(국세기본법 제22조의3).

2. 경정처분과 소의 대상

(1) 문제점

행정청이 과세처분 후 당초처분을 감액 또는 증액하는 경정처분을 한 경우 항고소송의 대상이 경정된 당초처분인지 경정처분인지 문제된다.

(2) 학설 및 판례

학설은 ① 당초처분은 경정처분에 흡수된다는 흡수설, ② 경정처분에 의하여 수정된 당초처분이라는 역흡수설, ③ 병존설, ④ 당초처분은 효력이 존속하지만 경정처분만이 소의 대상이라는 병존적 흡수설이 대립한다.

판례는 감액경정처분은 감액된 당초처분, 증액경정처분은 증액경정처분만 소의 대상이 된다고 판시하였다.

(3) 검 토

논의의 실익은 소의 대상과 그에 따른 제소기간 기산점에 있다.

감액경정처분은 당초처분과 동일성이 유지되므로 감액된 당초처분이 소의 대상이 되고, 증액경정처분은 당초처분은 증액경정처분에 흡수되므로 증액경정처분만 소의 대상이 된다고 본다.

258. 조세과오납금환급소송

사권(判) · 공권(多) / 환급결정(처분X)

국세기본법 제51조(국세환급금의 충당과 환급)
① 세무서장은 납세의무자가 국세 및 체납처분비로서 납부한 금액 중 잘못 납부하거나 초과하여 납부한 금액이 있거나 세법에 따라 환급하여야 할 환급세액이 있을 때에는 즉시 그 잘못 납부한 금액, 초과하여 납부한 금액 또는 환급세액을 국세환급금으로 결정하여야 한다.

부가가치세법 제59조(환급)
① 납세지 관할 세무서장은 각 과세기간별로 그 과세기간에 대한 환급세액을 확정신고한 사업자에게 그 확정신고기한이 지난 후 30일 이내에 대통령령으로 정하는 바에 따라 환급하여야 한다.

1. 과오납금환급청구의 의의

납세자는 과오납으로 법률상 원인 없이 납부한 세액에 대하여 조세주체에게 그 세액의 반환을 청구할 수 있는 권리를 가지는데, 이를 과오납금환급청구권이라 한다.

2. 과오납금환급청구소송의 성질

학설은 ① 민사소송설(사권설), ② 공법싱 당시지소송 설(공권설)이 대립하고, 판례는 과오납금환급청구를 부당이득의 반환을 구하는 민사소송으로 다루어 사권설을 취한다.

3. 환급거부 또는 부작위에 대한 권리구제

판례는 국세환급금결정에 의하여 비로소 환급청구권이 확정되는 것은 아니므로 환급거부결정은 항고소송의 대상이 되는 처분이 아니라고 판시하였다.

제 10 장
경제행정법

259 자금지원

259. 자금지원

지자체 / 보조금 리조례 / 수익적 행정행위

보조금법 제17조(보조금의 교부 결정)
① 중앙관서의 장은 제16조에 따른 보조금의 교부신청서가 제출된 경우에는 다음 각 호의 사항을 조사하여 지체 없이 보조금의 교부 여부를 결정하여야 한다. 〈각 호 생략〉

지방재정법 제17조(기부 또는 조보의 제한)
① 지방자치단체는 그 소관에 속하는 사무와 관련하여 다음 각 호의 어느 하나에 해당하는 경우와 공공기관에 지출하는 경우에만 개인 또는 법인·단체에 기부·보조, 그 밖의 공금 지출을 할 수 있다. 〈단서 생략〉

1. 자금지원의 법적 성질

(1) 문제점

국가교부 보조금은 보조금법, 지방자치단체의 보조금은 지방보조금법과 보조금관리조례에 의하는 바, 이러한 보조금의 성격이 문제된다.

(2) 학설 및 판례

학설은 ① 공법상 증여계약설, ② 협력을 요하는 쌍방적 행정행위설, ③ 교부결정은 행정행위이고 구체적 내용결정은 공법상 계약이라는 2단계설이 대립한다.

판례는 지방자치단체가 지방재정법 및 같은 법 시행령과 보조금관리조례에 따른 보조금지급결정을 수익적 행정행위로서 항고소송의 대상인 처분이라고 판시하였다.

(3) 검 토

보조금 교부는 다양한 형식이 가능하나, 보조금의 신청을 받아 행정청이 일방적으로 결정하는 경우에는 수익적 행정행위설이 타당하다고 본다.

2. 자금지원의 법률유보원칙 적용 여부

(1) 문제점

자금지원이란 행정주체가 공익을 위하여 일정한 금전상 이익을 주는 것으로서, 이러한 자금지원에 법적 근거를 요하는지 법률유보원칙 적용 여부가 문제된다.

(2) 학설 및 판례

학설은 ① 급부 여부를 중요사항으로 보는 법률근거 필요설, ② 예산항목 규정으로 충분하다는 예산 근거설, ③ 침해적 효과나 사회형성적 조치에 해당하는 여부로 판단하는 개별적 결정설이 대립한다.

(3) 검 토

오늘날 급부의 중요성에 비추어 예측가능성을 담보하는 법률근거 필요설이 타당하다고 본다. 다만, 급부행정의 특성상 다소 포괄적인 근거도 가능할 것이다.

TRS 행정법 쟁점답안지

TRS 행정법 쟁점답안지